행복한 핸드메이드 생활소품 만들기

홈패션 소품59

Foreign Copyright:
Joonwon Lee
Address: 3F, 127, Yanghwa-ro, Mapo-gu, Seoul, Republic of Korea
　　　　3rd　Floor
Telephone: 82-2-3142-4151
E-mail: jwlee@cyber.co.kr

행복한 핸드메이드 생활소품 만들기

홈패션 소품 59

2012. 6. 25. 1판 1쇄 발행
2020. 8. 26. 1판 8쇄 발행

저자와의
협의하에
검인생략

지은이 | 박소영, 정호정
펴낸이 | 이종춘
펴낸곳 | BM (주)도서출판 성안당
주소 | 04032 서울시 마포구 양화로 127 첨단빌딩 3층(출판기획 R&D 센터)
　　　10881 경기도 파주시 문발로 112 출판문화정보산업단지(제작 및 물류)
전화 | 02)3142-0036
　　　031)950-6300
팩스 | 031)955-0510
등록 | 1973. 2. 1. 제406-2005-000046호
출판사 홈페이지 | www.cyber.co.kr
ISBN | 978-89-315-8072-3 (13630)
정가 | 24,000원

이 책을 만든 사람들

책임 | 최옥현
기획·진행 | 아홉번째서재
교정·교열 | 아홉번째서재
본문·표지디자인 | 아홉번째서재
사진·일러스트 | 아홉번째서재
홍보 | 김계향, 유미나
국제부 | 이선민, 조혜란, 김혜숙
마케팅 | 구본철, 차정욱, 나진호, 이동후, 강호묵
마케팅 지원 | 장상범, 조광환
제작 | 김유석

모델 | 박슬빈, 신상우
장소협찬 | 다이야놀자 www.diyya.co.kr

■ 도서 A/S 안내

행복한 핸드메이드 생활소품 만들기

홈패션 소품 59

BM (주)도서출판 성안당

✳ 머리말

10년 넘게 강의해 오면서 늘 새로운 디자인을 하고 만들어 가르치면서 인기가 좋았던 것이 소품이 아니었나 싶습니다. 가방 안을 정리해줄 수 있는 파우치나 각가지 편의용품, 가방, 여성, 선물용품 등이 바로 그것들이었습니다. 선물하기에 부담도 적고 또, 재봉틀로 만들 수 있다는 점에서 마음속에 설레는 행복이 싹트기 시작했습니다.

새롭게 만들어지는 다양한 소품

일상생활에서 가장 많이 사용할 수 있는 파우치부터 가방, 주방용품 등 최대한 많은 작품을 담기 위해 많은 책과 수강생들의 의견 등을 수시로 검토하였는데요. 강의한 내용만을 책에 담기에는 일본의 잡지나 다른 책들의 패턴을 그대로 사용하거나 무언가 부족하다는 생각이 들었습니다. 그래서 많은 아이템을 선정하였고, 너무 많이 나오는 패턴들은 제외하고, 또 재봉틀을 사용하는 과정에서 어렵거나 새로운 내용이 들어갈 만한 아이템들만을 선정하게 되었습니다.

학생용품과 캠핑용품

재봉틀로 만들어 볼 수 있는 소품 중 가장 많이 만들 수 있는 것들이 파우치나 보관함 등인데요. 사실 이런 것들은 인터넷이나 기존에 나온 책에서도 많이 볼 수 있어서 좀 더 새로운 것을 찾아보았어요. 가정주부이다 보니까 아무래도 자녀들에게 먼저 관심이 가더라고요. 그래서 생각했던 것이 초등학생이나 중학생 정도의 아이들을 대상으로 무언가 만들어주면 좋겠다는 생각이 들었지요. 거기에다 최근 인기 있는 캠핑용품까지 만들어보면 어떨까 해서 만들게 된 아이템들이 책의 한 부분을 채워주었어요.

어렵지만 도전해볼 만한 파우치와 가방

다양한 파우치를 비롯해 가방은 여성들에게 빼놓을 수 없는 큰 아이템이 아닐까 싶은데요. 가장 기본적인 파우치부터 손가방, 리폼가방, 명품가방 따라하기까지 다양한 가방 아이템을 소개하였습니다. 최근에는 여성뿐만 아니라 남성들도 가방을 많이 들고 다니는데요. 남성에 맞는 원단으로 가방을 만들어 한 번 선물해보세요. 특히 최근 인기 있는 아이패드 파우치 등은 특별한 선물이 될 거예요. 손수 만든 제품이 명품과 비교할 수 있을까요?

많은 작품들을 만들면서 가장 좋았던 것은 우리 아이에게, 그리고 사랑하는 사람에게 직접 무언가를 만들어 줄 수 있다는 것이었어요. 디자인한 패턴을 그리며 동대문 시장으로 나가 원단을 고르고, 재단하여 재봉틀로 박음질을 하면서 다양한 생각들이 떠오르는데요. 특히 만들고 있는 작품을 선물할 사람이 가장 많이 생각나겠지요. 어떠신가요, 여러분들이 만들고 싶은 아이템들이 많이 있나요? 이제 사랑하는 가족과 친구, 친인척들에게 자신이 만든 멋진 아이템을 선물해 보세요. 누구보다 행복한 자신을 발견할 수 있을 거예요.

60여 개에 이르는 작품을 만들기 위한 길지만 짧았던, 1년이 넘는 시간을 되돌아보며 항상 응원해주는 우리 가족, 그리고 출판사 관계자 분들께 감사의 말씀을 드립니다.

박소영, 정호정

NO.1 종류별 파우치 세트

꼭 필요한 파우치를 만들어 보세요!

파우치는 가방 안의 또 다른 가방으로 여성들에게
필요한 소품들을 담아주는 역할을 하는데요.
종류도 다양하게 만들어 사용할 수 있답니다.
여성이라면 화장품 세트, 볼펜, 안경, 도장 등 자잘한 것들이
큰 가방에서 이리저리 뒹구는 모습을 볼 순 없겠죠?
이제 자신의 가방 안에 들어갈 다양한 파우치를 만들어 사용해 보세요.

01. 조리개 파우치
28P

02. 사각프릴 파우치
30P

03. 사각패치 파우치
34P

04. 바네 파우치
40P

05. 둥근 프레임 파우치
42P

06. ㄷ자 프레임 파우치
46P

07. U자 프레임 파우치
48P

박소영 – 01. 조리개 파우치, 02. 사각프릴 파우치, 03. 사각패치 파우치, 04. 바네 파우치, 05. 둥근 프레임 파우치, 06. ㄷ자 프레임 파우치, 07. U자 프레임 파우치

NO.2 생활용품 보관함 세트

알뜰한 생활용품 보관함을 만들어 보세요!

보관함을 만들어 사용하면 정리되지 않고 너저분하게 널려있던 물건들이
한 자리에 모이게 되어 찾기가 편리하겠죠?
물건에 맞는 실용적인 보관함들을 만들어 놓으면 집이 자연스럽게 깔끔해집니다.
살림 잘하는 여성들에게 꼭 필요한 보관함들을 만들어 보세요.

01. 장지갑
54P

02. 물병 주머니
60P

03 연필꽂이
64P

04. 땅콩모양 필통
66P

05. 핸드폰 케이스
70P

06. 랩, 호일걸이
72P

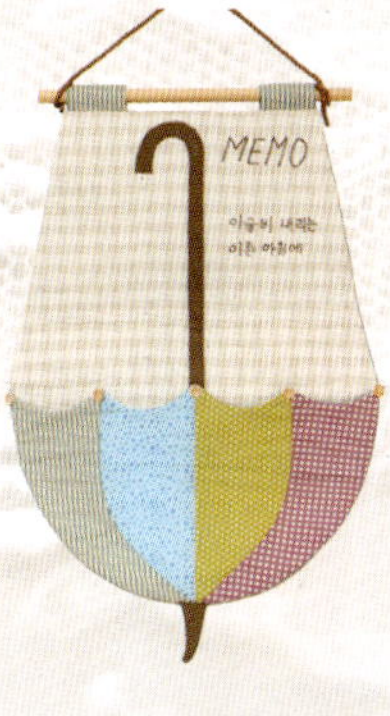

07. 다용도 벽걸이 보관함
76P

박소영 – 01. 장지갑, 02. 물병 주머니, 03 연필꽂이, 04. 땅콩모양 필통, 05. 핸드폰 케이스, 06. 랩, 호일걸이, 07. 다용도 벽걸이 보관함

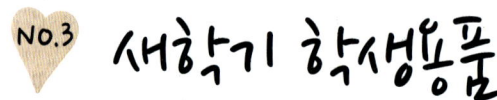

NO.3 새학기 학생용품

봄이면 시작되는 새학기

우리 아이들에게 무조건 비싼 용품만을 사줄 수는 없는 상황.
엄마가 만들어주는 고급스럽고 세련된 가방과 필통, 급식 주머니와 실내화 주머니 등,
학생들이 들고 다닐 수 있는 다양한 용품들을 만들어 주세요.

01. 청소년 교통카드지갑
82P

02. 급식 주머니
84P

03. 크레파스 주머니
88P

04. 색연필 주머니
92P

05. 실내화 주머니겸 보조가방
96P

06. 책가방겸용 여행배낭
102P

07. 원형필통
116P

정호정 – 01. 청소년 교통카드지갑, 02. 급식 주머니, 03. 크레파스 주머니, 04. 색연필 주머니, 05. 실내화 주머니겸 보조가방, 06. 책가방겸용 여행배낭, 07. 원형필통

NO.4 떠나자! 피크닉 세트와 함께

따스한 봄이 되면 도시락을 싸 들고 가까운 곳으로 피크닉을 떠납니다.

가족들과 때로는 연인, 친구들과 함께하는 즐거운 피크닉을 위해 준비한 피크닉 세트.
큰 가방과 돗자리, 그리고 도시락 가방과 보온병 주머니 등
피크닉에 유용한 아기자기한 세트를 만들어보세요.
광목과 리넨 등 다양한 원단이 어우러진 피크닉 세트는 특별한 선물입니다.

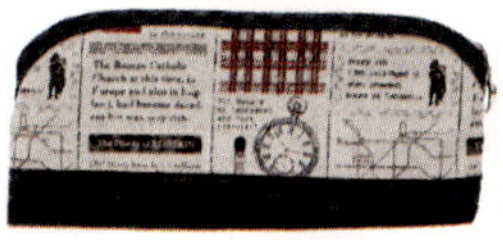

01. 수저 지갑
122P

02. 패치 자연 돗자리
124P

03. 돗자리 주머니
128P

05. 리넨 도시락가방
142P

06. 보온병 주머니
152P

04. 피크닉 큰 가방
134P

07. 리넨(피크닉) 모자
158P

정호정 – 01. 수저 지갑, 02. 패치 자연 돗자리, 03. 돗자리 주머니, 04. 피크닉 큰 가방, 05. 리넨 도시락가방, 06. 보온병 주머니, 07. 리넨(피크닉) 모자

NO.5 소소한 변화 여성용품 만들기

여성에게 꼭 필요한 소품 만들기!

이것저것 들고 다닐 것도 많고,
신경 쓸 것도 많은 여성들에게 작은 소품들은 생활의 활력소가 되지요.
여성들에게 필요한 다양한 소품들을 만들어 활용해 보세요.
꺼낼 때마다 자신이 만들었다는 뿌듯함과 사용하는 기쁨이 때론 생활을 변화시켜줍니다.

01. 센스쟁이 휴대지갑
164P

02. 패드보관함
170P

03. 브로치
174P

04. 여성용 중지갑
180P

박소영 – 02. 패드보관함, 03. 브로치
정호정 – 01. 센스쟁이 휴대지갑, 04. 여성용 중지갑

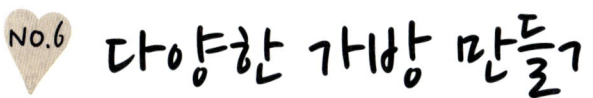

No.6 다양한 가방 만들기

가방은 생활에서 빼놓을 수 없는 필수적인 아이템입니다.

활동에 맞게. 메는 사람 취향에 맞게 다양한 가방이 있습니다.
최근에는 유명 브랜드나 명품 가방들이 호화를 누리고 있지요.
하지만 자신이 만든 하나밖에 없는 가방은 명품과는 또 다른 느낌을 주겠지요.
간단한 소품만 담아 가볍게 다닐 수 있는 손가방, 많은 짐을 담을 수 있는 숄더 가방 등 다양한 종류의 가방을 만들어 보세요.

01. 지도 명품 가방
188P

02. 리넨 숄더 가방
192P

03. 누빔 손가방
198P

04. 크로스 가방(청바지 리폼)
204P

05. 하트프레임 가방(청바지 리폼)
210P

06. 왕골 가방
216P

07. 아이패드 파우치
220P

08. 아이패드 가방
226P

박소영 – 01. 지도 명품 가방, 02. 리넨 숄더 가방, 06. 왕골 가방, 07. 아이패드 파우치, 08. 아이패드 가방
정호정 – 03. 누빔 손가방, 04. 크로스 가방(청바지 리폼), 05. 하트프레임 가방(청바지 리폼)

NO.7 ♥ 주방용품 세트

주부의 생활공간, 주방에는 많은 식기들과 물품들이 가득하죠.

종종 필요한 소품들도 많이 있습니다.
물론 간편한 제품들은 시중에도 잘 나온 것들이 많아 부족함은 없겠지만
굳이 돈을 내고 사기에는 아까운 것들도 많지요. 주방에서 필요한 소품들,
한 번 찾아서 만들어 보세요. 집안의 주방이 사뭇 다른 공간으로 변화됩니다.

01. 냄비집게
232P

02. 사과모양 냄비집게
234P

03. 허리앞치마
240P

04. 원피스 앞치마
244P

05. 발매트
250P

06. 싱크대 매트
252P

07. 다용도
실내화걸이
256P

08. 단추 실내화
258P

09. 원피스 주방타월
262P

박소영 – 02. 사과모양 냄비집게, 03. 허리앞치마, 05. 발매트
정호정 – 01. 냄비집게, 04. 원피스 앞치마, 06. 싱크대 매트, 07. 다용도 실내화걸이, 08. 단추 실내화, 09. 원피스 주방타월

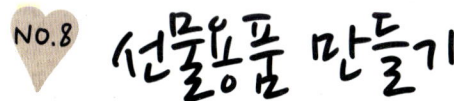
아기자기한 선물용품을 만들어 보세요!

다양한 선물을 만들어 선물하세요.
집들이 때 선물하기 좋은 티슈커버, 만들기 쉬우면서 귀여운 작은 인형들.
그리고 쿠션, 수면안대 등 부담 없는 소품들을 만들어 선물하세요.

01. 하마쿠션
270P

02. 셔링 원형쿠션
276P

03. 수면안대
278P

04. 사각티슈 커버
282P

05. 꽃잎 원티슈 커버
286P

06. 휴대용 티슈 커버
288P

07. 생쥐 친구들
292P

08. 멧돼지 인형
298P

09. 닭인형
300P

10. 얼룩말 인형
304P

박소영 – 01. 하마쿠션. 04. 사각티슈 커버. 06. 휴대용 티슈 커버. 07. 생쥐 친구들. 08. 멧돼지 인형. 09. 닭인형. 10. 얼룩말 인형
정호정 – 02. 셔링 원형쿠션. 03. 수면안대. 05. 꽃잎 원티슈 커버

재료소개와 다양한 바이어스

각종 재료나 원단, 부자재 등은 인터넷이나 동대문 등 다양한 업체를 통해 구입하실 수 있습니다.
여기서는 책에 사용된 부자재와 재봉틀에서 가장 많이 사용되는 바이어스 기법을 살펴보겠습니다.

재료소개
책에서 사용된 다양한 부자재를 살펴보겠습니다.

01 퀼트실 : 손바느질할 때 사용하는 실

02 재봉용실 : 일반 재봉할 때 사용하는 실

03 북도리 : 밑실용 실패 장치로서 실을 끼워 사용

04 북집 : 밑실용 북을 거는 장치

＊ 수평가마일 때는 북집이 필요없다. 반달가마는 밑에 내장되어 있지 않을 때 사용

05 드라이버 : 노루발 교체할 때 사용

　니퍼 : 잘못된 박음질로 실을 뜯을 때 사용

　송곳 : 재봉틀 사용시 원단을 고정하거나 코너 각을 정리할 때 사용

06 말아박기 노루발: 프릴이나 끝단을 말아서 박음질할 때 사용

07 외노루발 : 파이핑이나 지퍼를 박음질할 때 사용

08 주름노루발 : 프릴이나 말아박기 반대쪽의 주름을 잡을 때 사용(커튼, 프릴, 소매, 잠옷 등 주름용)

09 평노루발 : 직선박기나 지그재그 할 때 일반적으로 사용하는 발

01, 02 시침핀 & 침봉 : 원단을 박음질 할 때 밀리지 않기 하기 위해 꽂는 핀, 시침핀을 침봉에 꽂아 편리하게 사용할 수 있다.

03 초크 : 핑크색 분필가루로 되어 있어서 그린 후에 빨면 사라짐
　　수성마카 : 파란색은 물이 닿으면 사라지는 수성마카

04 재단용 가위 : 일반적인 원단을 재단할 때 사용

05 쪽가위 : 실밥을 뜯거나 정리할 때 사용

06, 07 1온스, 4온스 솜 : 얇은 원단에 접착하여 원단에 힘을 주기 위해 사용

08 패딩솜 : 이불 뒤판이나 쿠션 앞판에 덧대어 사용

09 구름솜 : 쿠션이나 베개 등에 사용
　　방울솜 : 인형이나 신생아 관련 제품 등에 사용, 구름솜보다 질이 좋다.

10 3호 슬라이드 : 다양한 모양으로 지퍼를 달거나, 쿠션, 이불, 작은 소품 등에 사용

11 5호 슬라이드 : 조금 큰 지퍼로 점퍼나 가방 등에 사용

12 시접자 : 재봉틀을 사용할 때나 주로 짧은 천을 잴 때 사용

01 시접자 : 시접을 그릴 때 사용하는 자

02 각자 : 재단시 원단을 ㄱ자로 자르거나 커버의 코너링 각을 잡을 때 사용

03 줄자 : 큰 원단에 사용하거나 원형 모양, 이불, 커튼 등에 사용

04 겸자 : 큰 구멍이나 넓은 면을 뒤집을 때 사용

　　뒤집게 : 작은 구멍을 뒤집을 때 사용

05 넓은 고무줄 : 매트리스나 커버에 사용

　　얇은 고무줄 : 가방이나 안대주머니, 실내화 고리, 파우치 등에 사용

06 골무 : 바느질 할 때 손가락 보호를 위해 사용

07 공단테이프 : 원티슈나 파우치, 소품 등에 리본 모양으로 잡아 당겨 사용할 때 사용

08 단추 : 일반적으로 모양을 낼 때 사용하거나 잠금장치로 활용

09 인형눈 : 인형을 만들 때 눈으로 사용

10 싸개단추 : 보관함이나 앞치마 카드지갑 등 잠그거나 고정할 때 사용

11 방울 : 공단테이프 사용시 끝부분 모양을 낼 경우에 사용

12 브로치핀 : 코르사주나 브로치 뒤쪽을 걸 때 사용

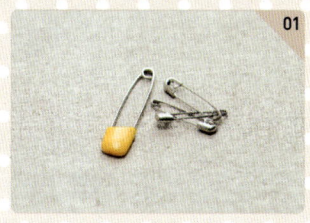

01 옷핀 : 끈을 넣을 때 사용

02 자석단추 : 가방에 잠글 때나 원단 속에 고정할 때 사용하고, 꿰맬 때나 똑딱이 등으로 사용

03 캐스팅 : 완성작품에 모양을 낼 때 사용

04 레이스 : 소품 등에 화사한 모양을 낼 때 사용

05, 06 웨빙끈, 가방고리 : 가방을 멜 때 사용하는 끈으로 가방고리와 함께 사용

07 크로스용 가죽 끈 : 크로스 가방에 사용하는 가죽 끈

08 베루 : 여밈 용도로 사용하는 가죽이나 장지갑, 가방 같은 것의 잠금장치

09 벨크로테이프 : 보통 찍찍이라고도 하며 가볍게 떼었다 붙였다하는 접착용도로 사용

10 지퍼 : 파우치나 가방 등을 여닫을 수 있도록 만드는 것

11 파이핑 : 이불이나 쿠션, 베개, 방석 등 원단 끝에 둘레박음질하여 단단하게 잡아주는 역할

12 라벨 : 보통 핸드메이드 들이 자신의 작품을 만들어 표시하기 위한 라벨, 수제품 표시

다양한 바이어스

재봉틀에서 빼놓을 수 없는 방법으로 꼭 알아두고
넘어가세요.

긴 바이어스 만들기

1. 보통 45cm를 사용하나 긴 바이어스를 만들
   때는 150cm정도의 원단을 준비한다.
2. 사진과 같이 45도 각도로 접는다.
3. 45도 각도로 접은 부분을 재단 가위를 이용
   해 자른다.
4. 자른 후에 왼쪽으로 접어준다.
5. 3.5cm 폭으로 재서 그려준다.
6. 재단 가위를 이용하여 그려준 부분을 자른다.

1

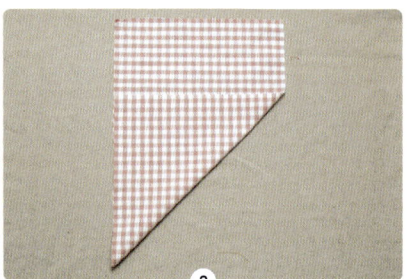
2

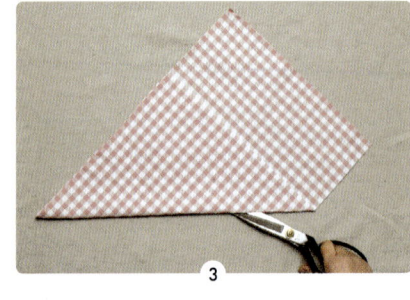
3

4

5

6

바이어스 연결하기

1. 두 개의 바이어스를 사선 방향으로 둔다.
2. 끝부분을 사선방향으로 맞춘다.
3. 끝부분에 0.7cm로 박음질한다.

1

1

2

기본 바이어스 감싸기

1 원단 끝에 바이어스를 0.7cm로 박음질한다.
2 두 번 접어서 끝에서 다시 0.2cm로 박음질한다.

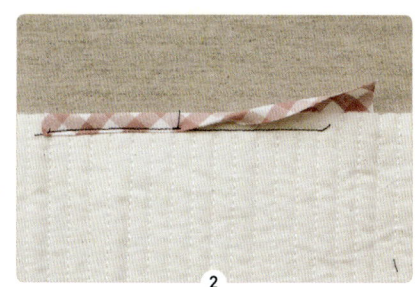

직각 바이어스 감싸기

1 코너에서 일단 멈춘다.
2 사선으로 접어 위로 젖힌다.
3 다시 접으면서 아래로 내려 90도 각으로 만든다.
4 상단부터 박음질한다.

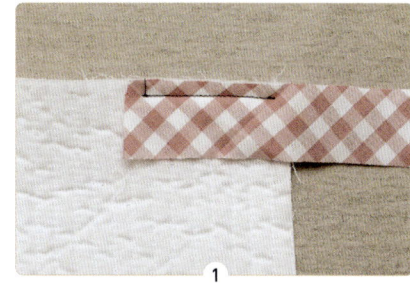
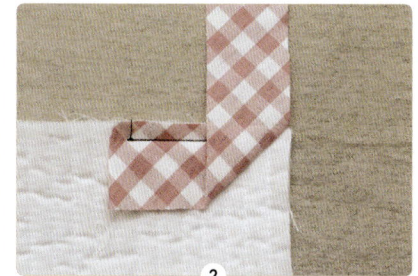

더블 바이어스 감싸기

① 6cm 바이어스를 연결한다.

② 반을 접어 다린다.

③ 원단 끝에 겉으로 꺾어 0.2cm로 박음질한다.

④ 한 번 위로 접어서 마무리 박음질한다.

바이어스 마무리하기

① 5cm 남긴 후 같은 방향 사선으로 접어서 다린다.

② 뒤쪽에서 겉과 겉이 되게 박음질 한다.

③ 시접을 가름솔로 편 다음 처음부터 되돌아 박음질한다.

ㄱ자 바이어스

① 먼저 연결한 바이어스를 3번 접어 다린다.

②~⑤ 세로 뒤 중앙에서 시작하는데 처음 5cm는 띄고 박음질하다가 코너 10cm를 남겨두고 꺼내서 위, 아래 2cm씩 3줄로 표시하고, M모양을 접어 다린 선에 맞추고 그 선을 박아서 시접 0.5cm로 남기고 잘라낸다. 꼭지점은 가윗밥을 준다.

⑥ 다시 10cm 멈춘 부분에서 시작하여 박음질하다가 꼭지점이 오면 M의 꼭지점에서 바늘을 꽂아 노루발을 들고 방향전환해서 박는다 (4군데 꼭지점은 같은 방법으로).

⑦~⑧ 마무리 5cm 남기고 꺼내서 시작점 1cm를 다린다. 끝난 시접 1cm를 다린 후 서로 겉과 겉을 놓고 먼저 박음질한다. 5cm 남긴 지점에서 다시 시작해서 마무리한 후 바이어스를 겉쪽으로 돌려서 전체 바이어스를 싸주면 완성된다.

파이핑 감싸기

3.5cm 폭의 바이어스를 반으로 접어 파이핑을 넣은 후 박음질한다. 이때 지퍼노루발이나 파이핑노루발을 사용한다.

삼각 접기

① 양 옆을 박음질한다.
② 양 옆을 삼각형 모양으로 접는다.
③ ④ 원하는 각을 cm로 재어 중앙에서 좌우로
　　체크하고 박음질한다.

＊ 5cm로 각을 잡을 경우 중앙 박음선에서 양옆
(2.5cm)을 박음질한다.

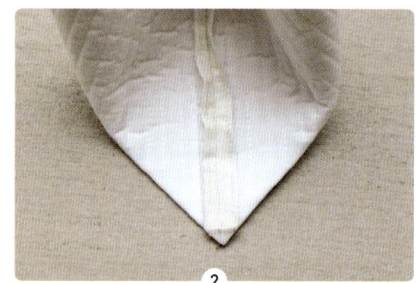

H각 접기

① 지퍼를 달기 전 양 옆을 박음질한다.
② 오른쪽 두 곳, 왼쪽 두 곳으로 삼각 접기와 동
　　일하게 두 번 해준다.

＊ H각 접기는 삼각 접기를 두 번 더한다고 생각
하면 된다.

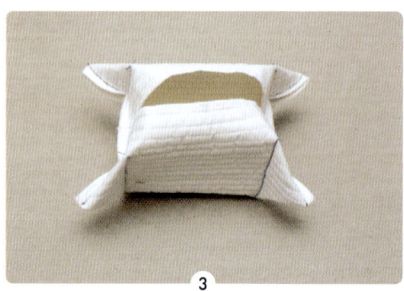

바늘 실 묶는 법

실의 마지막 부분을 검지에 대고 바늘에 실을 여러 번 돌린다. 마지막으로 잡아당기면 된다. 공그르기 할 때는 2-3번 정도, 인형이나 큰 원단에 들어갈 경우에는 몇 번 더 돌려준다.

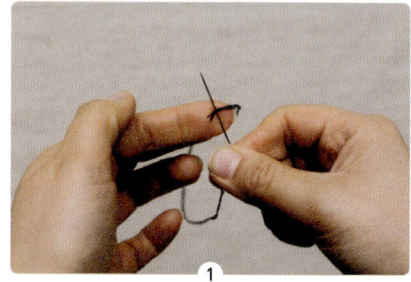
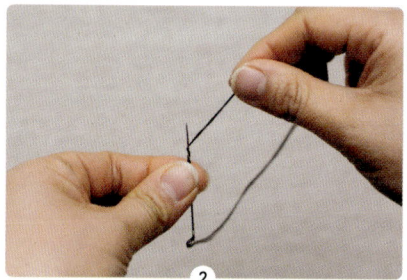
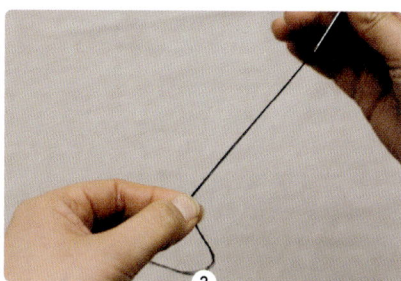
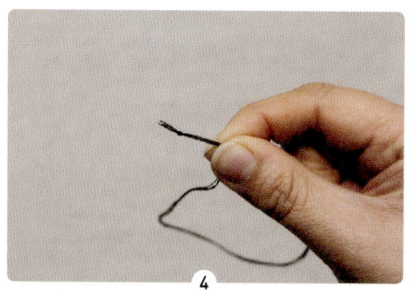

공그르기

창구멍을 막을 때 하는 바느질로 시접이 보인다.

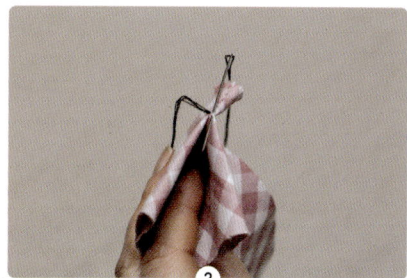

구멍내기

사각티슈나 원티슈를 만들 때 주로 사용하는데, 시접이 보이지 않게 두겹으로 박음질한 후 가윗밥을 주고 뒤집어서 다리면 된다.

NO.1 종류별 파우치 세트

꼭 필요한 파우치를 만들어 보세요!

파우치는 가방 안의 또 다른 가방으로 여성들에게 필요한 소품들을 담아주는 역할을 하는데요.
종류도 다양하게 만들어 사용할 수 있답니다.
여성이라면 화장품 세트, 볼펜, 안경, 도장 등 자잘한 것들이 큰 가방에서 이리저리 뒹구는 모습을 볼 순 없겠죠?
이제 자신의 가방 안에 들어갈 다양한 파우치를 만들어 사용해 보세요.

32p

01. 조리개 파우치

- **완성크기**
  16×20cm

- **재료**
  30수 면원단 8종, 공단테이프 8mm, 토숀레이스, 라벨

- **재단사이즈**
  앞판(18×14cm) 1장, (3×9cm) 10장
  뒤판(18×22cm) 1장
  안지(18×42cm) 1장
  ＊ 전체 시접 포함

쓰임새에 따라서 다양한 크기로도 만들 수 있고, 들고 다니기 편리한 조리개 파우치.
잡다한 물건들을 담아서 큰 가방에 넣고 다니면 편리해요.
자투리 원단을 가지고도 충분히 만들 수 있는 파우치. 만들어 사용해 보세요.

33p

02. 사각프릴 파우치

- **완성크기**
  16×10×5cm(폭)

- **재료**
  선염 2종, 광목 20수, 면레이스(小), 지퍼, 누빔지

- **재단사이즈**
  앞판(10×26cm) 2장, (12×26cm) 1장
  바이어스감(28×3.5cm) 2장
  면레이스(20cm) 4장(주름잡아서 12cm에 맞춤),
  마감 처리된 레이스(12cm) 1장
  * 시접이 포함된 사이즈이므로 시접선 0.7cm를 기본으로 한다.

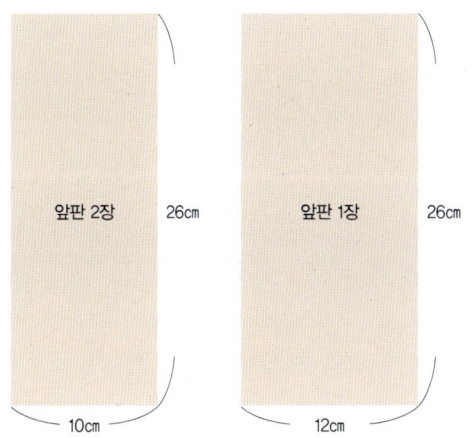

앞판 2장   26cm   앞판 1장   26cm

10cm   12cm

바이어스감 2장   3.5cm
28cm

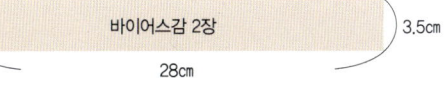

20cm
면레이스 4장

12cm

 화장품이나 작은 소품들을 담을 수 있는 파우치. 언제 어디서나 꺼내어 사용할 수 있는 파우치는 여성들에게 꼭 필요한 아이템입니다.
사각프릴 파우치는 누구든지 쉽게 만들어 볼 수 있는 기본적인 파우치입니다.

이. 조리개 파우치

만드는 방법

❶ 면 6종 원단(3×9cm)을 사용하여 10장을 재단한 다음 세로로 10장을 모두 박음질해 놓는다.

❷ ①앞판과 ②가로(앞에서 박아놓은 원단) 원단을 박음질해 18×22cm로 만들고, 박음질한 부분에 토숀레이스를 달아준다. 상단 좌측에 라벨을 붙여준다.

❸ 뒤판 꽃무늬 원단(18×22cm)을 재단한 다음 ③과 겉과 겉이 마주보게 끈 넣을 부분을 양쪽 상단에 남긴 다음 'ㄷ' 자로 박음질한다.

❹ 안지(18×42cm)를 재단하여 골선으로 접은 후 양옆을 창구멍을 남기고 'ㄷ' 자로 박음질한다.

❺ ④와 ⑤를 겉과 겉이 마주보게 놓고 위쪽을 돌려가며 박음질한 후 창구멍을 통해 뒤집는다. 그리고나서 창구멍을 공그르기로 마무리한다.

❻ ④에 끈 넣을 부분을 양쪽에 맞추어 위아래를 2줄로 박고 사이에 공단테이프를 끼운 다음 잡아당기고, 공단테이프 끝은 꽃봉오리를 만들어 장식한다.

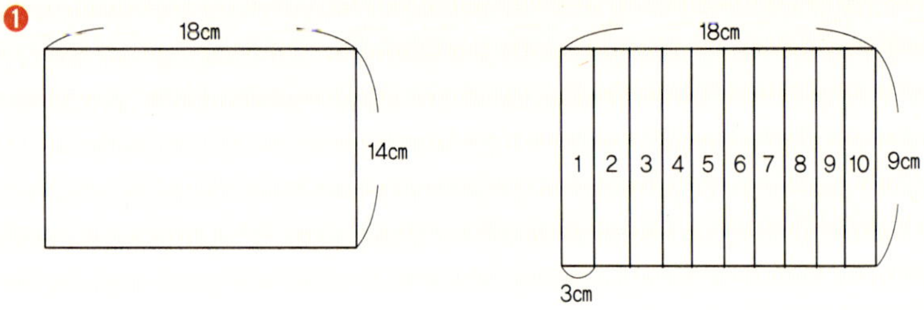

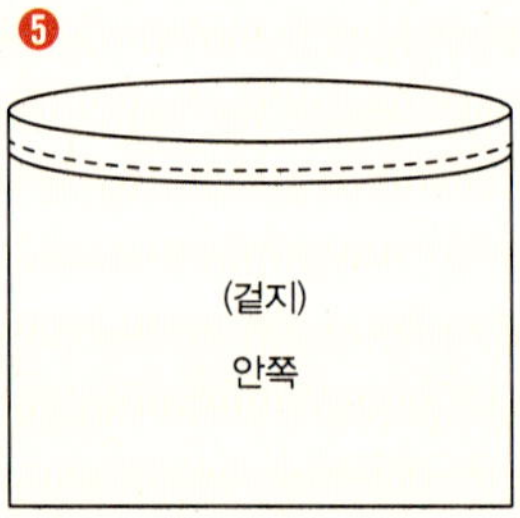

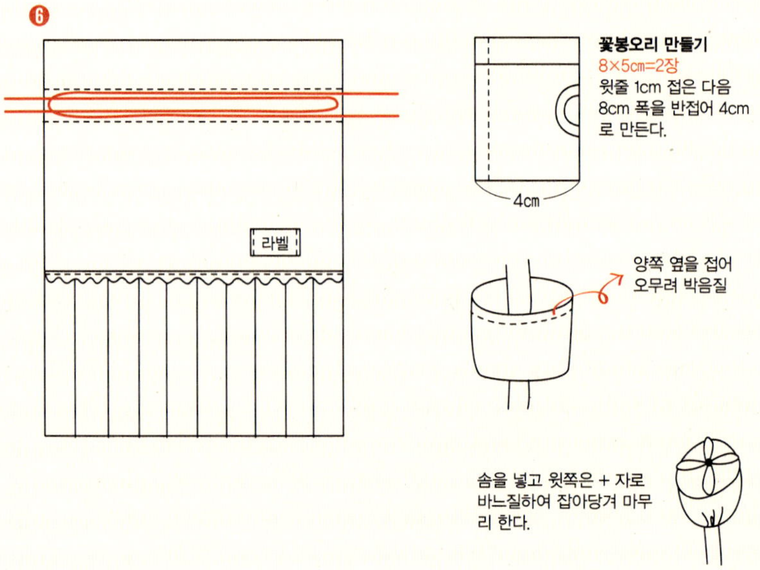

❶ 18cm / 14cm

18cm / 1 2 3 4 5 6 7 8 9 10 / 9cm / 3cm

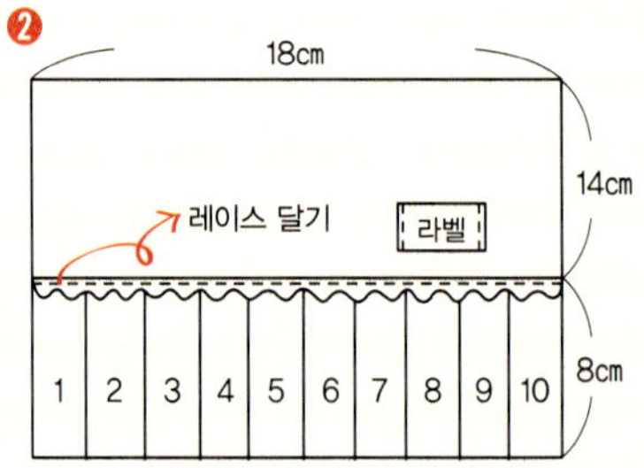

❷ 18cm / 레이스 달기 / 라벨 / 14cm / 1 2 3 4 5 6 7 8 9 10 / 8cm

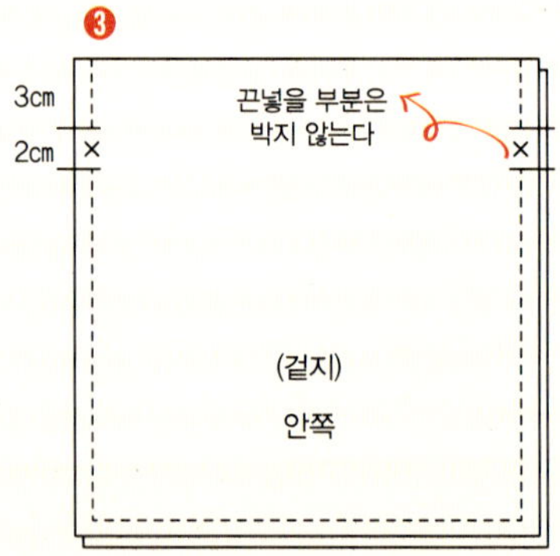

❸ 3cm / 2cm / 끈넣을 부분은 박지 않는다 / (겉지) 안쪽

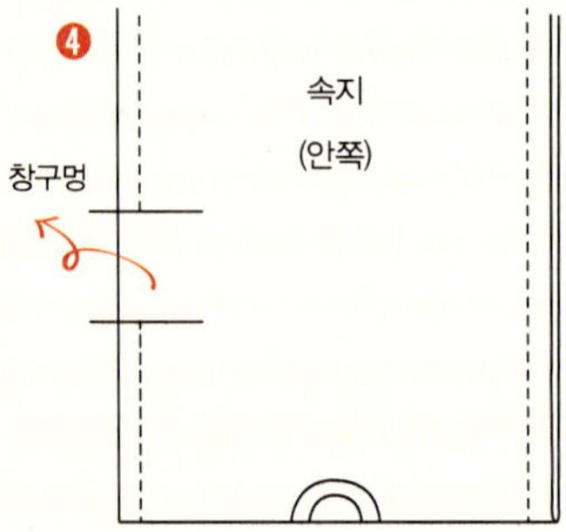

❹ 속지 (안쪽) / 창구멍

❺ (겉지) 안쪽

❻ 라벨

꽃봉오리 만들기
8×5cm=2장
윗줄 1cm 접은 다음 8cm 폭을 반접어 4cm로 만든다.
4cm

양쪽 옆을 접어 오무려 박음질

솜을 넣고 윗쪽은 + 자로 바느질하여 잡아당겨 마무리 한다.

30p

❶
12cm
26cm

❷
선염지
선염지

❸
지퍼
바이어스

❹

❺
앞, 뒤 모두 8곳

❻
박음질

02. 사각프릴 파우치

만드는 방법

❶ 광목(12×26cm)에 면레이스 4줄을 주름잡아 중앙에 박고 맨 위에는 마감 처리된 레이스로 마무리 해준다.

❷ ①양옆에 선염(10×26cm)을 박음질한다.

❸ ②번 위아래 쪽에 바이어스로 감싸 박음질 후 지퍼를 단다.

❹ ③에 지퍼 슬라이드 2개를 양쪽으로 끼운 후 중앙에 맞춰 접은 다음 양끝 1cm씩 박음질 한다.

❺ ④에 5c×5cm 각을 앞뒤 8군데에 그려주고 양쪽 끝 4곳을 삼각형으로 만들어 각을 박음 질한다.

❻ ⑤에 시접을 남기고 잘라낸다. 자른 부분에 바이어스로 감싸 박음질한다.

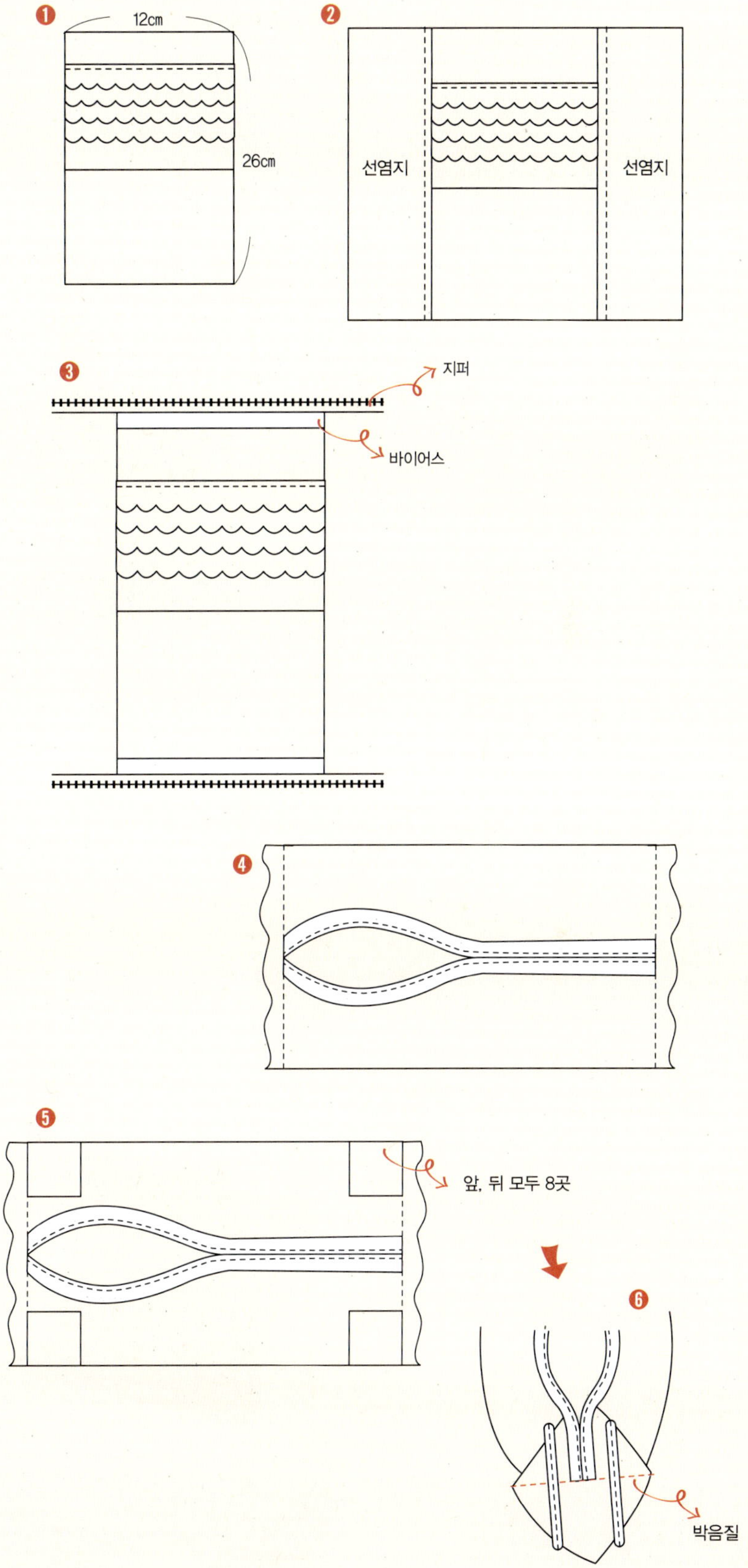

36p

03. 사각패치 파우치

Package

- **완성크기**
  15×10cm

- **재료**
  무늬원단 4종, 지퍼, 4온스 솜, 2온스 솜, 토숀레이스, 면레이스, 선염

- **재단사이즈**
  앞 무늬원단 4종 (7.5×9.5cm, 9×9.5cm, 6.5×12cm, 14×4.5cm)
  뒤 영문원단(19×12cm)
  옆폭(지퍼 달 부분) 리넨도트원단(28×3.5cm) 2장,
  밑각 리넨도트원단(30×7.5cm) 1장,
  고리 리넨도트원단(3×6cm) 2장
  바이어스감 체크원단(28×3.5cm) 2장
  * 시접이 포함된 사이즈

앞 – 무늬원단 4종

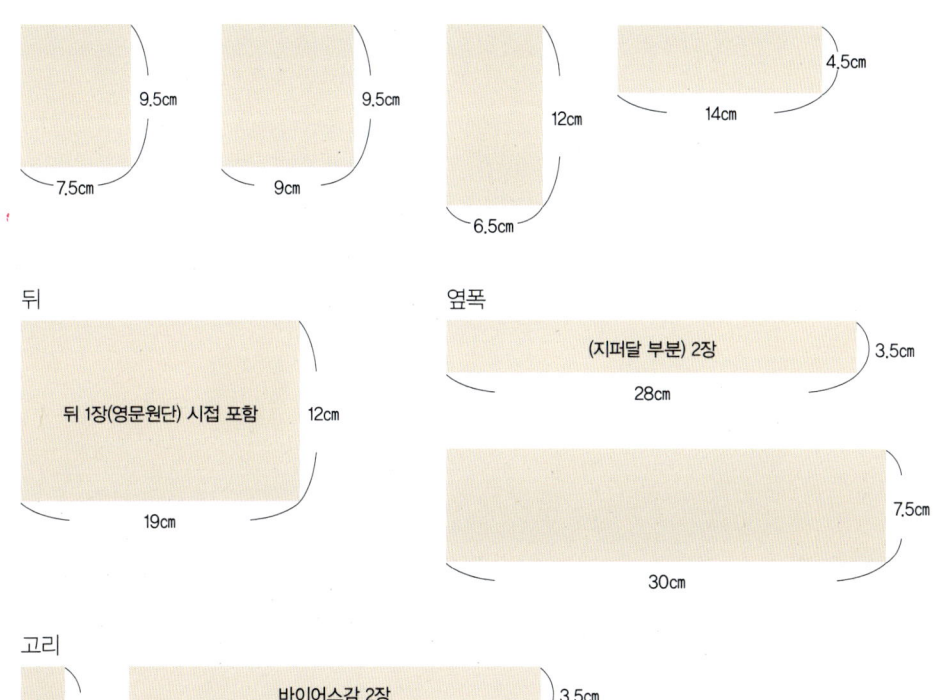

9.5cm 7.5cm

9.5cm 9cm

12cm 6.5cm

4.5cm 14cm

뒤

뒤 1장(영문원단) 시접 포함 12cm
19cm

옆폭

(지퍼달 부분) 2장 3.5cm
28cm

7.5cm
30cm

고리

2장 6cm
3cm

바이어스감 2장 3.5cm
28cm

영문원단이 돋보이는 사각패치 파우치. 앞에서 만들어 본 사각프릴 파우치와 방법은 비슷하나 다양한 원단을 이어 박는 부분이나 바이어스 감싸는 방법에서 좀 더 손이 갑니다. 사각 파우치에 각종 원단을 합쳐서 산뜻한 느낌이 나는 파우치입니다.

01 무늬원단 4종을 모두 순서대로 이어서 박음질한다.

③ 뒷면도 재단하여 놓는다.

이어 박음질한
크기 12×19㎝

02 ①앞판에 토숀레이스와 면레이스를 포인트로 박아준다.

③ 뒤판과 따로 따로 4온스 솜을 대고 안지를 대고 가장자리 상침한다.

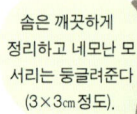

솜은 깨끗하게
정리하고 네모난 모
서리는 둥글려준다
(3×3㎝ 정도).

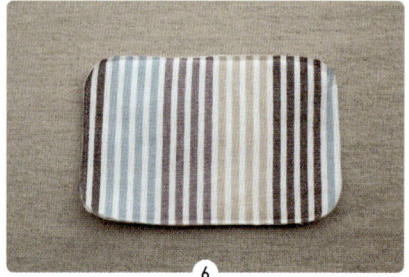

03 옆폭(28×3.5㎝)에 2온스 솜을 대고 안감을 댄 다음 상침한 후 바이어스로 감싸 박음질한다(2장).

④ 지퍼를 달아 박음질하고 슬라이드를 끼워준다.

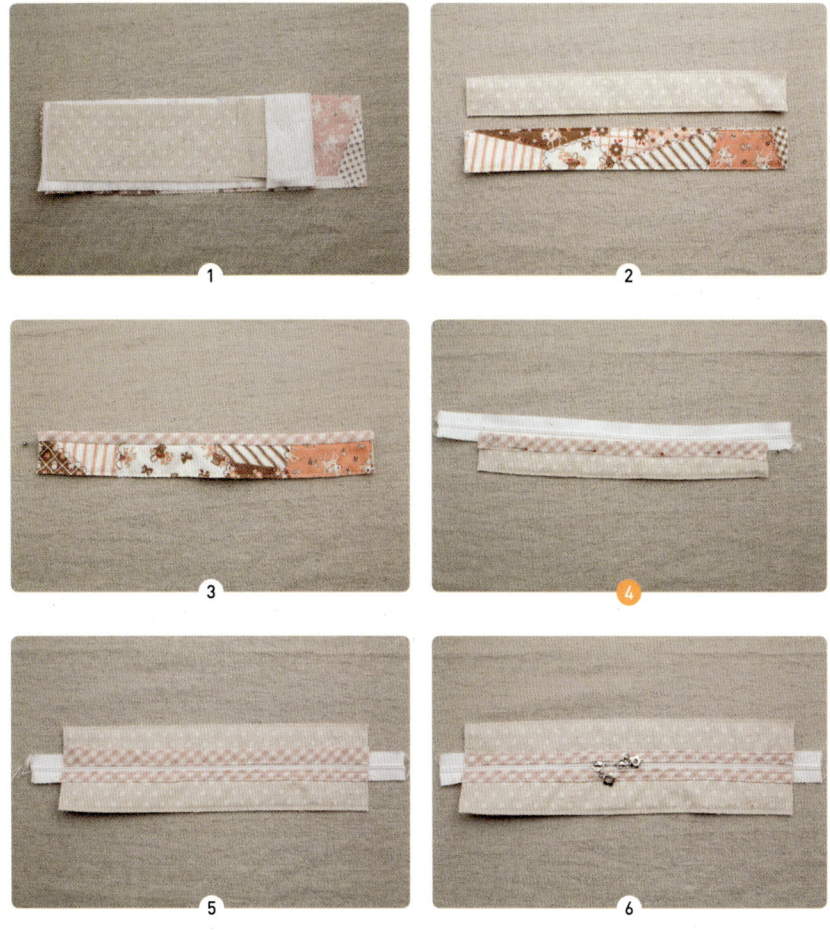

04 밑각(30×7.5㎝)도 1장을 재단하여 2온스 솜을 대고, 안지를 댄 후 가장자리를 돌려가며 상침한다.

05 고리(3×6㎝)를 반으로 접어 2온스 솜과 원단을 순서대로 대고, 양쪽을 박음질한 다음 양쪽에 0.5㎝ 박음질하고 뒤집는다(2장).

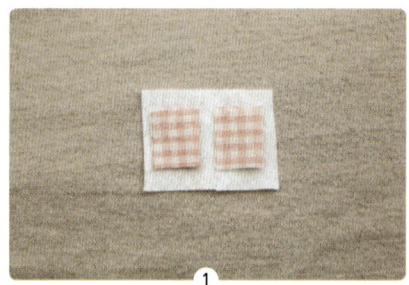

1

2

06 ④양쪽 끝에 고리만 먼저 박음질해 놓는다.

07 앞판 아래 중심부터 ④밑각을 박음질한다.

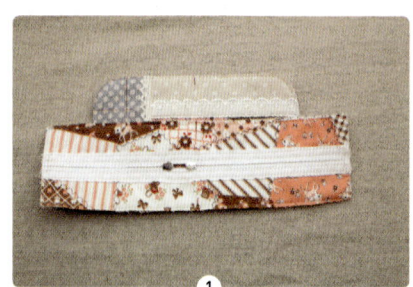

1

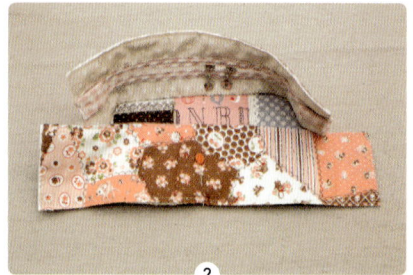

2

08 ⑦에 ③지퍼를 박음질해 놓은 것을 상단중심부터 박음질한 다음 옆 선을 정리하여 박음질한다. 다음 바이어스로 정리한다.

1

2

09 앞판에 라벨을 박음질한다.

TIP

라벨은 느낌에 따라 달아주는 거니, 2번 순서
에서 미리 달아주어도 된다.

10 뒷면을 ⑧에 맞대어 돌려 박음질한
다음 안쪽은 바이어스로 감싸 박음질해 정
리한다.

44p

04. 바네 파우치

HANDMADE

- **완성크기**
  16×18㎝

- **재료**
  바네(12㎝), 리넨 2종(겉지), 30수 면(안지), 라벨, 2온스 접착솜, 토숀레이스 2종, 면레이스

- **재단사이즈**
  겉 리넨도트원단(16×12㎝) 2장, (16×22㎝) 1장
  안감 (16×34㎝) 1장
  터널감(16×6㎝) 2장
  * 시접 포함된 사이즈로 시접선 0.7㎝를 기본으로 한다.

바네가 들어간 파우치는 많은 손이 가지 않아 만들기가 매우 쉬워요.
또한 바네가 들어가 크기를 잘못 조절해서 만들어도 문제가 되지 않아요.
많은 사람들에게 인기 만점인 바네 파우치를 만들어 보세요.

45p

05. 둥근 프레임 파우치

- **완성크기**
  17×12×4.5㎝(폭)

- **재료**
  62프레임, 무늬리넨 2종, 30수 면 2종, 면레이스, 2온스 접착솜

- **재단사이즈**
  재단사이즈: 실물본 이용(0.7㎝ 시접별도)

앞 2장   옆 2장

프레임이 주는 앤틱한 느낌의 디자인에서
리넨과 레이스를 달아
더욱 여성스러움을 강조한 파우치,
프레임 파우치만의 매력이지요.
프레임이 단단하여
소품들이 쉽게 새지가 않아
여성들에게 가장 활용적인 파우치.
실용적인 둥근 프레임 파우치를 디자인해 보세요

04. 바네 파우치

만드는 방법

❶ 리넨도트원단(16×12cm)을 무늬원단(16×22cm)과 함께 위아래로 박음질한다.

❷ 무늬원단(16×22cm)에 토숀레이스와 면레이스로 포인트 장식을 해준 다음 라벨을 상단 중앙에 박음질한다.

❸ ②에 2온스 솜을 대고 상침한 다음, 안이 보이게 반으로 접어 양쪽 끝을 1cm씩 박음질하고 위쪽으로 뒤집어준다.

❹ ③에 터널감 양쪽 끝을 1cm씩 접고, 6cm 폭을 3cm가 되도록 반으로 접어서 입구 양쪽에 박음질한다.

❺ 안지를 겉지와 같은 크기로 만들어 창구멍을 남기고 겉지 속에 넣고 터널감을 겉지 쪽으로 제친 후 입구를 돌려가며 박음질한다.

❻ 안지 창구멍으로 뒤집은 후 창구멍을 박음질한다.

❼ 터널에 바네를 끼워 넣어 완성한다.

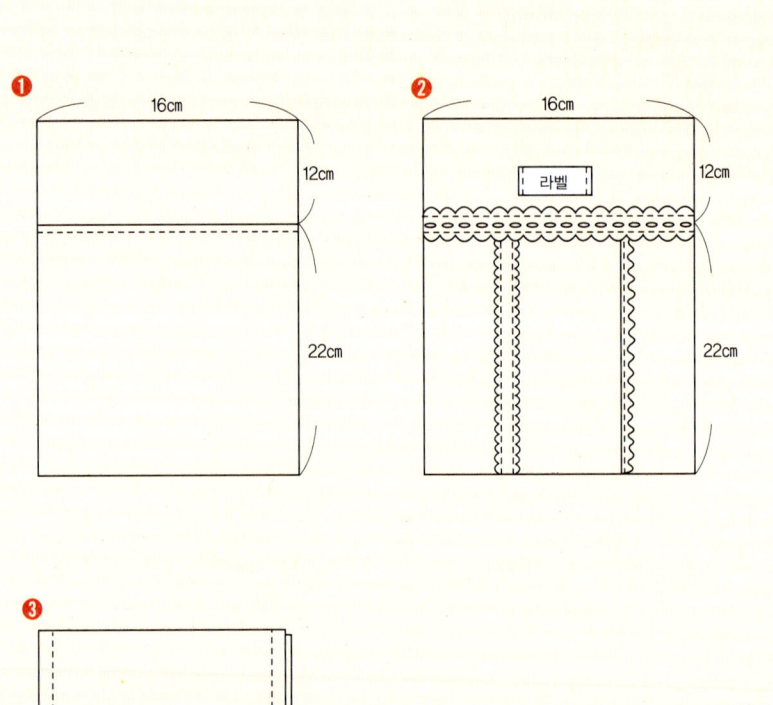

❶ 16cm / 12cm / 22cm

❷ 16cm / 라벨 / 12cm / 22cm

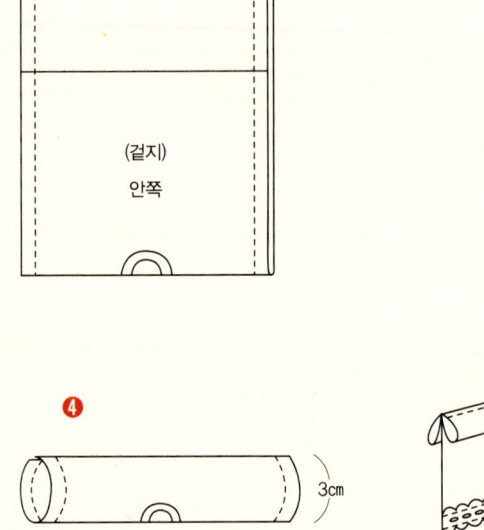

❸ (겉지) 안쪽

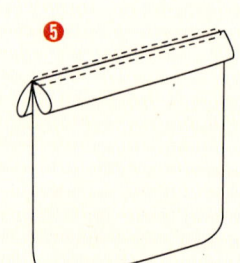

❹ 3cm

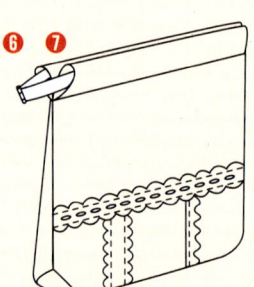

❺

❻ ❼

05. 둥근 프레임 파우치

만드는 방법

❶ 겉감 B에 레이스를 주름잡아 중앙에 맞추어 5~6줄 박음질한다.

❷ ①에 겉감 A와 A'를 양쪽에 붙여 박음질한다.
– 2온스 접착솜을 대고 다려준다(겉감 앞).
– 겉감 D에도 2온스솜을 대고 다려준다.
– 겉감 뒤 겉감 C도 접착솜을 대고 다려놓는다.
– 겉감 앞과 겉감 뒤 사이에 겉감 D를 가운데에 맞추어가며 중앙 부분부터 박음질한다.

❸ 안감 C 2장과 D 1장을 재단한 다음 ②의 겉과 같은 모양으로 하단에 창구멍을 남기고 0.7cm 박음질한다.

❹ ③을 ②에 넣어 위쪽 입구를 돌려가며 박음질한다.

❺ 안감 창구멍으로 뒤집고 창구멍을 공그르기한 후 프레임을 입구쪽을 밀어 넣어가며 중앙부터 바느질하여 달아준다.

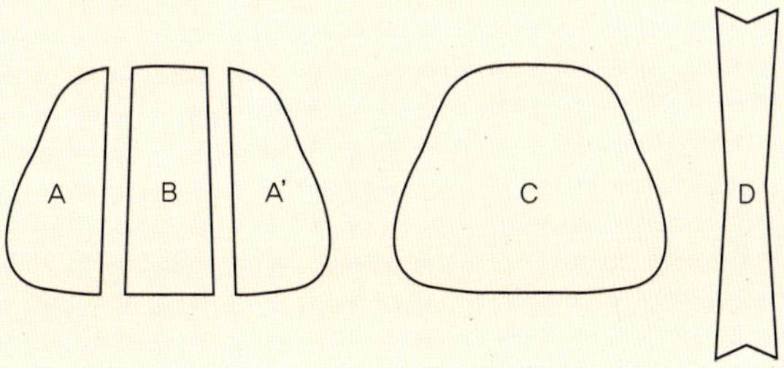

A B A'

C

D

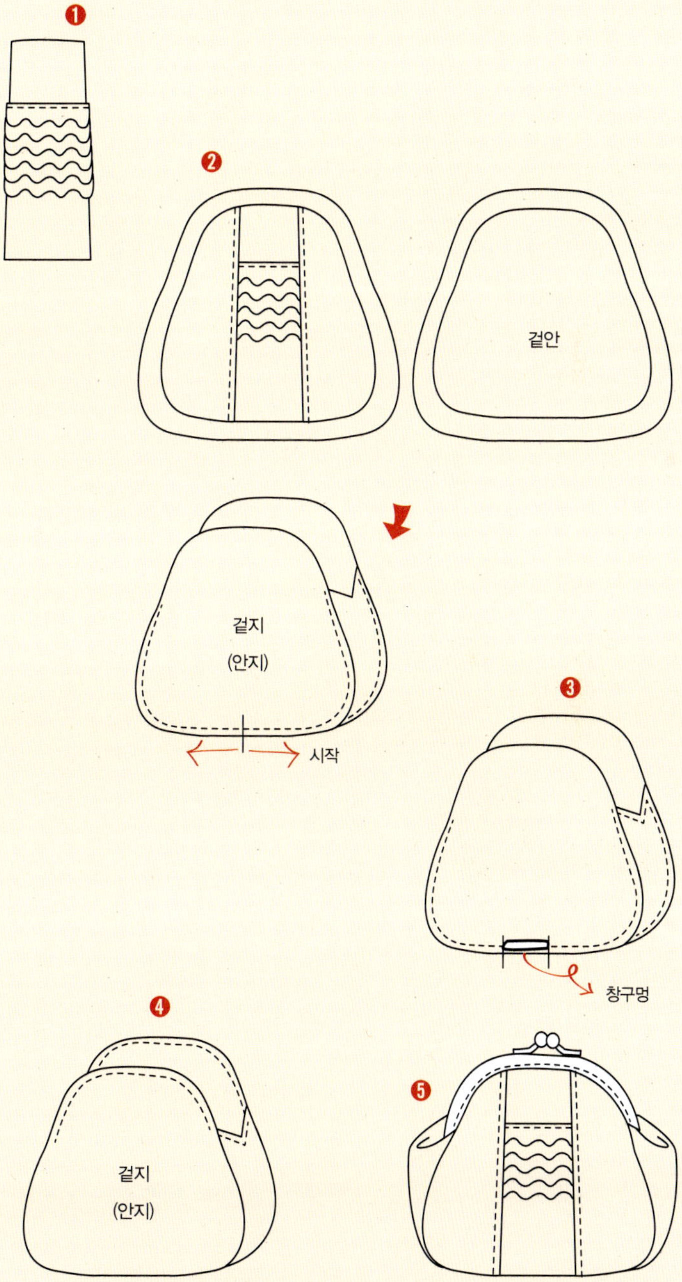

❶

❷

겉안

겉지
(안지)

시작

❸

창구멍

❹

겉지
(안지)

❺

50p

06. ㄷ자 프레임 파우치

- **완성크기**
  8×17×5cm(폭)

- **재료**
  12cm ㄷ프레임, 리넨 2종, 30수 면(안지), 토숀레이스, 2온스 접착솜

- **재단사이즈**
  무늬리넨(14×14cm) 2장
  블루도트리넨(14×16cm) 1장
  안지(14×40cm) 1장
  * 시접 포함한 사이즈

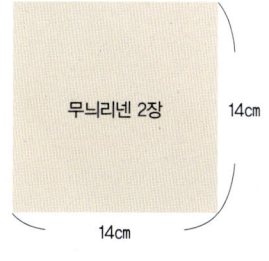

무늬리넨 2장
14cm
14cm

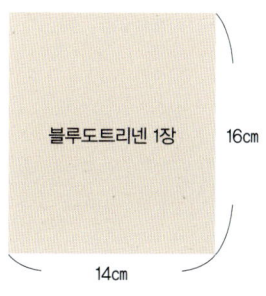

블루도트리넨 1장
16cm
14cm

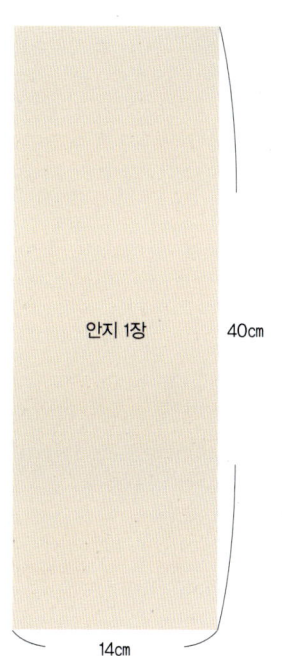

안지 1장
40cm
14cm

안경집으로 만들어 사용할 수 있는 ㄷ자 프레임 파우치.
고리를 달아 가방 안에 담아 가지고 다니면 안경을 보호하기에 안성맞춤입니다.
안경뿐만 아니라 다양한 용도로 사용할 수 있어 편리한 파우치입니다.

51p

07. U자 프레임 파우치

Package

- **완성크기**
  9×5×3.5cm(폭)

- **재료**
  9cm U프레임, 리넨 2종, 30수 면(안지), 2온스 접착솜

- **재단사이즈**
  무늬리넨 (11×6cm) 2장
  빨강도트리넨(11×10cm) 1장
  안지(11×18cm) 1장
  옆면–실물본 사용(옆면만 시접 별도)
  * 시접 포함한 사이즈

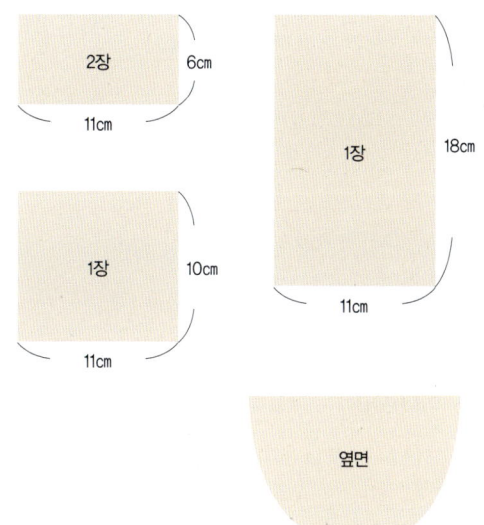

2장 6cm
11cm

1장 18cm
11cm

1장 10cm
11cm

옆면

안경집이나, 도장집으로 활용할 수 있는 ㄴ자 프레임 파우치.
9cm 프레임을 사용하여 도장집을 만들어 보세요.
프레임을 크게 하여 도안을 키우면
멋진 안경집 파우치로도 변합니다.

06. ㄷ자 프레임 파우치

만드는 방법

❶ 무늬리넨 2장 사이에 블루도트리넨을 박음질한 다음 박은 선에 토숀레이스를 박음질한다.

❷ ①에 2온스 접착솜을 대고 다림질해준다.

❸ ②에 겉과 겉이 마주보게 반으로 접어 윗부분을 빼고 양쪽 옆을 박음질한다.
– 밑각을 양쪽 2.5㎝ 정사각형을 그린다.
– 삼각형 모양으로 접어 박음질하고 밑각을 만들어준다.

❹ 안지(14×40㎝)를 반으로 접어 겉지와 같은 크기로 만들어 창구멍을 남긴다.
– 양옆을 박음질한다.
– 겉지와 같게 밑각을 만들고, 겉지 속에 넣어 입구 쪽을 돌려가며 박음질한다.
– 창구멍으로 뒤집은 후 창구멍을 마무리한다.

❺ ㄷ프레임에 입구 쪽을 밀어 넣어가며 프레임 중앙부터 바느질로 달아준다.

❶
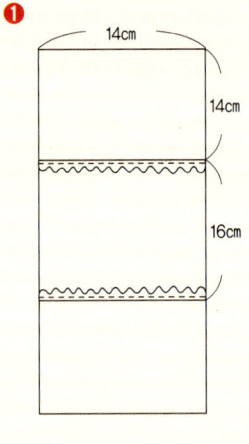

14cm

14cm

16cm

❷
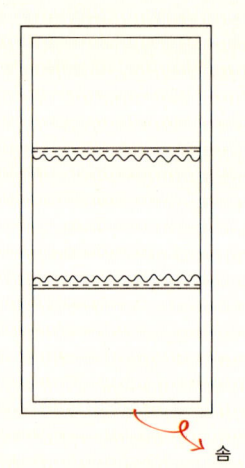

솜

❸
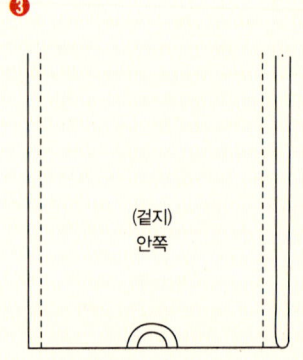

(겉지)
안쪽

❹
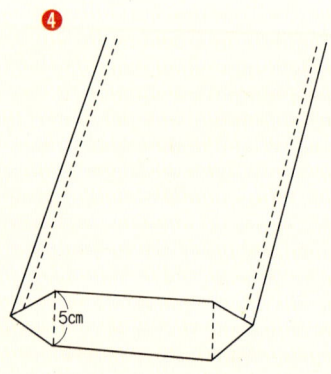

5cm

❺
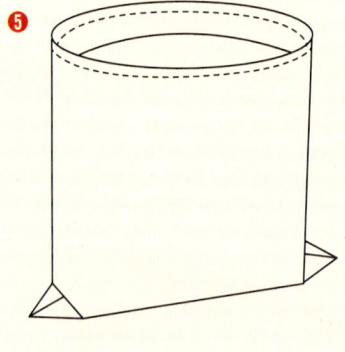

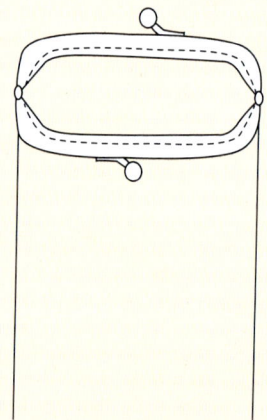

07. U자 프레임 파우치

만드는 방법

❶ 무늬리넨 2장 사이에 블루도트 리넨을 박음질한 후 2온스 접착솜을 다려서 겉지를 만들어 놓는다.

❷ 안지를 재단하여 솜–안지–겉감 순서로 놓고, 창구멍을 통하여 뒤집고 창구멍을 공그르기로 막아준다.

❸ 옆모양 본(시접 별도)을 이용하여 재단 후 솜겉지, 안지 순서대로 놓는다. 창구멍을 남기고 박음질한 다음 창구멍을 공그르기로 막아준다.

❹ ②에 ③을 아래쪽 중앙에 맞추어 공그르기 한다.

❺ U프레임에 입구 쪽을 밀어 넣어가며 프레임 중앙부터 바느질로 달아준다.

❶ 옆모양본

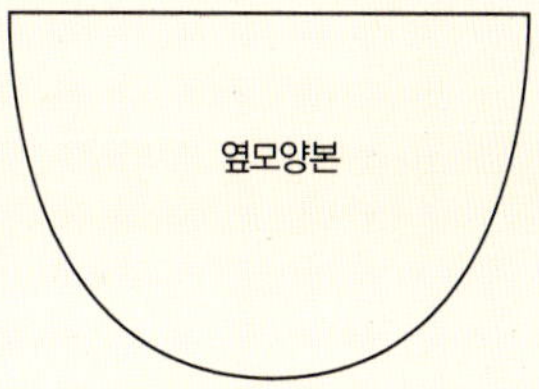

❷ 14cm
6cm
10cm
6cm

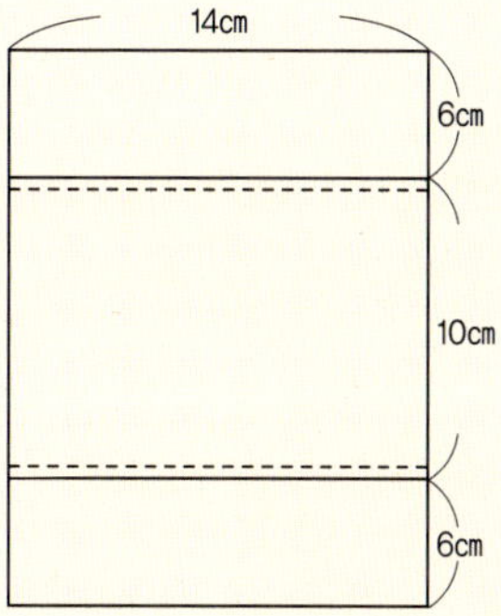

❸ 솜
겉감 안쪽
창구멍
안지 겉

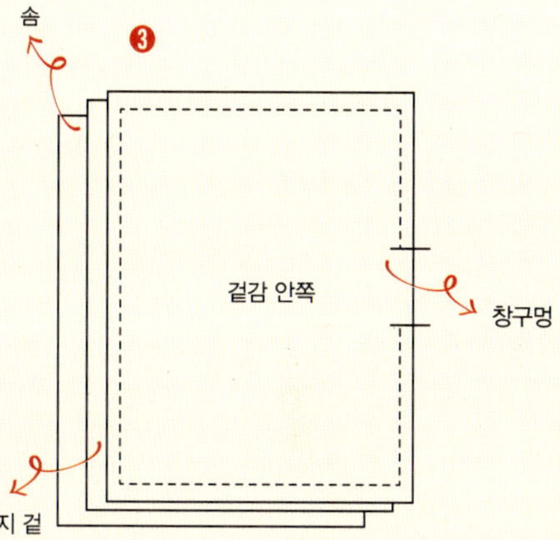

❹ 솜
겉감 안쪽
창구멍
안지 겉

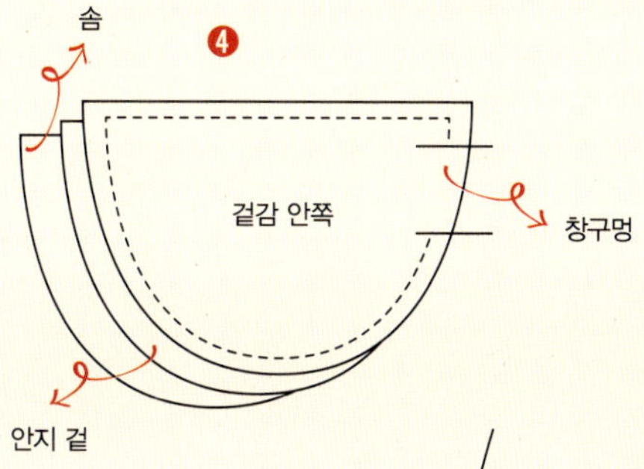

❺ 공그르기
시작 시작

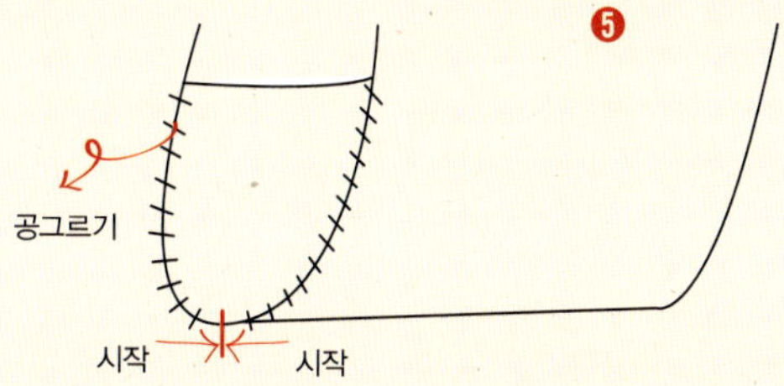

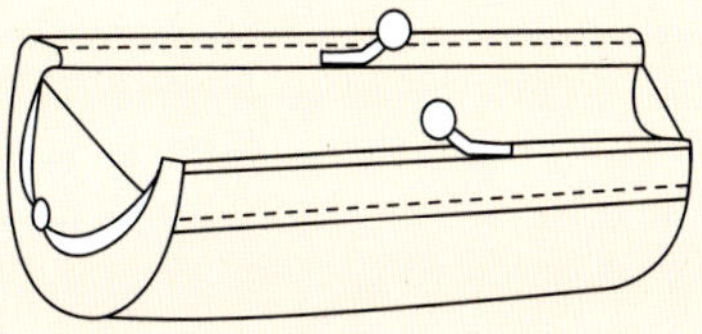

NO.2 생활용품 보관함 세트

알뜰한 생활용품 보관함을 만들어 보세요!

보관함을 만들어 사용하면 정리되지 않고 너저분하게 널려있던 물건들이
한 자리에 모이게 되어 찾기가 편리하겠죠?
물건에 맞는 실용적인 보관함들을 만들어 놓으면 집이 자연스럽게 깔끔해집니다.
살림 잘하는 여성들에게 꼭 필요한 보관함들을 만들어 보세요.

56p

01. 장지갑

- **완성크기**
  20×11cm

- **재료**
  무늬원단 2종, 선염무지원단, 3호 지퍼, 접착심지, 베루(大)

- **재단사이즈**
  겉감, 속지 무늬원단(20×11cm) 2장
  겉감, 속지 무지원단(20×19) 2장
  바이어스감 체크원단(3.5×20cm) 2장
  전체 바이어스(3.5×100cm)
  속지(20×30cm) 2장
  메모주머니(36×17cm)
  지폐주머니(20×30cm)
  카드주머니(20×39cm)
  * 전체 시접 포함, 옆모양 패턴 4장(위아래 시접 별도, 양옆은 시접 없음)

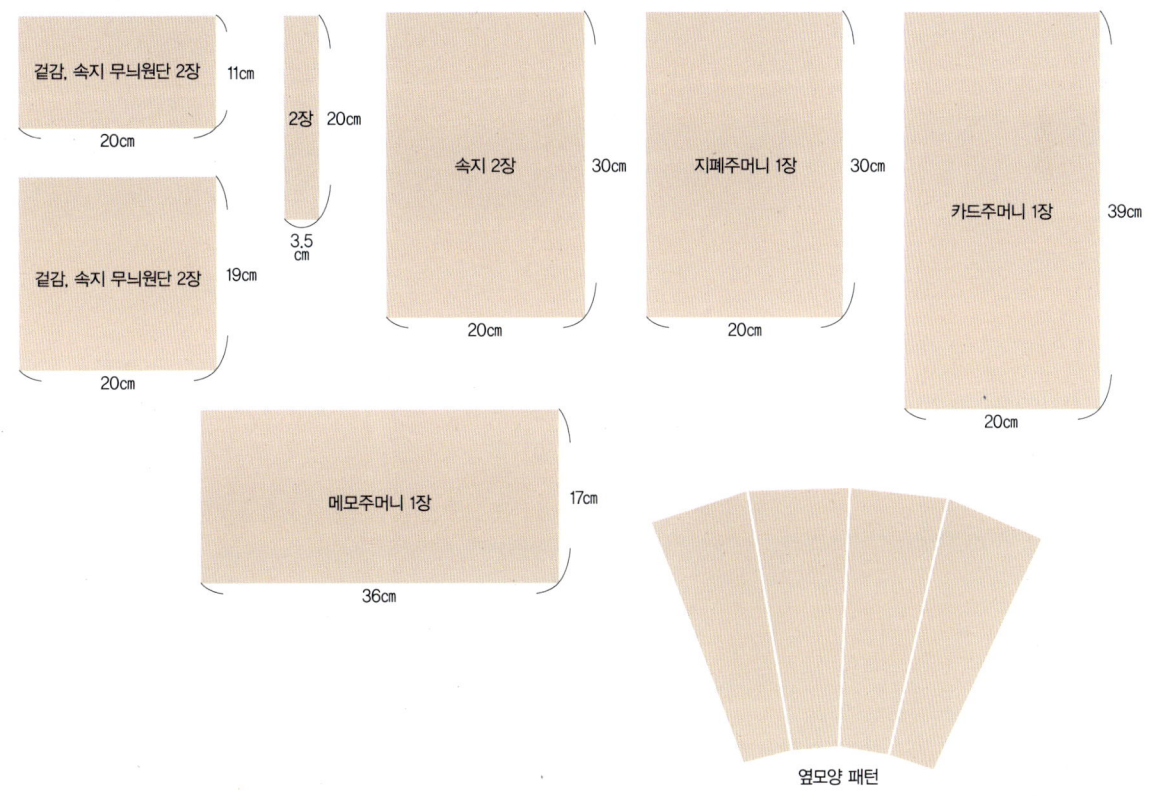

겉감, 속지 무늬원단 2장　11cm　20cm

2장　20cm　3.5cm

겉감, 속지 무늬원단 2장　19cm　20cm

속지 2장　30cm　20cm

지폐주머니 1장　30cm　20cm

카드주머니 1장　39cm　20cm

메모주머니 1장　17cm　36cm

옆모양 패턴

잘 사용하지 않는 카드나 빳빳한 지폐를 보관하고 싶을 때
장지갑만큼 효율적인 것은 없지요. 가방 안에 담아 다닐 수도 있고,
집안 서랍에 넣어 보관할 수 있는 장지갑을 재봉틀을 이용해 만들어 보세요.

01 무늬원단(20×19cm)에 솜 안지를 대고 가장자리에 상침한다. 남은 부분은 잘라낸다.

1

2

02 무늬원단(20×11cm)에 솜 안지를 대고 가장자리 상침한다. 남은 부분은 잘라낸다.

1

2

03 ①과 ②에 바이어스를 감싸 박은 다음 지퍼를 단 후 슬라이드를 끼워준다.

1

2

3

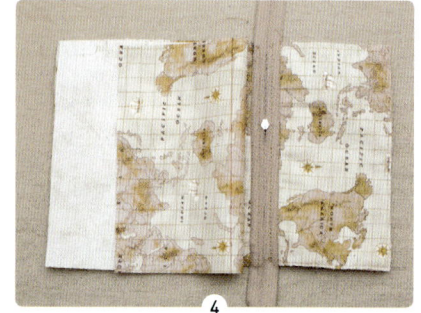

4

04 ③에 안지 지퍼를 열면 겉이 나오도록 대고 상침해준다(속지1장).

05 카드주머니 만들기

1 다른 속지 1장 겉면에 카드주머니를 만들어 박음질한다.

3 ~ **4** 카드주머니는 가운데를 박음질해 카드를 양쪽에 끼울 수 있게 나누어 준다.

5 ~ **6** 카드주머니(20×39cm) 1cm+4cm+5cm+4.5cm+5cm+4.5cm+5cm+4.5cm+5cm+0.5cm 순서로 접어 다린 다음 속지에 박아준다.

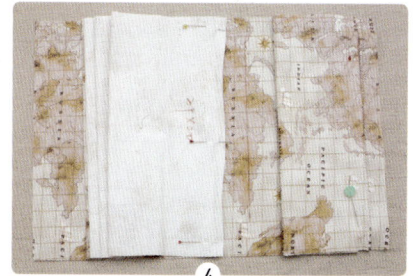

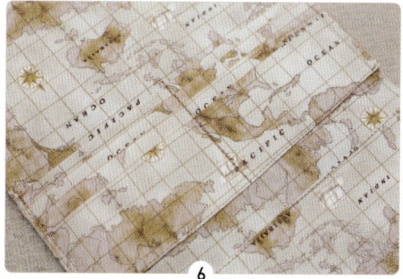

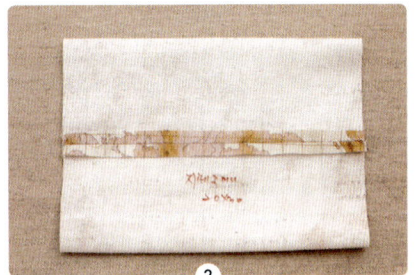

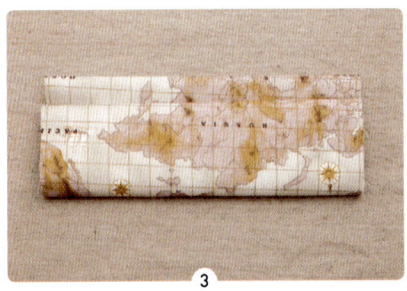

① 지폐주머니(20×30cm)를 반으로 접어 박음 질한 후 뒤집는다.

② 1cm 차이가 나게 접어서 작은 쪽을 안쪽으로 두고, 카드주머니 반대쪽에 박음질한다(지폐 구 분을 위해 두 칸으로 나누어짐).

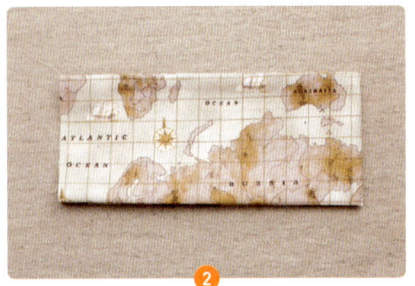

07 옆모양 패턴을 접착심지에 원단을 대 고 그린 다음 그린 선을 위아래로 박고 양옆 으로 뒤집은 후 점선대로 지그재그로 다려 준다(2장).

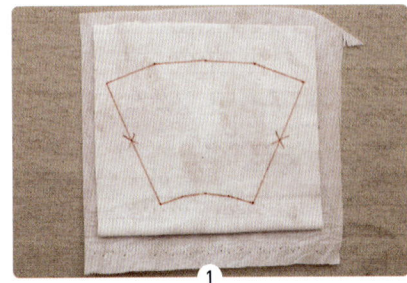

08 메모주머니 만들기

1 ~ **2** 메모주머니(36×17cm)를 17cm를 반으로 접어 박음질하고 폭(8cm)으로 만든다.

3 ~ **4** 다음 뒤집어서 다시 36cm 쪽을 반으로 접어 18cm로 만든다.

 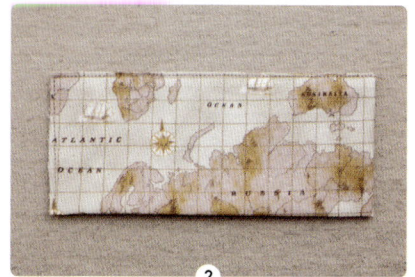

09 메모주머니 만들어 놓은 것을 양쪽 지그재그 사이에 끼워 넣고 박음질한다.

3 **4** 속지 중앙에 맞추어 양 옆을 박고 전체 바이어스를 감싸 박음질한다.

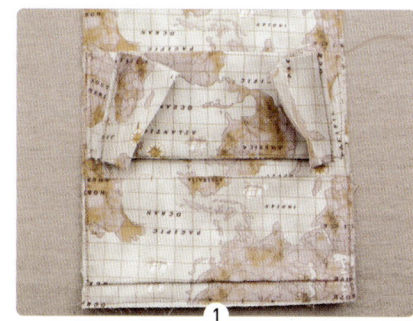 

 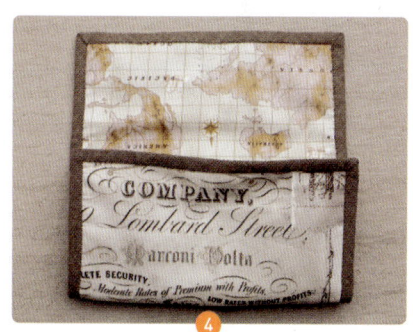

TIP

바이어스 시작은 겉에서 부터 박음질하고, 안쪽에선 공그르기로 마무리한다.

베루를 바느질해 달아준다.

62p

02. 물병 주머니

- **완성크기**
  8×25cm

- **재료**
  리넨 3종, 30수 면 1종

- **재단사이즈**
  겉지 빨강도트원단(26×17cm) 1장
  하우스그림원단(26×11cm) 1장
  안지 면원단(26×21cm) 1장
  무지리넨(26×7cm) 1장
  터널감(25×4cm) 1장
  끈(70×3.5cm) 1장
  방울(5×7cm) 2장
  바닥 겉, 안지(지름8.5cm) 2장
  * 전체 시접 포함

빨강도트 1장 — 17cm / 26cm

하우스그림 1장 — 11cm / 26cm

안지 1장 — 21cm / 26cm

안지 1장 — 7cm / 26cm

터널감 2장 — 4cm / 25cm

끈 1장 — 3.5cm / 70cm

방울 2장 — 7cm / 5cm

바닥 2장 — 8.5cm

리넨과 30수 면으로 만든 물병 주머니.
자주 가지고 다니는 물병 주머니를 만들어
보관하면 찾기도 쉽답니다.
어디에 두어도 눈에 띄는 물병 주머니.
주머니를 만들어서 가볍게
들고 다니세요.

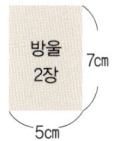

02. 물병 주머니

만드는 방법

❶ 빨강도트리넨과 하우스그림리넨을 이어 박음질한다.

❷ ① 위에서 4㎝ 떨어진 부분에 터널감을 양쪽 1㎝씩 접어 다린 후 2㎝ 폭으로 만들어서 박음질한다.

❸ ②를 세로로 반으로 접어 박음질한다.

❹ 지름(8.5㎝) 밑바닥을 돌려 박음질한다.

❺ 안지를 무지리넨이 위를 향하게 하여 30수 면원단과 이어 박은 다음 겉지와 같이 박음질한다.

안지는 창구멍을 남기고 박음질한다. 그리고 바닥 원을 돌려 박음질한다.

❻ 겉지 속에 안지를 집어넣고 입구 부분을 돌려가며 박음질한다.

❶

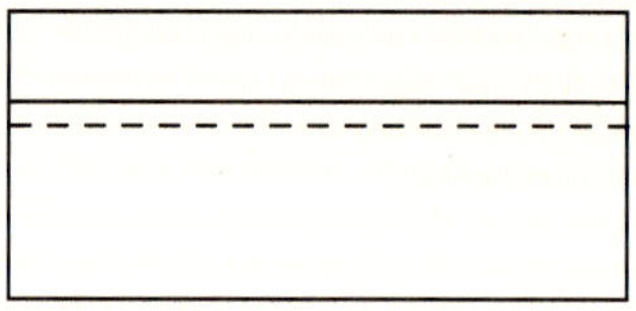

❷

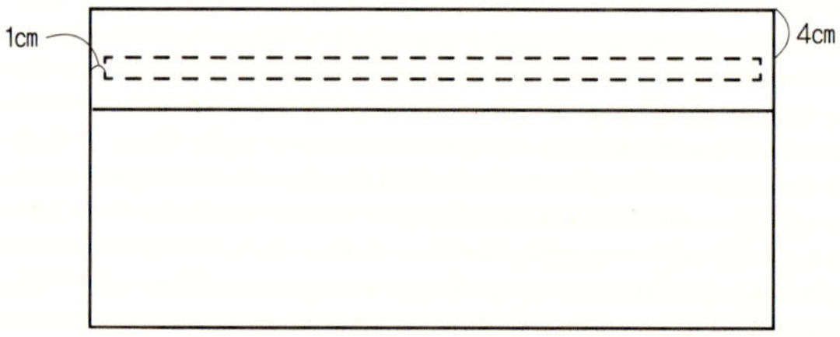

1㎝   4㎝

❸

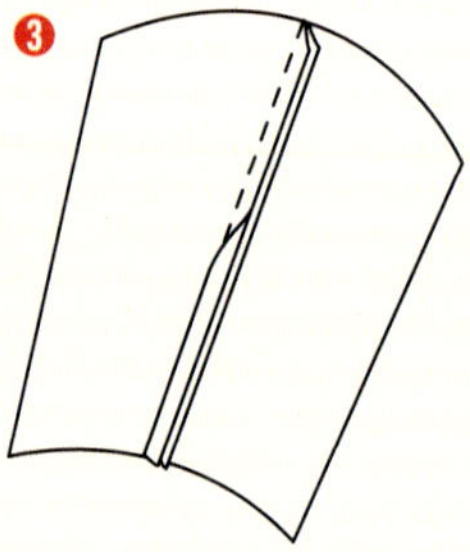

❹

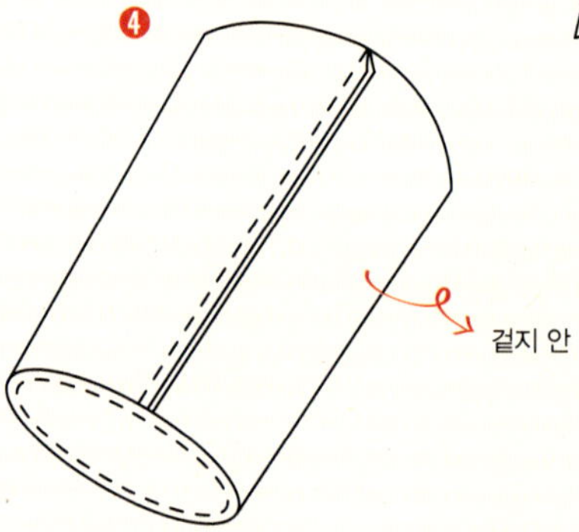

겉지 안

❺

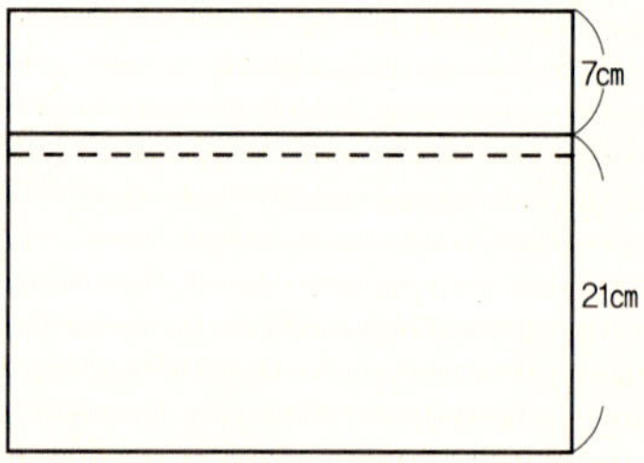

7㎝

21㎝

❻

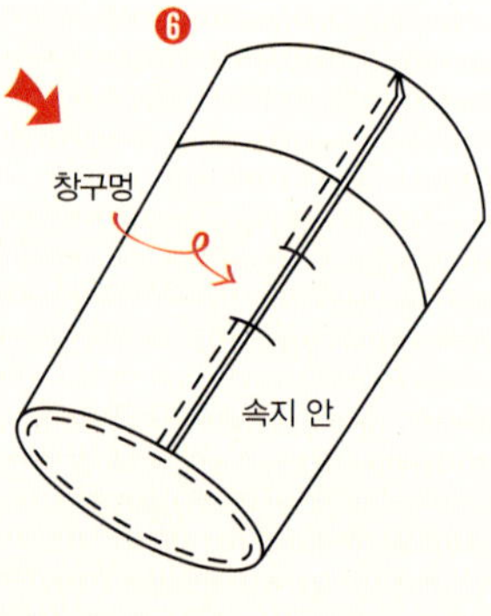

창구멍

속지 안

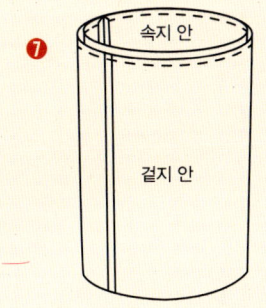

❼ 속지 안

겉지 안

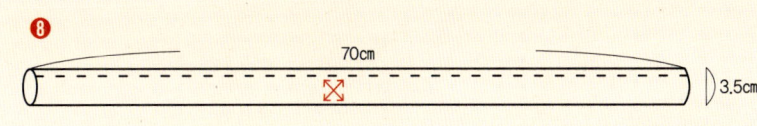

70cm

3.5cm

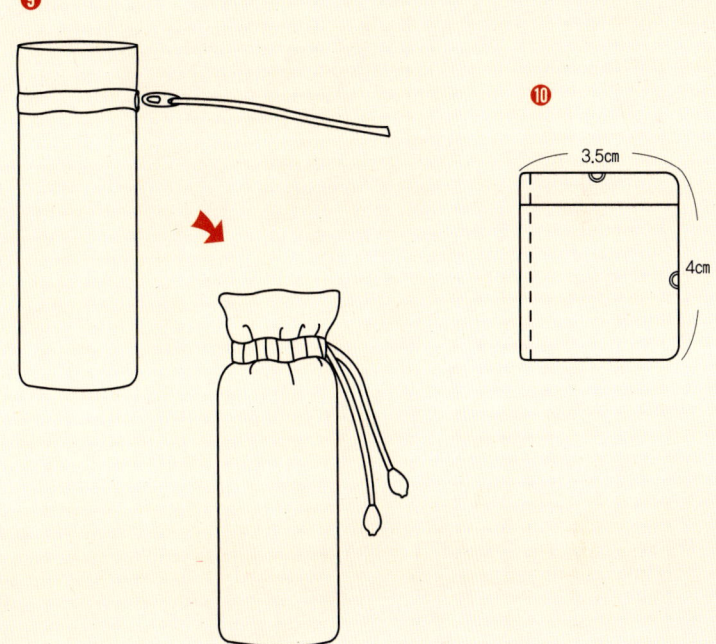

❼ 창구멍으로 뒤집어서 창구멍은 박음질한다.

❽ 끈은 사선으로 재단하여 폭(1cm)으로 박아서 뒤집는다. 길이는 70cm정도가 적당하다.

❾ 옷핀으로 터널에 끈을 넣고 잡아당긴 후 방울을 만들어 양 끝에 달아준다.

❿ 방울 만들기

– 원단(5×7cm)을 2장 재단하여 5cm 폭에서 1cm를 접어 폭(4cm)으로 만든다.

– 7cm 쪽을 반으로 접어 3.5cm로 만들어 박음질한다.

⓫ ❿에 끈 끝을 넣고 오므려서 박아준 다음 솜을 채워 넣고 십자모양으로 잡아당겨 봉우리를 만들어준다.

❿

3.5cm

4cm

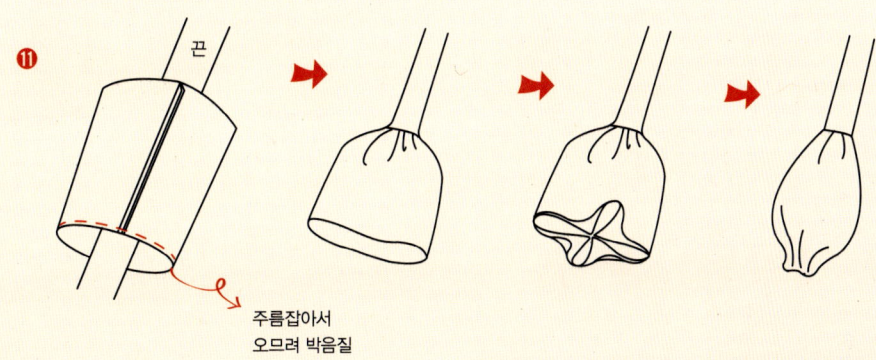

⓫

끈

주름잡아서
오므려 박음질

68p

03 연필꽂이

- **완성크기**
  10×13cm

- **재료**
  자카드무지원단, 2온스 솜, 무늬리넨, 토숀레이스, 초록원단 9종

- **재단사이즈**
  겉, 안지(30×15cm) 2장
  바닥 겉, 안지(지름 10cm) 원 2장
  * 전체 시접 포함

겉, 안지 2장

15cm

30cm

바닥 겉, 안지 2장

10cm

이곳저곳에 흩어져 있는 펜들, 한 곳에 모아 수납통에 보관하세요. 보통 컵이나 플라스틱 제품을 사용하지만 자카드 원단과 리넨을 활용하여 가벼운 수납통을 만들어 보세요. 특별한 연필꽂이는 우리 집에서만 볼 수가 있겠지요.

69p

04. 땅콩모양 필통

- **완성크기**
  10×24cm

- **재료**
  무늬원단, 리넨나염, 안감(선염), 바이어스감(노랑무지), 지퍼, 4온스 솜

- **재단사이즈**
  패턴이용(시접 포함)
  고리(6×6㎝) 2장
  바이어스감(3.5×26㎝) 2장
  * 실물본 사용

다양한 필통들, 땅콩모양으로 만들어 독특함을 뽐내보세요.

03 연필꽂이

만드는 방법

❶ 자카드원단(30×15㎝)을 재단하여 그 위에 삼각형 9개의 밑그림을 그려준다. 삼각형 패턴 대로 원단을 9장 재단하여 밑그림 위에 올려 놓고 지그재그로 박음질한다.

❷ ①상단의 3㎝ 선에 토숀레이스를 박음질 한다.

❸ ②를 반으로 접어 원기둥 모양으로 박음질 한다.

❹ ③에 지름 10㎝ 원을 2온스 솜을 대고 가장 자리를 상침한 후 바닥에 돌려가며 박음질한다.

❺ 안지도 겉지와 같은 크기로 재단하고 겉지 와 같은 방법으로 창구멍만 남기고 박음질한다.

❻ 겉감 속에 안감을 겉과 겉이 마주보게 집어 넣고 입구를 돌려가며 박아준 다음 창구멍으 로 뒤집고 창구멍을 박음질한다.

❼ 입구쪽을 노루발 간격으로 박음질하여 마 무리한다.

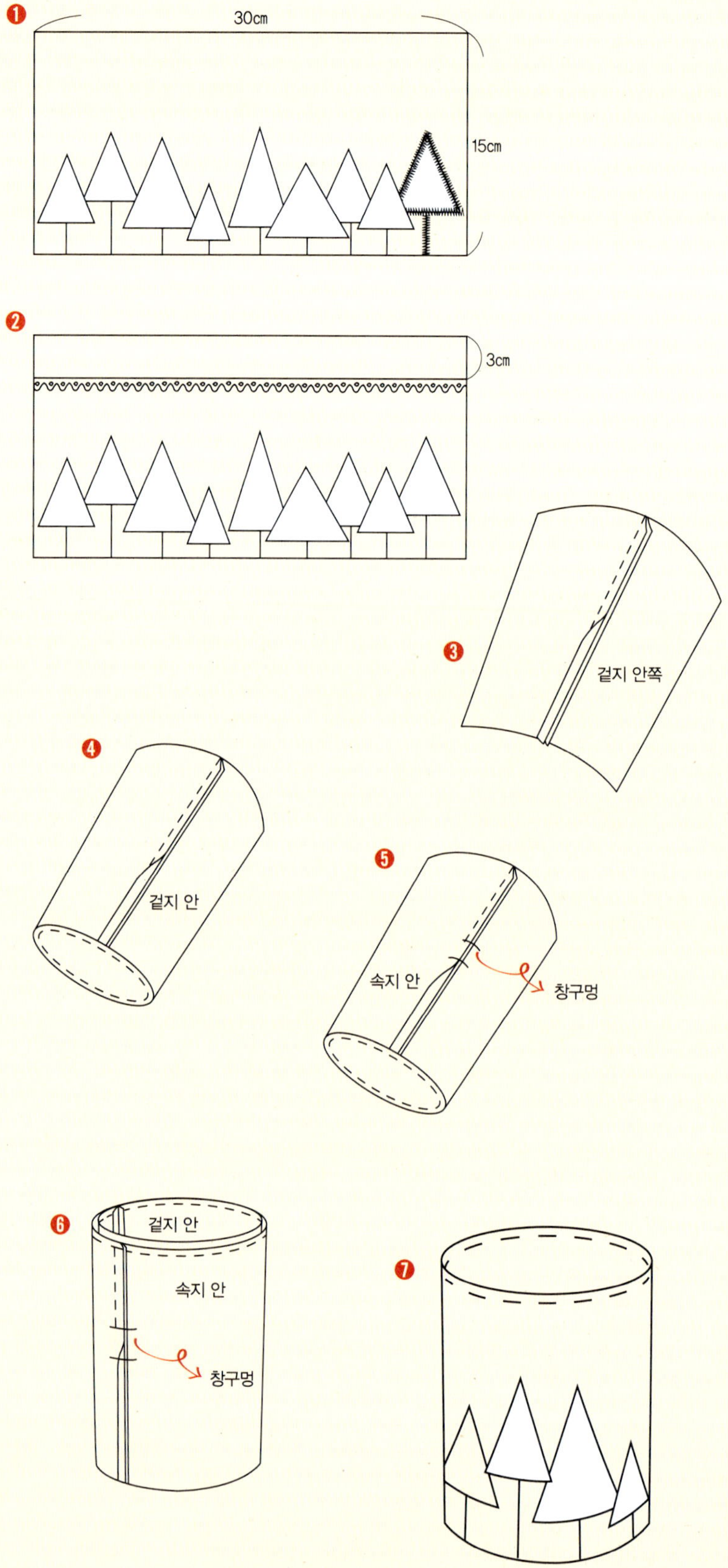

❶ 30cm · 15cm

❷ 3cm

❸ 겉지 안쪽

❹ 겉지 안

❺ 속지 안 · 창구멍

❻ 겉지 안 · 속지 안 · 창구멍

❼

04. 땅콩모양 필통

만드는 방법

❶ 패턴 A 2장(겉지, 안지), B 4장(겉지2, 안지 2)을 재단한다.

❷ 겉지 A와 겉지 B 2장에 4온스 솜을 대고 안 지를 댄 다음 돌려가며 상침한다(솜은 깨끗이 잘라준다).

❸ ②의 B패턴 2장에 직선 쪽에 바이어스를 감 싸 박음질한다. 다음 지퍼를 박음질한 후 슬라 이드를 끼운다.

❹ 고리를 재단하여 폭(1.5×3cm)으로 접어 ③ 지퍼 위아래에 먼저 박음질한다.

❺ 패턴 A와 B를 마주보게 놓고 표시한 선을 맞추어 가며 돌려 박음질한다.

❻ 안쪽 시접 정리는 바이어스로 돌려가며 감 싸 박음질한다.

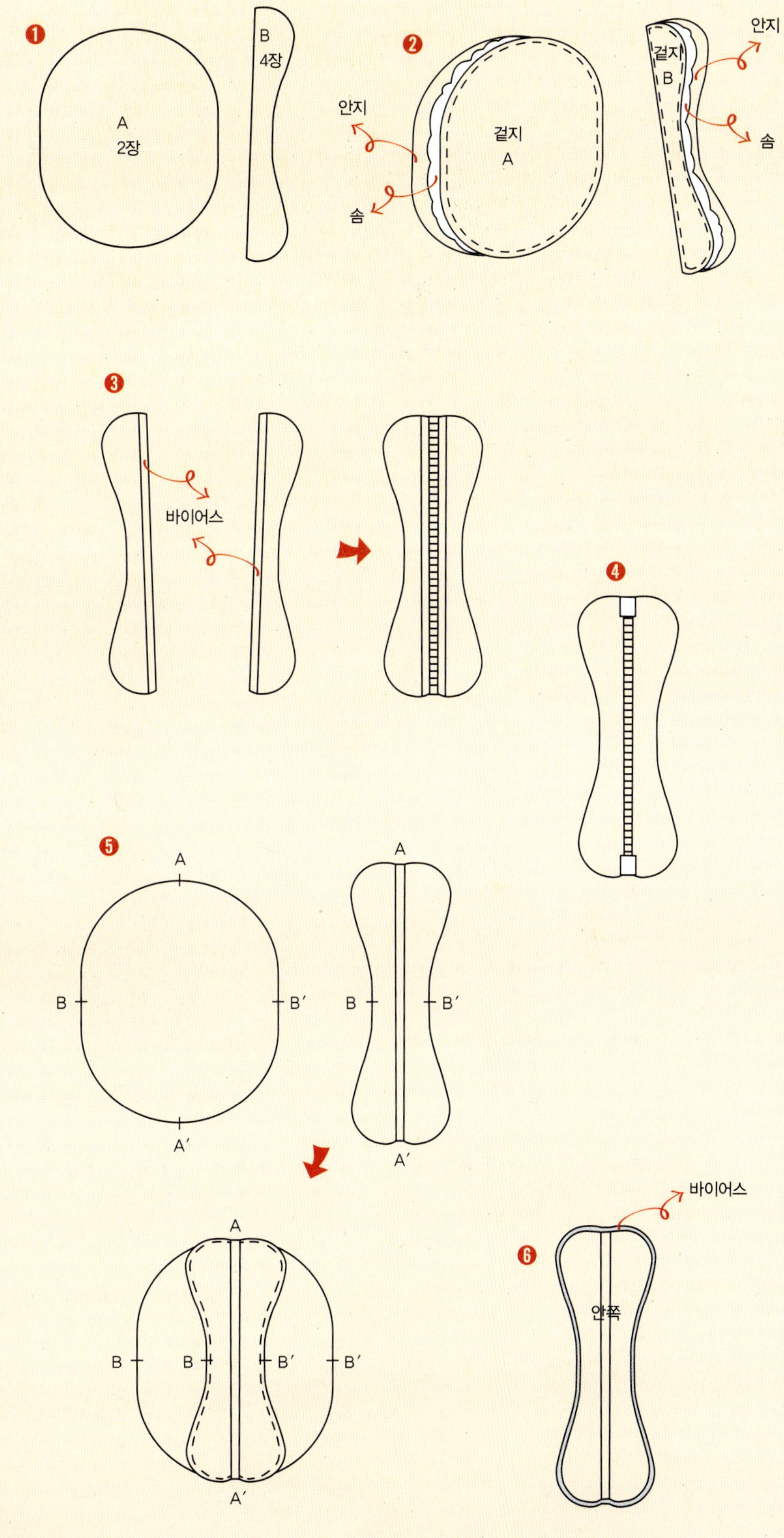

❶ B 4장 A 2장

❷ 안지 솜 겉지 A 겉지 B 안지 솜

❸ 바이어스

❹

❺ A B B' A' A B B' A'

A B B B' B' A'

❻ 바이어스 안쪽

74p

05. 핸드폰 케이스

- **완성크기**
  갤럭시S 기준 10×14cm

- **재료**
  리넨무늬원단 2종, 바이어스감, 면나염원단, 2온스 솜, 라벨. 핸드폰 고리

- **재단사이즈**
  4.5×10cm(A) 1장
  핑크도트(4×10cm(a,a')) 2장
  A 바이어스감(3.5×10cm) 1장
  10×13cm(B) 1장
  B 바이어스감(3.5×15cm) 1장
  10×14.5(C) 1장
  C 바이어스감(3.5×45cm)
  * 전체 시접 포함

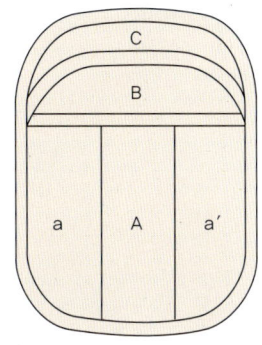

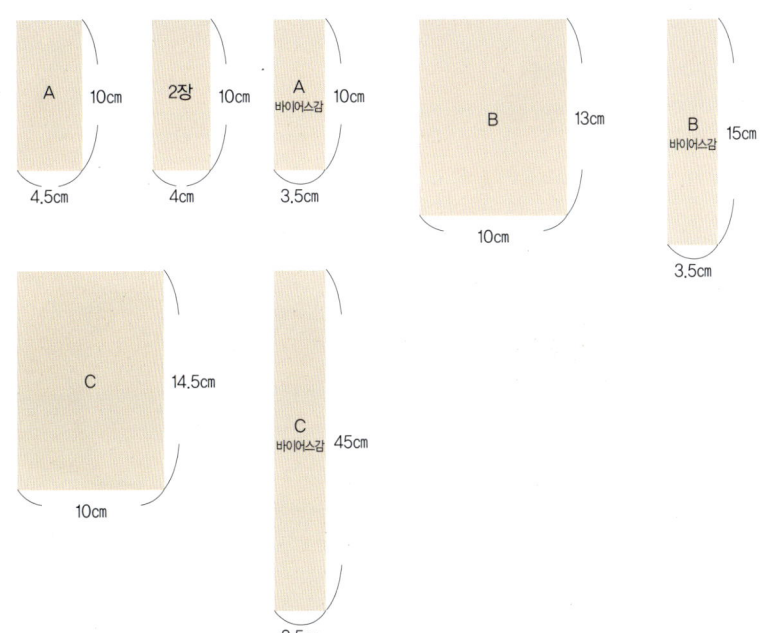

최근 들어 부쩍 커진 핸드폰,
핸드폰 보호를 위해 보호필름을 붙이고, 다양한 케이스에 담아가지고 다니지요?
핸드폰 보호를 위해 2온스 솜을 넣어 자신만의 특별한 핸드폰 케이스를 만들어 보세요.

75p

06. 랩, 호일걸이

- **완성크기**
  36×52cm

- **재료**
  선염 4종, 옥스퍼드무지원단, 30수 면원단, 토숀레이스, 2온스 솜

- **재단사이즈**
  선염 3종(8×35cm) 각 2장씩 6장
  핑크 : 중앙(26×102cm) 1장
  면꽃무늬원단(38×22cm) 1장
  뒷지선염(38×122cm) 1장
  고리(8×10cm) 2장
  * 전체 시접 포함

6장
35cm
8cm

중앙
102cm
26cm

22cm
38cm

뒷지선염
122cm
38cm

주방에서 자주 사용하는 랩이나 호일을 보관할 수 있는 걸이를 만들어
편리하게 사용하세요.

05. 핸드폰 케이스

만드는 방법

❶ A(4.5×10㎝)를 재단하여 a(4×10㎝)와 a′(4×10㎝)를 이어 박음질한다. 2온스 솜을 대고 안지를 댄 다음에 상침한다(솜은 깨끗이 잘라낸다).

❷ ①에 바이어스를 감싸 박음질한다.

❸ B(10×13㎝)를 재단하여 상단을 표시(4×4㎝)하여 네 곳의 모서리를 둥글려 준다.

❹ ③에 2온스 솜과 안지를 대고 상침하여 준다(솜은 깨끗이 잘라낸다).

❺ ④상단에 바이어스를 감싸 박음질한다. ②를 얹고 상침한다.

❻ C(10×4.5㎝) 1장을 재단하여 안지, 솜, 겉지 순서대로 상침해준다(솜은 깨끗이 잘라준다).

❼ ④를 위에 놓고 상침한다. 위아래를 둥글게 굴려준 다음 라벨을 오른쪽 하단에 먼저 박고 바이어스를 돌려가며 박음질한다. 위에 핸드폰 고리를 달아준다.

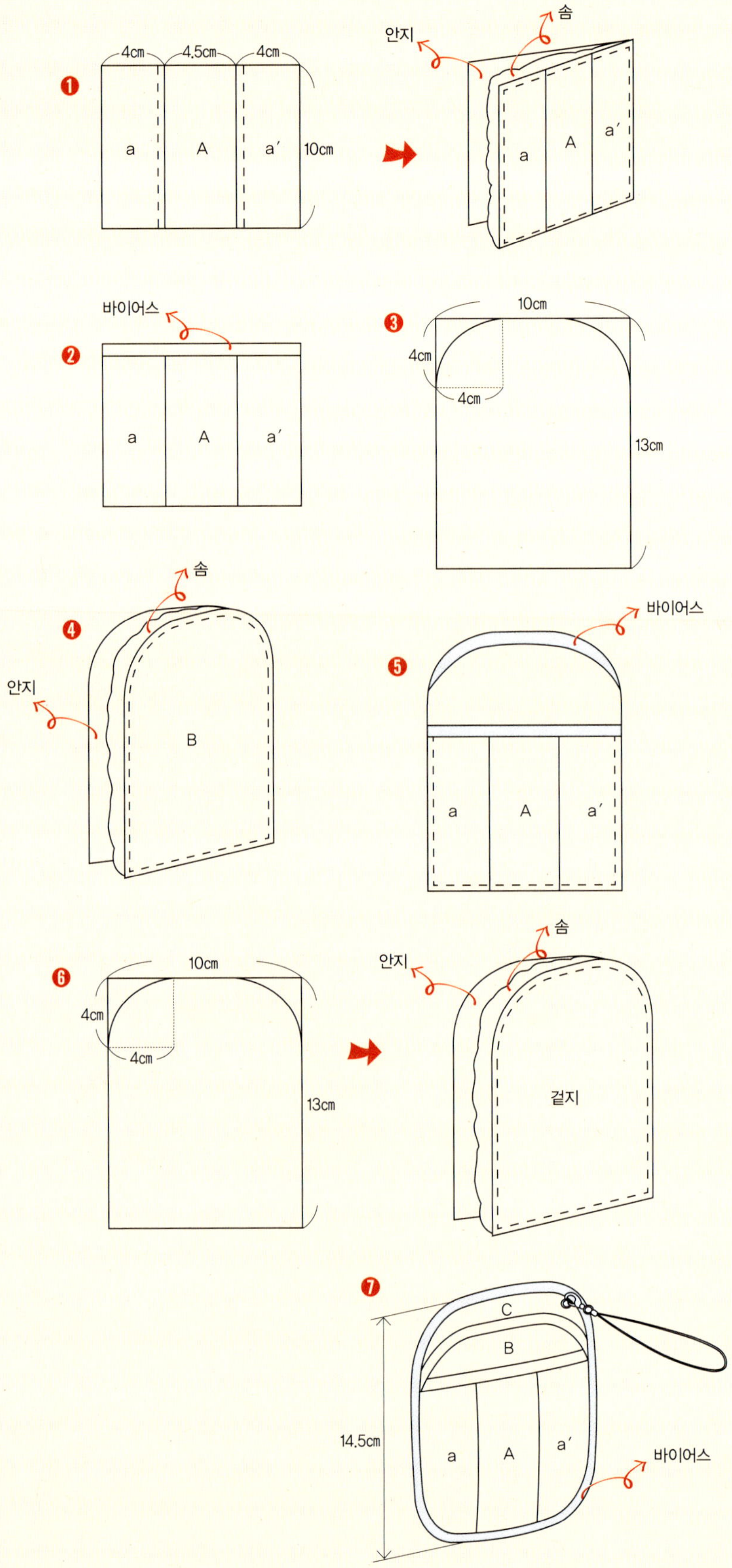

❶ 4cm | 4.5cm | 4cm · a · A · a′ · 10cm → 안지 · 솜 · a · A · a′

❷ 바이어스 · a · A · a′

❸ 10cm · 4cm · 4cm · 13cm

❹ 솜 · 안지 · B

❺ 바이어스 · a · A · a′

❻ 10cm · 4cm · 4cm · 13cm → 솜 · 안지 · 겉지

❼ C · B · 14.5cm · a · A · a′ · 바이어스

72p

my kitchen

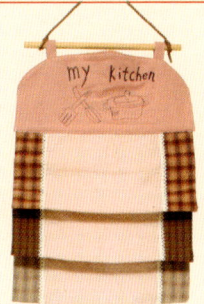

06. 랩, 호일걸이

만드는 방법

❶ 선염 3종(8×35cm)을 각 2장씩 재단한 다음 길게 3장씩 이어 박음질한다.

❷ 핑크선염(26×102cm)을 ①중앙에 박음질한 다음 토숀레이스로 장식한다.

❸ 꽃무늬원단(38×22cm)을 재단하여 ②하단에 이어 박음질한다.

❹ 솜, 뒷지 겉, 겉지 안, 순서로 놓고 창구멍을 남기고 박음질해 뒤집는다.

❺ 창구멍은 공그르기로 막아주고 실물본(시접 포함) 2장을 재단한다.
– 고리(8×10cm) 2장을 재단하여 2cm 폭으로 만들어 반으로 접어 5cm길이로 만든다.
– 실물본 겉 위쪽에 양옆으로 박음질한다.

❻ ⑤에 솜, 안지, 겉지 안 순서로 놓고 하단 빼고 박아준 다음 뒤집는다.

❼ ④에 7cm, 9cm, 40cm, 33.5cm, 30.5cm로 선을 긋고 A에 A'를, B에 B'를 대고, C에 C'를 대고 박음질한다.

❽ ⑥실물본 박음질해놓은 것에 ⑦을 1cm 넣어 박음질한다.

❾ 지그재그로 글씨를 써준 다음 그림도 그려준다.

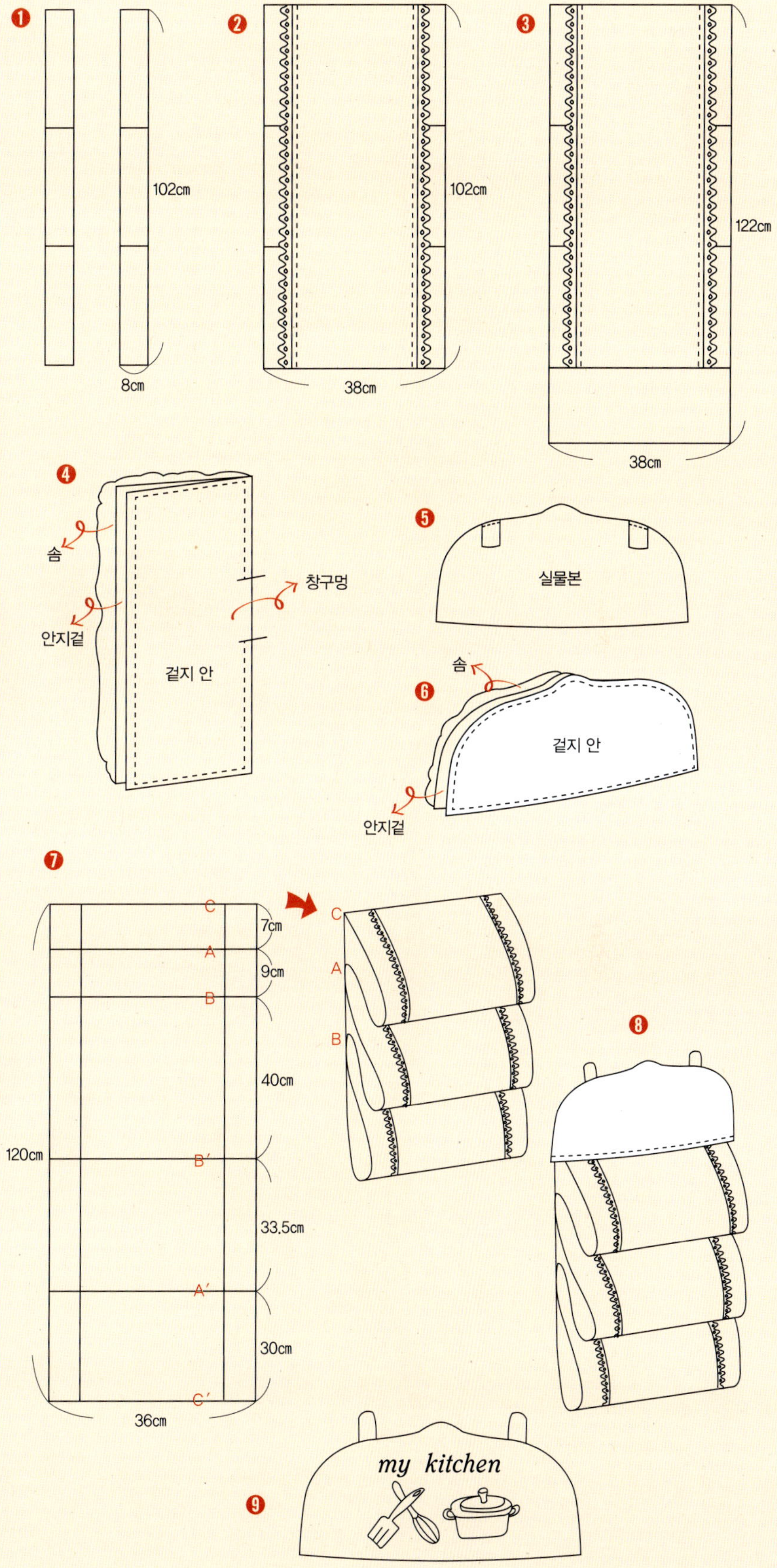
❶
102cm
8cm
❷
102cm
38cm
❸
122cm
38cm
❹
솜
창구멍
안지겉
겉지 안
❺
실물본
❻
솜
겉지 안
안지겉
❼
C
7cm
A
9cm
B
40cm
120cm
B'
33.5cm
A'
30cm
C'
36cm
❽
❾
my kitchen

78p

07. 다용도 벽걸이 보관함

MEMO

이슬비 내리는
이른 아침에

- **완성크기**
  38×58cm

- **재료**
  리넨원단 2종(겉, 뒷지), 무늬원단 6종(우산모양 4종, 우산대, 주머니 안지),
  단추 작은 것 5개, 원목걸이, 걸이용 끈, 4온스 솜

- **재단사이즈**
  멜빵 고리(7×8cm) 4장 시접 포함
  실물본 이용

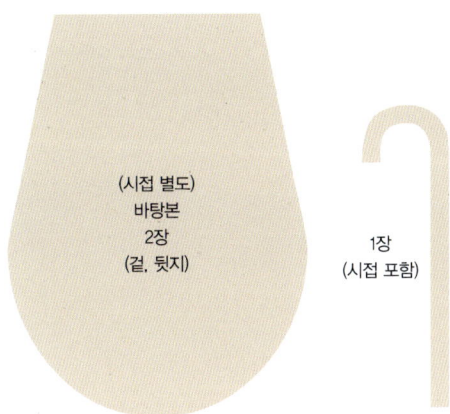

(시접 별도)
바탕본
2장
(겉, 뒷지)

1장
(시접 포함)

우산고리

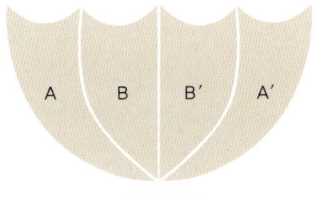

A   B   B'   A'

(시접 별도)

집안에 한 개쯤은 꼭 필요한 벽걸이 보관함,
현관이나 자주 쓰는 물건들이 있는 곳에 걸어놓으면
편리하게 사용할 수 있어요.
우산모양으로 만들어 디자인에도 신경을 써 보세요.

07. 다용도 벽걸이 보관함

만드는 방법

❶ 실물본을 이용하여 시접을 1cm로 주고 2장 (겉감, 안감)을 재단한다.

❷ ①에 4온스 솜을 대고 2cm 간격으로 스트라이프 모양으로 누벼준다.

❸ 우산대 실물본을 재단하여 ②의 중앙에 맞추어 지그재그로 박음질한다.

❹ 우산모양 A, B, B', A', 본을 시접 별도로 재단한 후 4장을 모두 이어 박음질한다.

❺ ④에 솜, 안지, 겉지 순서로 놓고 위쪽 부분만 박고 가위집을 낸 다음 뒤집어 다림질한다. ③하단에 올려 가장자리를 상침해 놓는다.

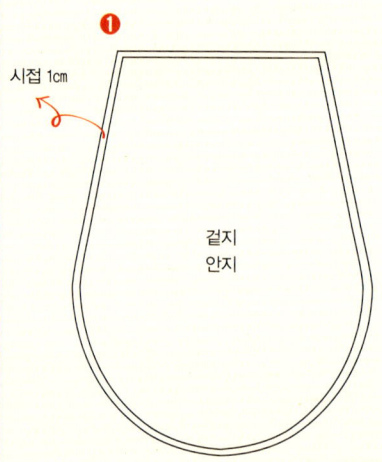

① 시접 1cm

겉지
안지

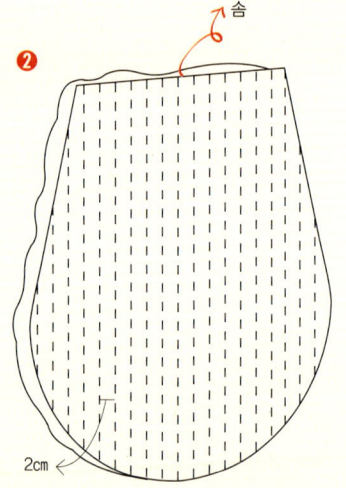

② 솜

2cm

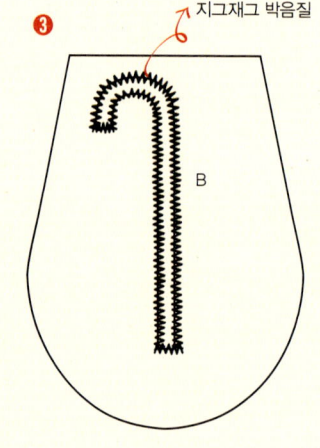

③ 지그재그 박음질

B

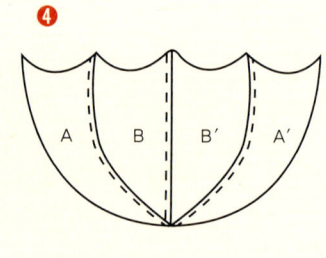

④

A B B' A'

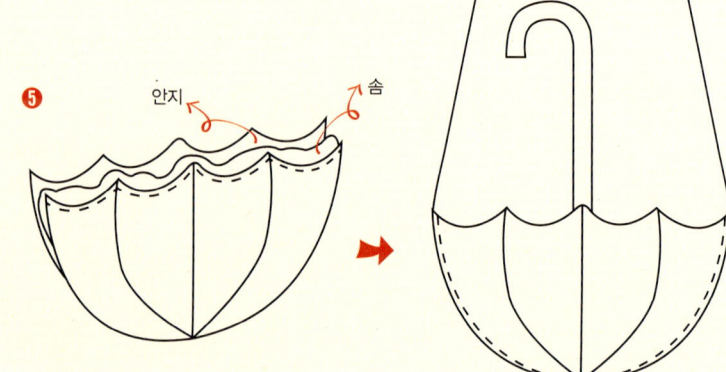

⑤ 안지 솜

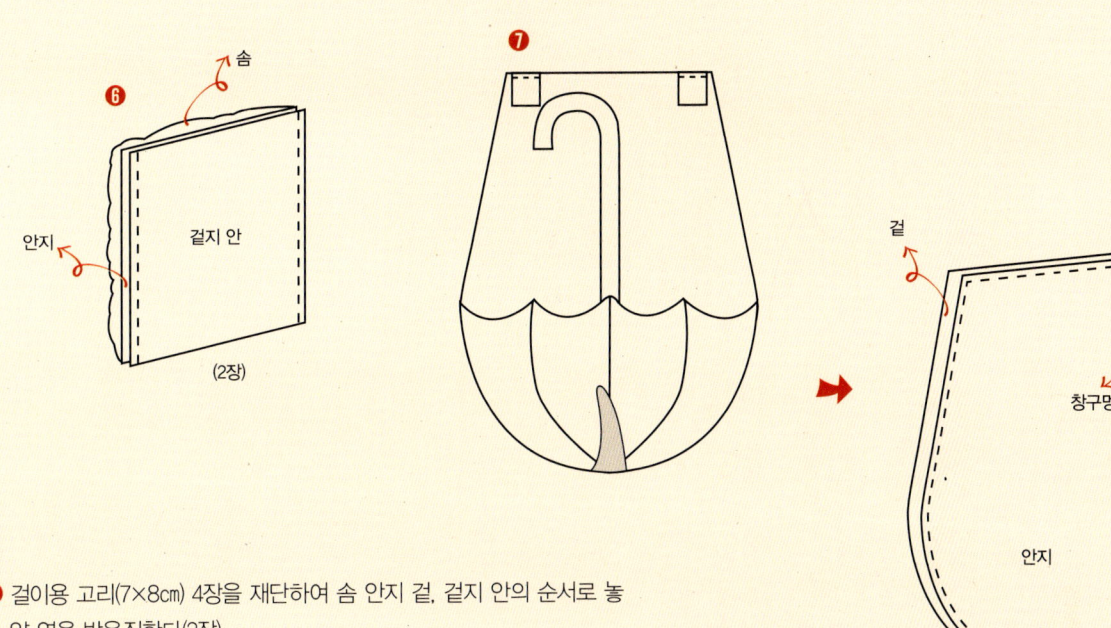

❻ 걸이용 고리(7×8㎝) 4장을 재단하여 솜 안지 겉, 겉지 안의 순서로 놓고 양 옆을 박음질한다(2장).

❼ ⑥번 고리를 반으로 접어 ⑤번 상단 양쪽 가장자리에 박음질하고 우산고리를 박아준 다음 겉과 겉이 마주보게 하여 창구멍을 남기고 박음질한다.

❽ 창구멍으로 뒤집어 공그르기로 바느질하고 지그재그로 글씨와 그림을 그려준다.

❾ 나무막대를 끼우고 걸이용 끈을 양쪽에 묶어준다.

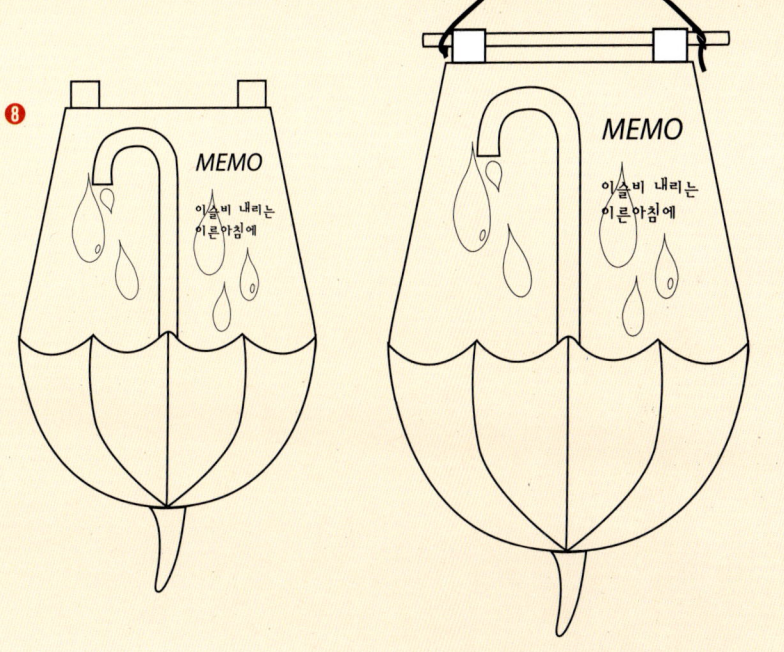

No.3 새학기 학생용품

봄이면 시작되는 새학기

우리 아이들에게 무조건 비싼 용품만을 사줄 수는 없는 상황.
엄마가 만들어주는 고급스럽고 세련된 가방과 필통, 급식 주머니와 실내화 주머니 등.
학생들이 들고 다닐 수 있는 다양한 용품들을 만들어 주세요.

86p

이. 청소년 교통카드지갑

- **완성크기**
  13×10cm

- **재료**
  지퍼(11.5cm), 링슬라이더 1개, 검정 벨크로테이프(길이7×2.5cm) 2장, 캐스팅(love) 1개, 크랙원단, 코카스 지도원단

- **재단사이즈**
  크랙원단 1장(13×26cm)
  방수원단(14×28cm) 1장, 지폐꽂이(11.5×18.5cm) 1장, (11.5×12cm) 2장
  동전지갑(11.5cm×12cm) 1장, 카드꽂이(12×11.5) 2장
  코카스 지도원단 겉 뚜껑(9cm×13cm) 1장, 바이어스 길이(140×3.5cm폭)

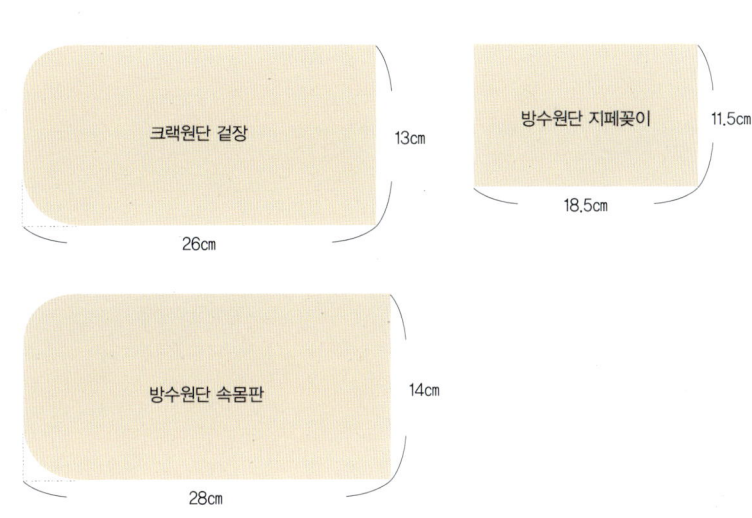

크랙원단 겉장 — 13cm — 26cm

방수원단 지폐꽂이 — 11.5cm — 18.5cm

방수원단 속몸판 — 14cm — 28cm

방수원단 카드꽂이① — 12cm
카드꽂이② — 12cm — 11.5cm

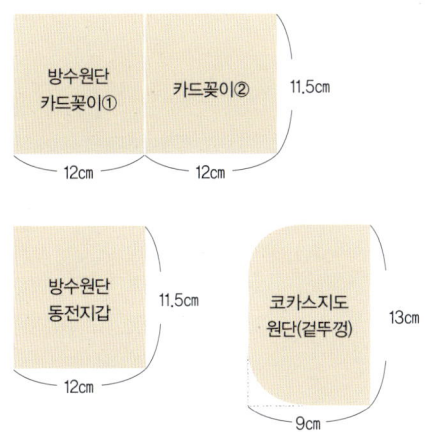

방수원단 동전지갑 — 11.5cm — 12cm

코카스지도원단(겉뚜껑) — 13cm — 9cm

버스나 지하철을 자주 이용하는 청소년들에게는
두꺼운 지갑보다 간편한 교통카드지갑이 제격입니다.
청소년이 아니더라도 지갑이 불편하게 느껴지는 사람에게 누구나 필요한 교통카드지갑.

87p

02. 급식 주머니

- **완성크기**
  18×23.5cm

- **재료**
  리넨원단 2가지 색상(도트, 무늬원단) 면 끈 50cm 2개, 장식품 2개, 방수
  원단, 1온스 접착심지

- **재단사이즈**
  무늬원단(20×22cm) 2장
  도트원단(20×12cm) 2장
  방수원단(22c×8.5cm) 2장, (22×24cm) 2장
  1온스 접착심지(22×24cm) 2장

무늬원단 2장   22cm   20cm

방수원단 2장   8.5cm   22cm

방수원단 2장   24cm   22cm

도트원단 2장   12cm   20cm

1온스 접착심지 2장   24cm   22cm

학교에서 급식을 하기 때문에 보통 수저통과 물통을 가지고 다니는데요.
이때 수저통과 물통을 한꺼번에 담아줄 주머니가 있으면 참 실용적이겠죠?
방수원단을 이용해서 만든 주머니는 음식물이 흘러내려도 닦기만 하면 되니까 편리하지요.
우리 아이들에게 예쁜 급식 주머니를 만들어 주세요.

01. 청소년 교통카드지갑

만드는 방법

❶ 몸판 크랙원단과 방수원단 몸판을 대고 0.3cm 간격으로 전체를 박음질하고 방수천은 잘라낸다.

❷ 벨크로테이프의 거친 부분을 뚜껑 안쪽에 1cm 떨어져서 박음질하고, 부드러운 쪽을 2cm 떨어져서 겉에서 박음질해준다.

❸ 코카스 지도원단 한쪽을 0.7cm로 접어서 다리고, 뚜껑 쪽 8cm로 체크한 선과 다린 선을 일치하게 핀으로 고정한다. 후에 박음질하고 겉으로 젖혀 삼면 0.3cm로 박음질한다.

❹ 지폐꽂이와 동전지갑용 방수원단을 반으로 접어 6cm가 되도록 다린다. 다시 위만 0.7cm로 접은 선 쪽을 박음질하고 바이어스로 싸준다.

❺ 지폐꽂이 1장을 속 몸판 위에서 2cm 체크한 선에 접은 선이 위로 가도록 놓고, 삼면을 박음질한다.

– 남은 한 장은 바이어스로 싸준 부분을 하단으로 놓고 삼면을 박음질한다.

– 동전지갑용 방수천은 바이어스 싼 부분이 위로가게 해서 지퍼를 달고 슬라이더를 끼운다.

– 속 몸판에 하단 8cm 지점에 맞추어서 핀으로 고정하고 전체를 박음질한다.

❻ 완성된 속 몸판 오른쪽을 바이어스로 싼 후 위를 바이어스로 싸주는데 오른쪽은 2cm 더 길게 싸주고, 속 몸판에 맞추어 바이어스로 끝 박음질한다.

❼ 전체를 바이어스로 싸주면 완성된다.

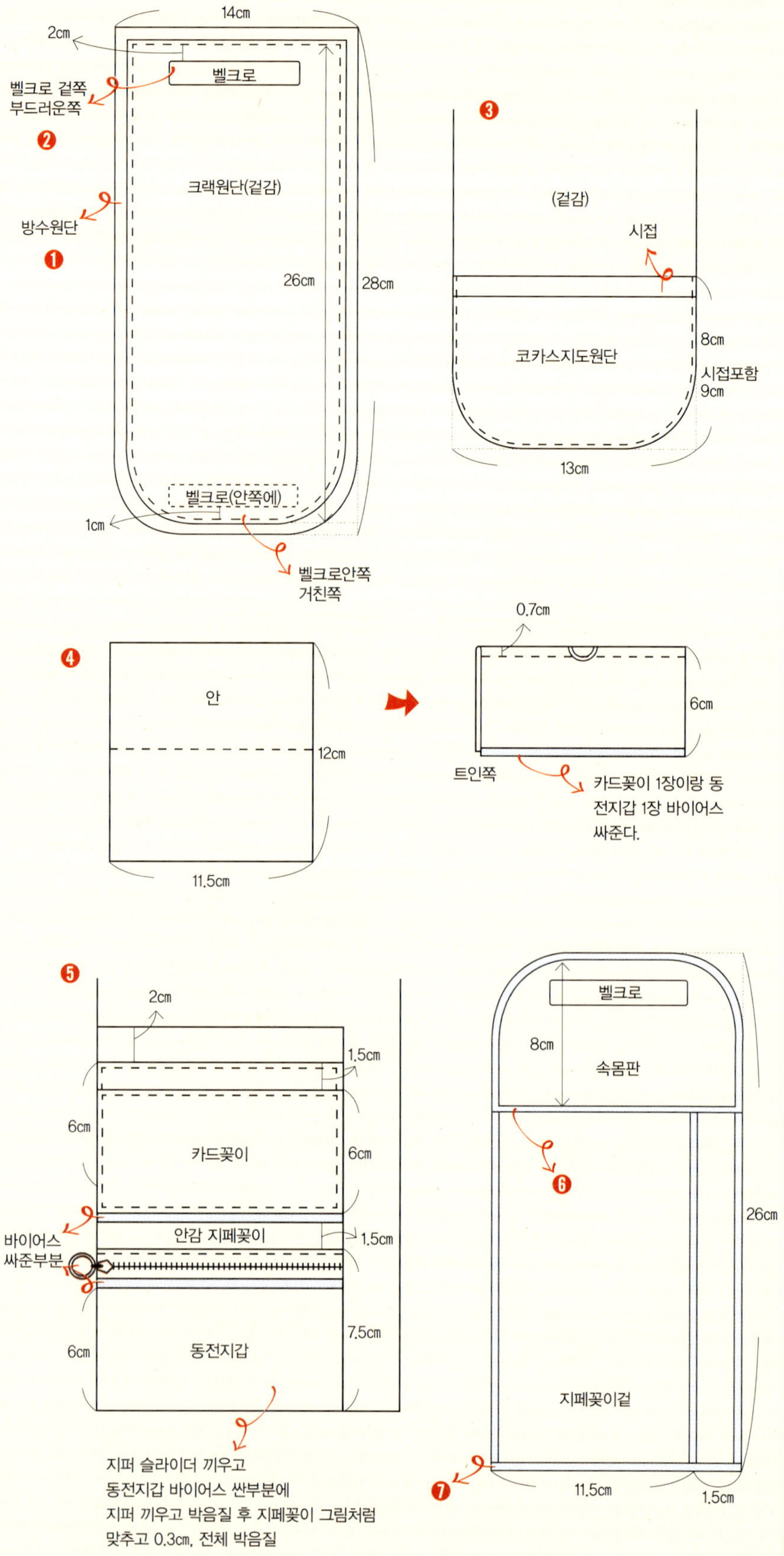

14cm

2cm

벨크로

❷ 벨크로 겉쪽 부드러운쪽

❶ 방수원단

크랙원단(겉감)

26cm · 28cm

벨크로(안쪽에)

1cm

벨크로안쪽 거친쪽

❸

(겉감)

시접

코카스지도원단

8cm

시접포함 9cm

13cm

❹

안

12cm

11.5cm

0.7cm

6cm

트인쪽

카드꽂이 1장이랑 동전지갑 1장 바이어스 싸준다.

❺

2cm

1.5cm

6cm · 6cm

카드꽂이

바이어스 싸준부분

안감 지폐꽂이

1.5cm

동전지갑

6cm

7.5cm

지퍼 슬라이더 끼우고 동전지갑 바이어스 싼부분에 지퍼 끼우고 박음질 후 지폐꽂이 그림처럼 맞추고 0.3cm, 전체 박음질

벨크로

8cm

속몸판

❻

26cm

지폐꽂이걸

❼

11.5cm

1.5cm

02. 급식 주머니

만드는 방법

❶ 도트 2장을 방수원단 끝에 맞추어 한쪽만 오바로크를 친다. 방수 원단 바깥쪽을 3.5cm 로 꺾어 다리고 1cm 접어 다시 다린다.

❷ 몸판 무늬리넨원단 2장에 1온스 접착싱을 붙이고, 방수원단을 대고 오바로크를 친다.

❸ ①을 접은 쪽 옆선 위에서 8cm 지점을 표시한다.
– 좌·우 옆선, 사선으로 접은 후 위에서 3.5cm 지점에서 1cm를 접는다.
– 0.3cm 간격으로 끝박음질한다(끈 통로).
– 2장을 동일하게 박음질한다.

❹ 몸판 2장을 3과 함께 겉과 겉을 마주보게 놓고 연결한 후 겉으로 꺾어서 0.3cm 박음질한다.

❺ 몸판 2장을 겉과 겉을 마주보게 놓고, 1cm로 삼면 박음질한다.
– 하단 4.5cm 지점에 표시해서 안쪽으로 꺾은 후 옆선 박음질한다.
– 박음질 후 뒤집고 끈을 끼우면 완성된다.

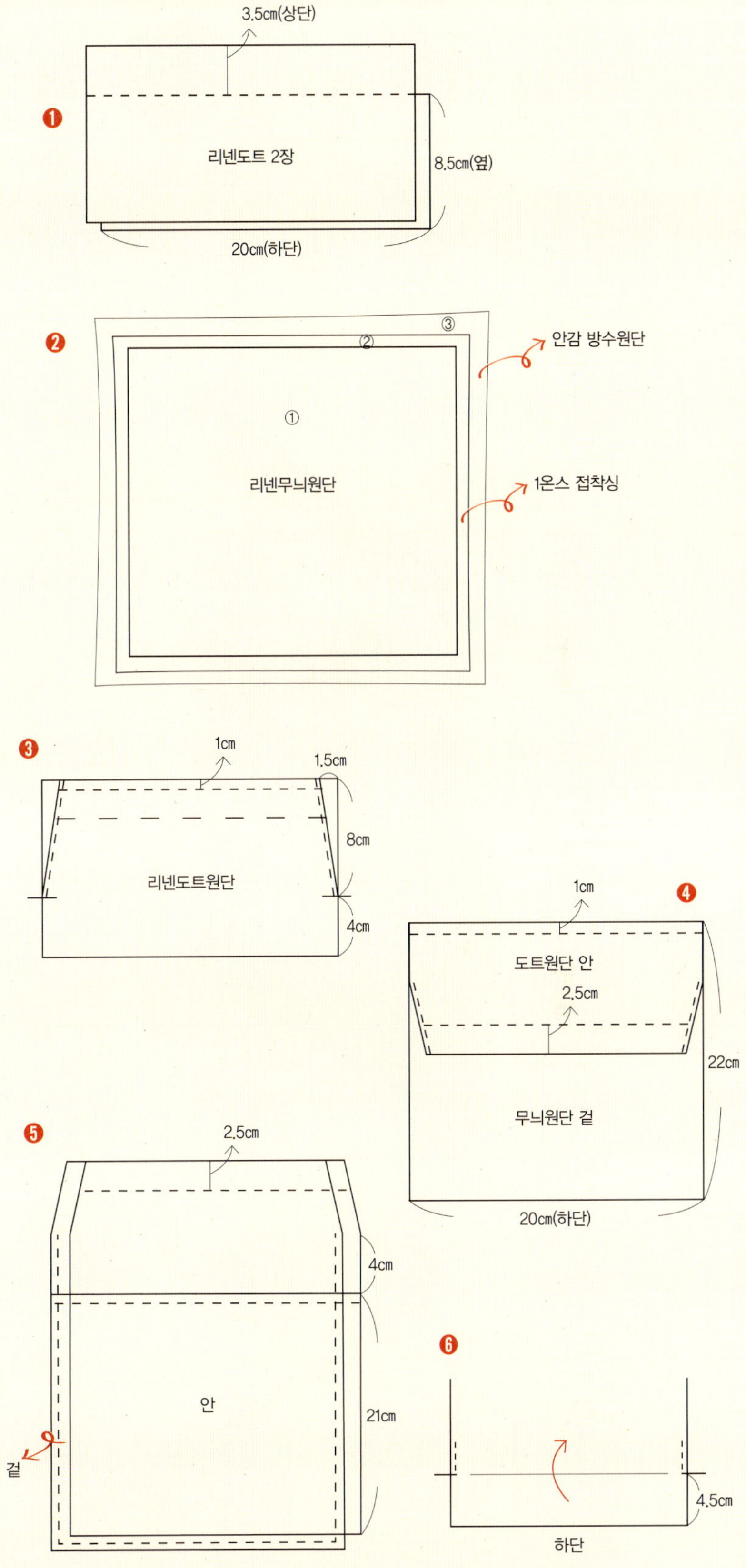

❶ 3.5cm(상단)
리넨도트 2장
8.5cm(옆)
20cm(하단)

❷ ③ ②
안감 방수원단
①
리넨무늬원단
1온스 접착싱

❸ 1cm 1.5cm
8cm
리넨도트원단
4cm

❹ 1cm
도트원단 안
2.5cm
무늬원단 겉
22cm
20cm(하단)

❺ 2.5cm
4cm
안
21cm
겉

❻ 4.5cm
하단

90p

03. 크레파스 주머니

- **완성크기**
  32×19cm

- **재료**
  수입보세원단 2가지 색상, 안감용 방수원단, 18색 크레파스, 라벨

- **재단사이즈**
  덮개 방수원단(33×30cm) 1장
  보세원단 – 겉지 중앙 세로(33×11cm) 1장, 위·아래(33×6cm) 2장
  　　　　　긴 끈(40×3.5cm), 짧은 끈(28×3.5cm)
  겉 바이어스(110c×3.5cm)
  속지 바이어스(35c×3.5cm)
  속지 방수원단(33×11cm) 2장, (33×19cm) 1장

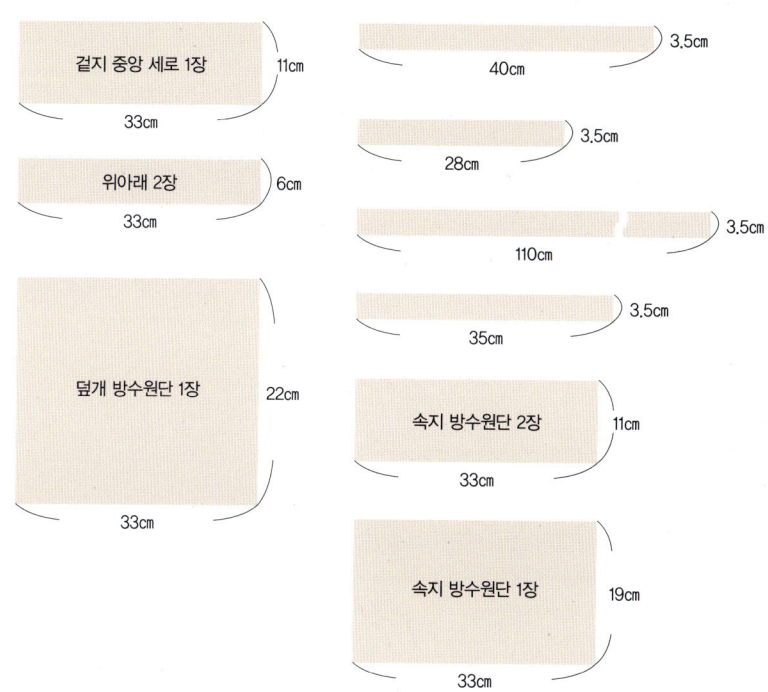

겉지 중앙 세로 1장　11cm　33cm

위아래 2장　6cm　33cm

덮개 방수원단 1장　22cm　33cm

3.5cm　40cm

3.5cm　28cm

3.5cm　110cm

3.5cm　35cm

속지 방수원단 2장　11cm　33cm

속지 방수원단 1장　19cm　33cm

초등학생들이 자주 사용하는 여러 가지 색감의 크레파스, 일반 주머니나 보관함과는 다르게
개성있는 주머니를 만들어 보세요. 안감은 크레파스로 지저분해 질 수 있기 때문에 방수원단
을 사용하였습니다. 크레파스를 담을 수 있는 세련된 주머니를 아이에게 선물해 보세요.

■ 88p

03. 크레파스 주머니

만드는 방법

❶ 겉지 중앙 세로(33×11cm) 1장, 위·아래 (32×6cm) 2장을 연결하고 4온스 접착솜을 다려서 붙인다.
– 중앙은 양끝으로 박음질하고 2cm 간격으로 누빈다.
– 위·아래 원단은 4.5cm 초크로 표시해서 삼각형 모양으로 누벼준다.

❷ 방수원단 덮개(33×30cm) 1장을 반으로 접어 좌·우로 박음질한다.
– 박음질 후 뒤집어서 트인 쪽을 다시 박음질하고 왼쪽 위에 라벨을 달아준다.
– 알파벳으로 그린 모양대로 누벼준다.

❸ 겉지 끈 만들기(수입보세원단 위·아래 원단).
– 긴 끈(40c×3.5cm), 짧은 끈(28c×3.5cm)을 반으로 접어 0.7cm로 박음질하고 뒤집은 후 다려준다.
– 겉 바이어스 연결하기(110c×3.5cm)

❹ 속지 바이어스(35c×3.5cm)를 연결(수입보세 원단, 중앙 원단)한다.

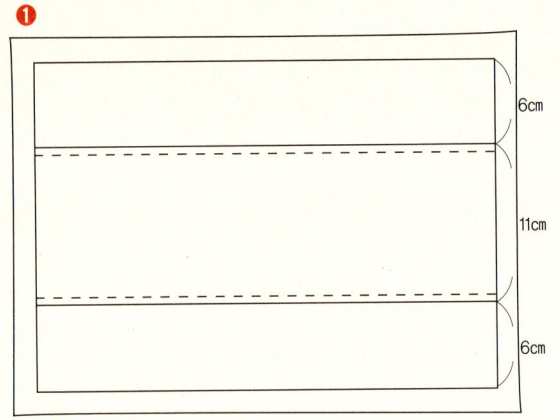

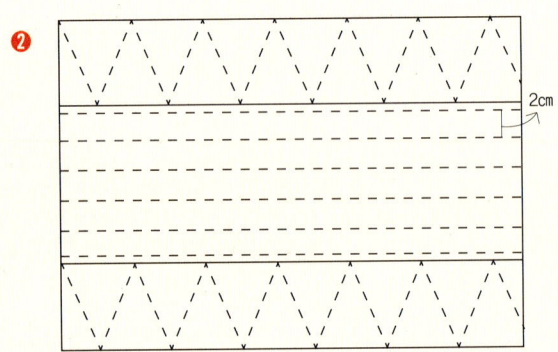

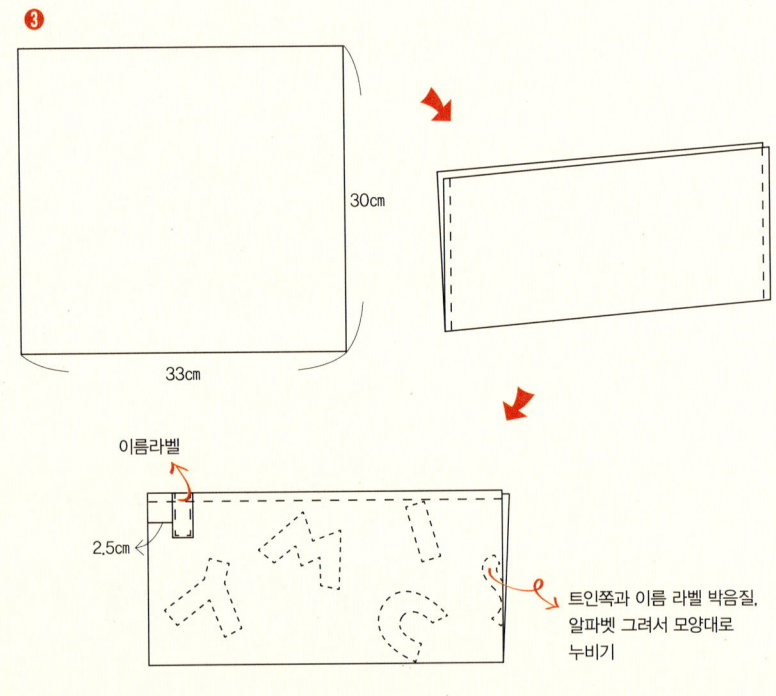

이름라벨

트인쪽과 이름 라벨 박음질, 알파벳 그려서 모양대로 누비기

90

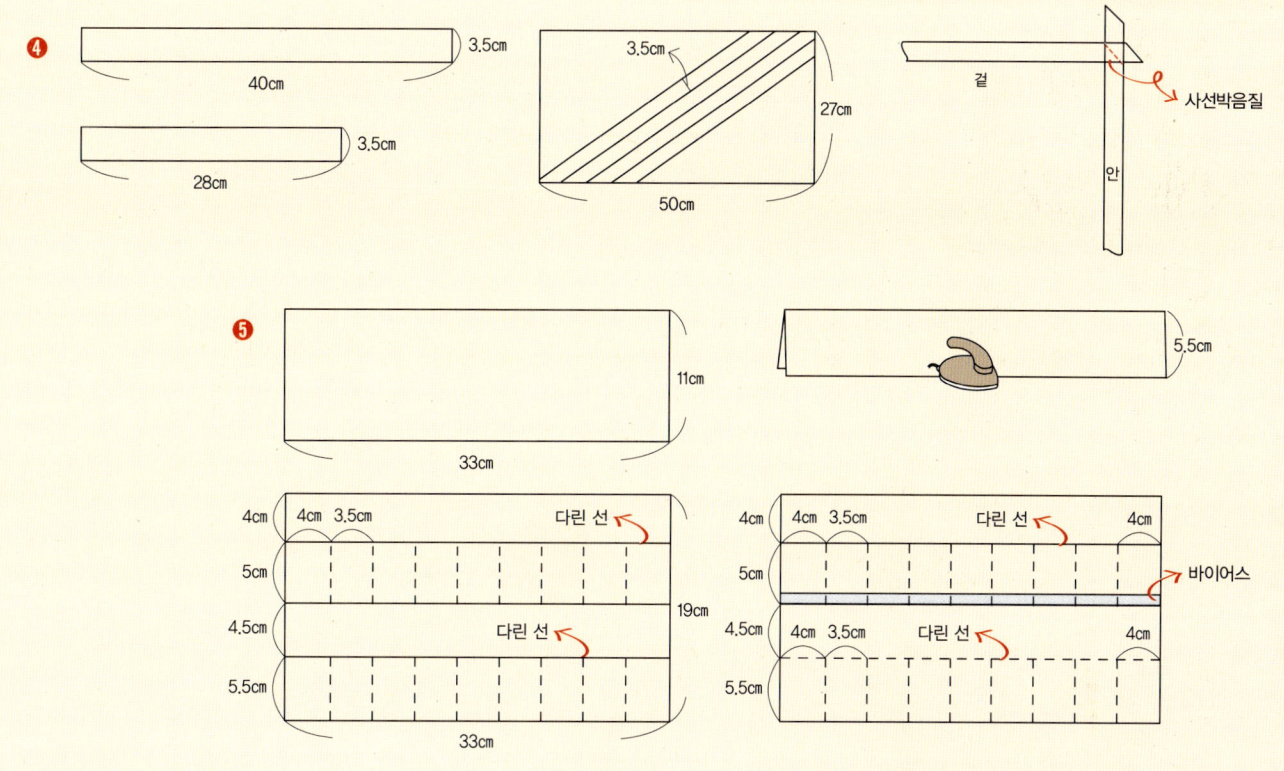

❺ 속지 만들기

– 크레파스를 끼울 속지 방수원단(33c×11cm)
2장을 반으로 접어 다린다.

– 1장(33c×19cm)에 하단부터 5.5cm, 4cm,
5.5cm, 4cm 형식으로 9칸 간격으로 표시하
고, 1개는 하단에 1.5cm로 삼면 박음질한다.

– 두 번째 원단은 위에 박는데 먼저 속지 바이
어스를 두 번째 5.5cm 위에서 1.5cm로 표시하
여 바이어스 선에 맞추어 박음질한다.

– 세 번째 원단은 삼면 0.5cm 박음질하고 처
음과 끝은 4cm 표시한다.

– 그 다음은 3.3cm 간격으로 표시하고 끼우
개를 박음질한다. 위에 하단 바이어스를 싸
준다.

❻ 덮개를 속지 위에 간격 맞추어서 0.5cm로
박음질한다.

❼ 긴 끈을 겉 중앙에 박음질하고 짧은 끈은
오른쪽에서 17cm 하단에 8cm로 표시하고,
1cm로 접어서 박음질한다.

❽ 겉지와 속지를 합폭하고 전체 바이어스로
마무리 해주면 완성된다.

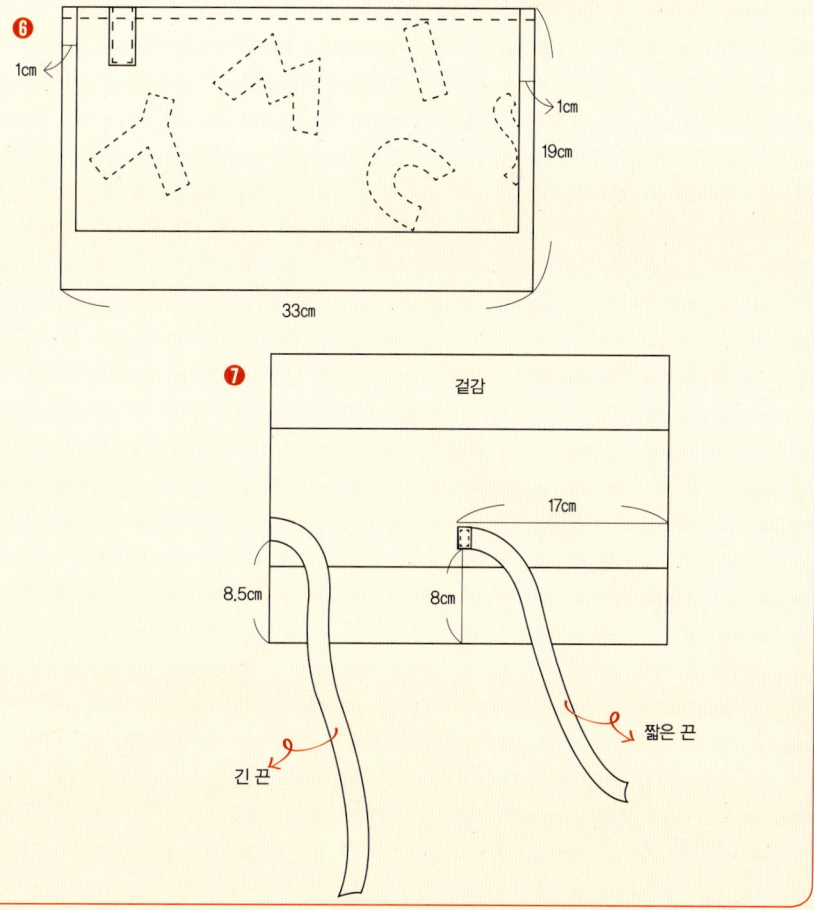

94p

04. 색연필 주머니

- **완성크기**
  16.5×19cm

- **재료**
  리넨원단 3가지 색상–(체크, 도트, 무늬원단), 벨크로테이프, 단추 2개,
  1온스 접착솜, 안감 방수원단

- **재단사이즈**
  뚜껑 무늬원단 1장, 1온스 접착솜(19.5×15cm) 1장
  덮개 무늬원단, 안감 방수원단 ──────── 도안대로 재단
  체크리넨(17.5×9.5cm) 1장
  옆포인트(27.5×6.5cm) 1장, 손잡이 끈(13×3.5cm) 1장
  도트리넨(17.5×26.5cm) 1장
  안감·방수원단(17.5×46cm) 1장
  1온스 접착심(19.5×34cm) 1장

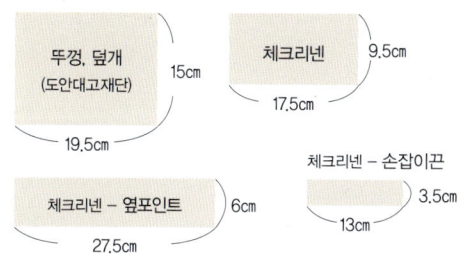

뚜껑, 덮개
(도안대고재단)
15cm
19.5cm

체크리넨
9.5cm
17.5cm

체크리넨 – 옆포인트
6cm
27.5cm

체크리넨 – 손잡이끈
3.5cm
13cm

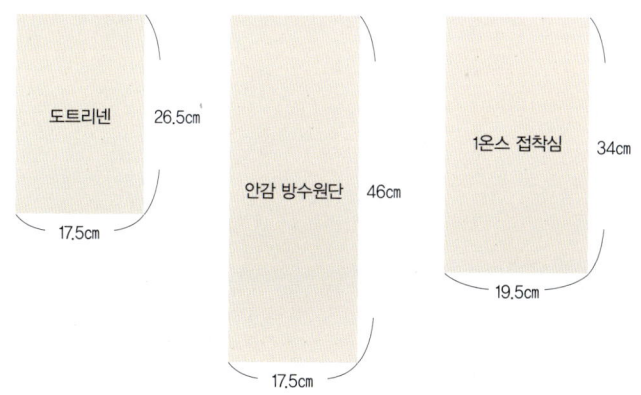

도트리넨
26.5cm
17.5cm

안감 방수원단
46cm
17.5cm

1온스 접착심
34cm
19.5cm

색연필은 일반 필통이나 볼펜통에 함께 담으면 지저분해 지는 경우가 많아요.
또 자주 갈 비닐이 찢어지거나 더러워집니다. 그래서 보관함이나 주머니에 따로 담아가지
고 다니는 게 깔끔한데요. 이를 보완해서 만들게 된 것이 색연필 주머니예요.
방수원단을 이용해 오래 사용할 수 있도록 실용적으로 만들었습니다.

04. 색연필 주머니

만드는 방법

❶ 손잡이 끈(13×3.5cm 체크원단) 원단 1장을 접어서 박음질한다.

❷ 체크원단 중앙에서 5cm씩 좌·우를 표시하고 끈을 하단으로 놓고 박음질한다.

❸ 뚜껑에 1온스 접착심을 붙이고 전체 박음질하고 나머지 솜은 잘라낸다.

❹ 체크무늬원단의 겉과 뚜껑 겉을 대고 박음질한다. 체크무늬원단 하단 겉과 도트무늬원단의 겉을 대고 박음질한다.

❺ 뚜껑을 제외한 전체 1온스 접착심을 붙이고 삼면 끝박음질하고, 솜을 잘라낸다. 도트무늬원단의 뒷부분 오른쪽 3cm, 하단에서 3cm 부분에 라벨을 박음질한다.

❻ 뚜껑 안쪽 덮개 만들기
– 재단한 무늬원단과 안감 원단을 겉과 겉으로 마주보게 놓고, 직선부분으로 박음질한다.
– 박음질이 마무리되면 돌려서 전체 끝박음질한다.
– 뚜껑에 벨크로테이프의 거친 부분을 박음질한다.
– 하단 도트 4.5cm에 표시한 후 벨크로테이프의 부드러운 면 쪽으로 향하게 하여 박음질한다.

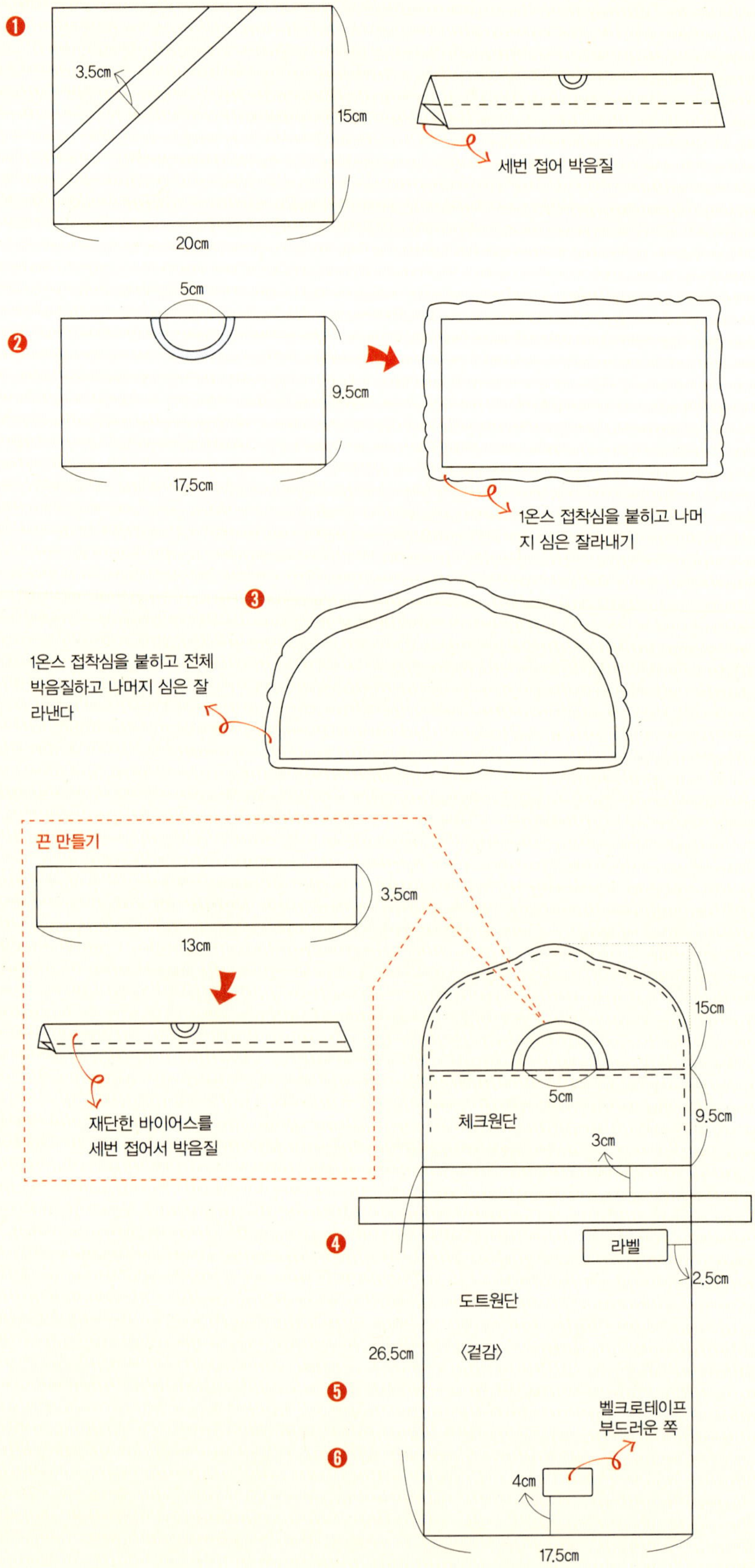

❶ 3.5cm / 15cm / 20cm
세번 접어 박음질

❷ 5cm / 9.5cm / 17.5cm
1온스 접착심을 붙이고 나머지 심은 잘라내기

❸ 1온스 접착심을 붙이고 전체 박음질하고 나머지 심은 잘라낸다

끈 만들기
13cm / 3.5cm
재단한 바이어스를 세번 접어서 박음질

15cm / 5cm / 9.5cm
체크원단
3cm
라벨
2.5cm
도트원단
〈겉감〉
26.5cm
벨크로테이프 부드러운 쪽
4cm
17.5cm

❹ ❺ ❻

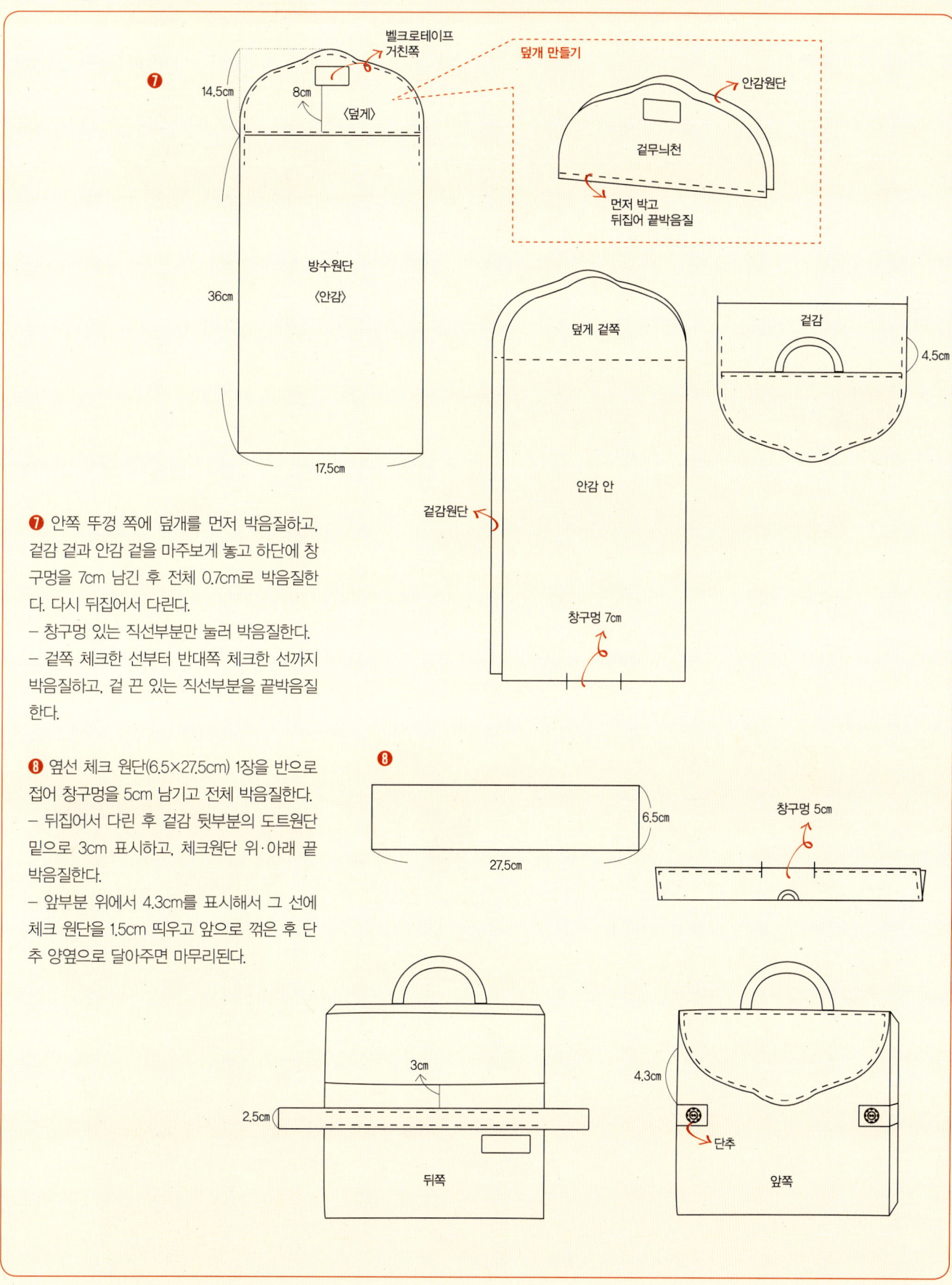

❼ 벨크로테이프
거친쪽

14.5cm   8cm   〈덮개〉   덮개 만들기

방수원단
〈안감〉

36cm   17.5cm

안감원단

겉무늬천

먼저 박고
뒤집어 끝박음질

덮게 겉쪽

겉감원단

안감 안

창구멍 7cm

겉감

4.5cm

❼ 안쪽 뚜껑 쪽에 덮개를 먼저 박음질하고, 겉감 겉과 안감 겉을 마주보게 놓고 하단에 창구멍을 7cm 남긴 후 전체 0.7cm로 박음질한다. 다시 뒤집어서 다린다.
– 창구멍 있는 직선부분만 눌러 박음질한다.
– 겉쪽 체크한 선부터 반대쪽 체크한 선까지 박음질하고, 겉 끈 있는 직선부분을 끝박음질한다.

❽ 옆선 체크 원단(6.5×27.5cm) 1장을 반으로 접어 창구멍을 5cm 남기고 전체 박음질한다.
– 뒤집어서 다린 후 겉감 뒷부분의 도트원단 밑으로 3cm 표시하고, 체크원단 위·아래 끝 박음질한다.
– 앞부분 위에서 4.3cm를 표시해서 그 선에 체크 원단을 1.5cm 띄우고 앞으로 꺾은 후 단추 양옆으로 달아주면 마무리된다.

❽   6.5cm

27.5cm

창구멍 5cm

3cm

2.5cm

뒤쪽

4.3cm

단추

앞쪽

96p

실내화 주머니겸 보조가방

- **완성크기**
  26×35cm

- **재료**
  코카스지도원단, 아지미노무지원단, 방수원단, 26cm 5호 지퍼, 슬라이더, 2.5cm폭 웨이빙 끈(30cm) 2장, 라벨

- **재단사이즈**
  1. 앞 포인트 코카스 지도원단(26×28.5cm) 1장, 안 속지(26×5cm) 2장, 바이어스(190×3.5cm)
  2. 아지미노원단 위(26×9.5cm) 1장, 바닥(26×11.5cm) 1장, 뒤(26×36.5cm) 1장, 옆(9.5×33.5cm) 2장
  3. 방수원단 앞 포인트 안지(26×28.5cm) 1장, 앞지퍼 부분 안지(26×30cm) 1장, 바닥(26×11.5cm) 1장, 뒤(26×36.5cm) 2장, 옆(9.5×33.5cm) 2장

1. 코카스 지도원단

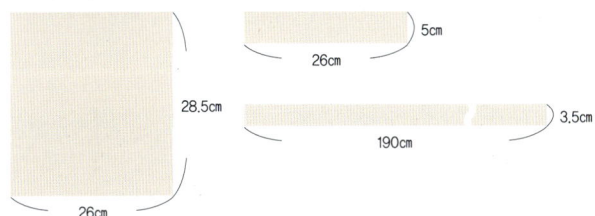

28.5cm
26cm
5cm
26cm
3.5cm
190cm

2. 아지미노원단

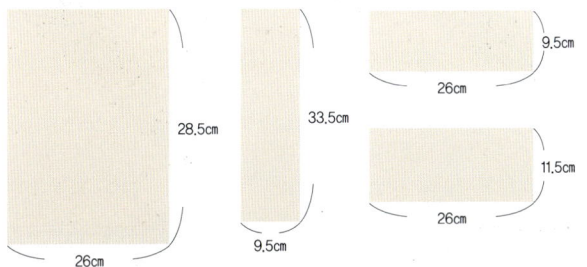

28.5cm
26cm
33.5cm
9.5cm
9.5cm
26cm
11.5cm
26cm

3. 방수원단

28.5cm
26cm
30cm
26cm
11.5cm
26cm
36.5cm
26cm
33.5cm
9.5cm

초·중·고 학생에게 필요한 실내화 주머니, 최근에는 유치원에서도 실내화를 사용하는 경우가 많아요.
학생들에게 빠질 수 없는 실내화 주머니, 남다른 디자인으로 실력도 뽐내고, 또 방수원단으로 비가와도 젖지 않게 만들어 주세요.

01 전체 겉감만 패딩솜을 대고 사선으로 누빈다. 엇갈리게 누벼 다이아 모양으로 누비면 된다. 재단해 놓은 원단들을 모두 누벼준다.

TIP

주의 : 중앙부터 사선방향으로 좌우를 누빈다. 사선방향으로 누벼야 안 틀어진다.

02 앞지퍼 달기(지퍼노루발 교체)

❶ 누빔-지퍼-하단 안감 방수원단-위 상단 방수원단 순으로 놓고 박음질한다.
❷ (평발 교체)위 상단 방수원단을 안감쪽으로 젖혀서 0.5cm로 삼면을 박음질한다.
❸ 겉 지퍼는 0.5cm로 눌러 박음질하고, 오버로크를 치거나 잘라낸다.

지퍼를 박음질 할 때 슬라이더를 먼저 끼운다. 왼쪽 머리 방향으로 끼우고 오른쪽을 끼워 박음질한다.

98

03 (지퍼노루발 교체) 앞 상단에 겉과 앞 지퍼를 단 원단에 겉을 대고 0.5cm로 박음질 후 안감 방수원단을 끼우고 지퍼를 단다. 방수 안지를 대고(평발 교체) 전체 0.5cm로 박음질한다.

04 옆면에 방수원단을 대고 전체 0.3cm로 박음질하고 위를 바이어스로 감싸준다.

05 앞바닥과 뒤판을 연결한다. 뒤판에 와펜을 하단 오른쪽 옆에서 4cm, 바닥에서 6cm 간격을 두고 박음질한다.

❶ 안감 방수원단끼리 바닥과 연결한다.
❺ 겉감 뒤판과 연결하고, 안감 방수원단의 앞판 뒤쪽과 안감 방수원단 겉을 대고 박음질 한 후 젖혀서 전체 0.5cm로 박음질한다.
❻ 겉 바닥은 0.5cm로 눌러 박음질한다.

06 손잡이 끈 2장을 몸판 상단 중앙에서 좌·우로 4.5cm로 표시해서 끈을 하단으로 가게하고 박음질한다.

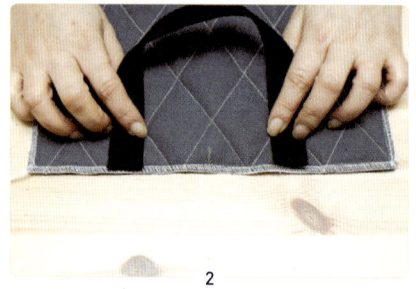

07 옆선 뒤쪽에 라벨을 박음질한다(왼쪽 하단에서 5cm).

08 몸판 겉쪽상단에 안 속지원단(26×5cm)을 겉쪽에서 1cm로 먼저 박음질한다.

❷ 안쪽으로 젖혀서 위를 0.5cm로 박음질한다.
❸ 하단도 시접을 1.5cm로 접어 다리고 끝박음질한다(몸판 뒤판도 같은 방법으로 박음질한다).

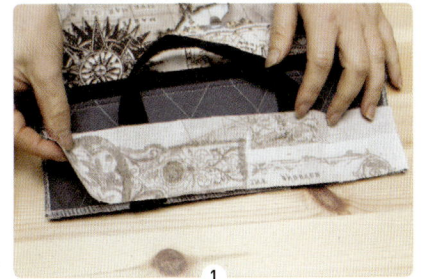

TIP
이때 속지 원단이 0.2cm 안으로 들어가게 한다.

09 옆판을 시접이 겉으로 오게 하여 위 2.5cm부터 0.5cm로 뒤–바닥–앞 순으로 박음질하고(반대쪽도 동일), 겉에서 바이어스를 감싸주면 완성된다.

06. 책가방겸용 여행배낭

- **완성크기**
  30×40cm

- **재료**
  코카스지도원단, 방수원단, 와펜 1개, 라벨 1개, 2.5폭 블랙웨이빙 끈(132cm), 가방 고리 2개, 5호 베이지색 지퍼(27cm, 60.5cm), 링슬라이더 3개, 패딩솜, 고무줄(30cm 반으로 잘라 사용), 1온스 접착솜(18×18cm) 2장

- **재단사이즈**
  앞, 지퍼쪽, 등, 앞주머니, 삼각형 끈은 도안 참고 재단(안감 방수원단과 패딩솜은 도안보다 1.5cm 정도 더 크게 재단).
  옆 주머니(18×18cm) 2장-안감 방수원단(18×15cm) 2장
  삼각형 끈 2장, 끈(42×14cm) 2장, 끈(42×14cm) 2장
  주머니 옆 지퍼(7×3.5cm) 2장
  바이어스 안감 방수원단 210×3.5cm, 주머니 속 방수원단(18×15cm) 2장

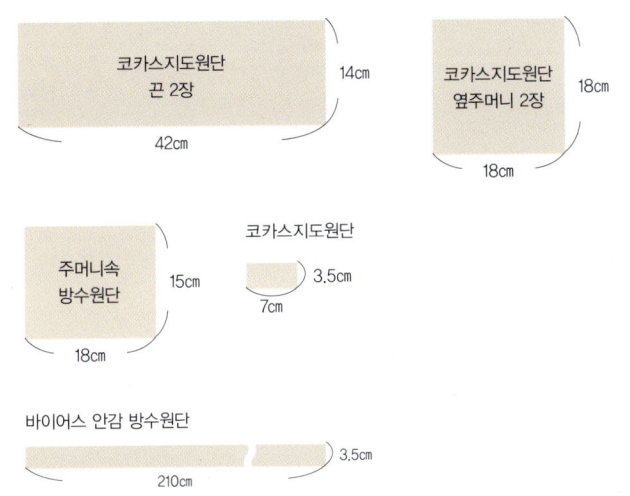

새 학기가 되면 가장 많이 선물하는 책가방. 학생들에게는 책가방만큼 친숙한 가방은 없을 거예요. 또한 선물하기에도 가장 쉽게 떠오르는 아이템이지요.
책가방과 여행배낭으로 사용할 수 있는 예쁜 가방을 손수 만들어보세요.
코카스지도원단으로 명품의 멋을, 방수원단으로 비가 와도 음식물이 흘러내려도 끄떡없는 가방입니다.

01 도안대로 재단한 앞, 등, 앞주머니 지 퍼쪽 끈 원단에 패딩솜을 1.5cm로 더 크게 재단하여 다이아 모양으로 누벼준다.

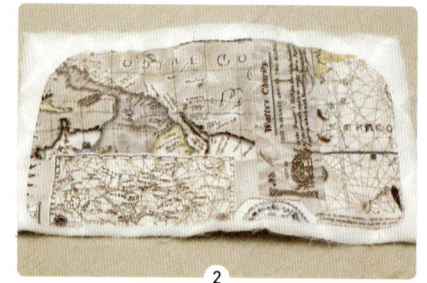

02 누빈 원단에 안감 방수원단을 대고 겉 감 사이즈에 맞게 박음질한다. 오버로크 친 후 안감 방수원단을 바이어스로 연결한다.

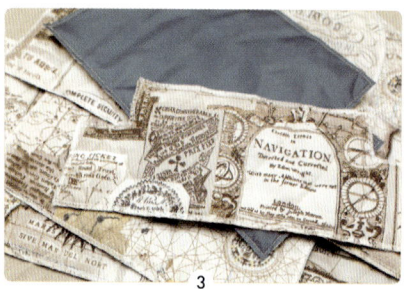

03 옆주머니 만들기

❸ 상단 3cm를 접어서 1cm를 시접으로 접는다.

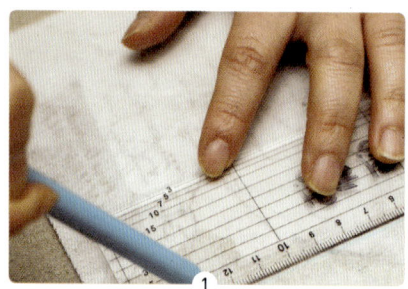

6 방수 안감원단(18×15cm)을 끼워 넣고 끝박음질한다.

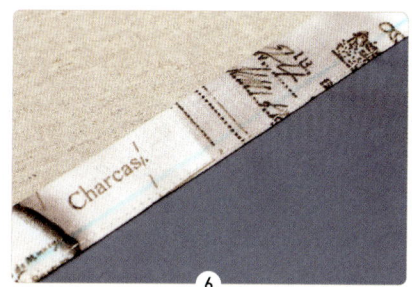

8 0.3cm 떨어져서 또 한 줄 박음질한다.

9 위를 제외하고 삼면을 0.3cm로 박음질 한다.

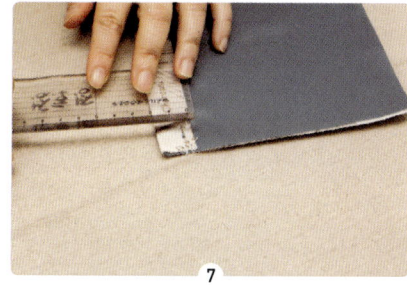

11 하단 코너 사선으로 1.5cm로 각을 세운다.

⑮ 고무줄을 옷핀에 끼워 넣어준 후 왼쪽을 끝박음질한다. 오른쪽을 잡아 당겨 끝박음질한다.

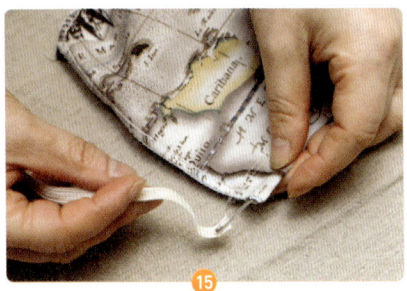

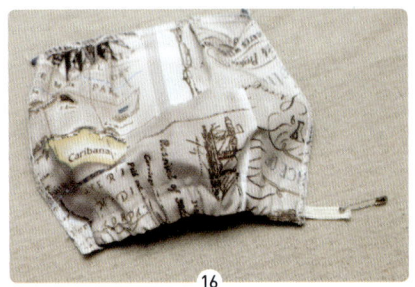

⑲ 앞쪽 몸판 양옆으로 폭12cm로 주머니를 맞추어서 박음질한다(하단은 두 군데 0.5cm 외주름 잡기).

04 앞주머니 만들기

❷ 앞주머니에 와펜을 박음질하고 지퍼를 달아
준다(슬라이더 미리 끼워둔다).
✽ 윗실만 검정실로 바꾸기

❻ 지퍼(7×3.5cm) 양옆에 천 2장을 반으로 접
어 다리고, 0.5cm로 박은 후 젖혀서 다시 눌러
박음질한다.

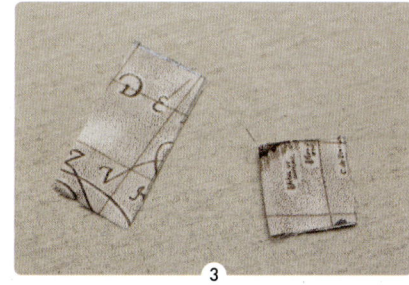

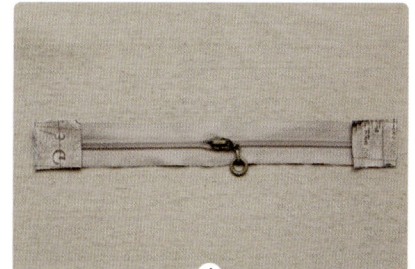

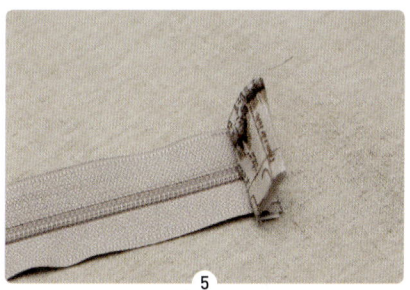

❽ (지퍼노루발 교체)주머니 하단의 원단 겉과
지퍼 겉을 대고 0.5cm로 박은 후 꺾어서 시접 하
단으로 가게 젖혀서 0.3cm로 눌러박는다.

⑩ 주머니 상단의 원단 겉을 그 위에 놓아
0.5cm로 박음질한다.

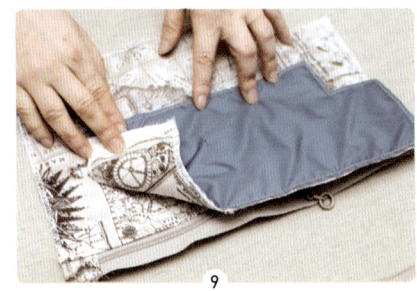

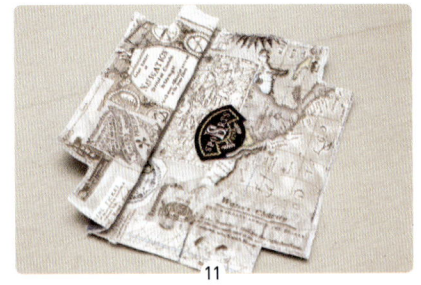

⑭ 3cm로 접은 후 2.5cm를 겉에서 눌러 박음질
한다.

⑯ 주머니 4군데를 각을 세워 앞 몸판에 표시한
선에 맞추어서 핀으로 고정한 후 전체 1cm 접어
넣어가면서 박음질한다.

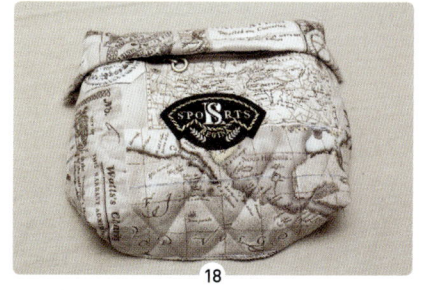

18

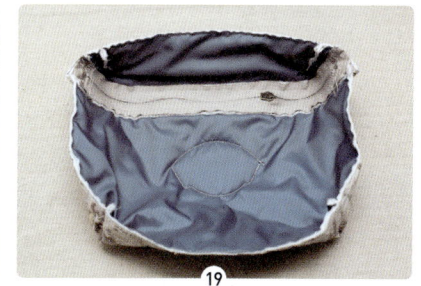

19

20

21

22

05 삼각형 원단 2장에 1온스 접착솜을 붙인다.

❷ 하단 끈(45cm) 2장을 반으로 접어 삼각형의 하단으로 가게 끈을 넣고 박음질한다(2장 모두 동일하게 만든다).

❺ 박음질한 후 젖혀서 삼각형 모양대로 0.5cm 를 전체 박음질한다.

1

2

3

4

5

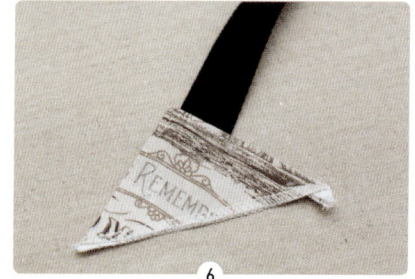

6

❷ 패딩솜을 대고 누벼 놓은 원단 2장을 반으로 접어 1cm 중간까지만 박음질한다.
❹ 끈(11cm) 2장에 가방 고리를 끼우고 반으로 접어 박음질한다.

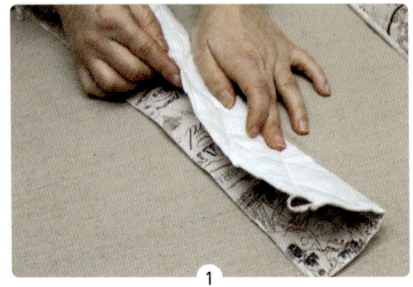

❻ 중간까지 박은 원단에 끈을 가운데로 넣고, 1cm로 박음질한다. 중간까지 박은 선부터 끝까지 박음질한다.
❼ 끈 하단은 5.5cm 올라간 선에서 양옆 1.5 사선으로 표시하고, 박음질한다.
❾ 0.5cm 시접을 남기고 잘라낸 후 뒤집어서 다려준다.

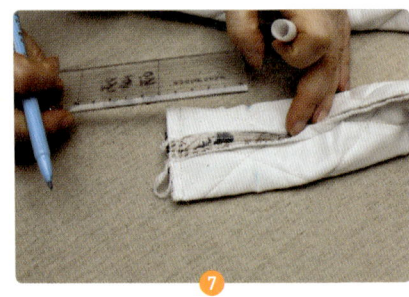

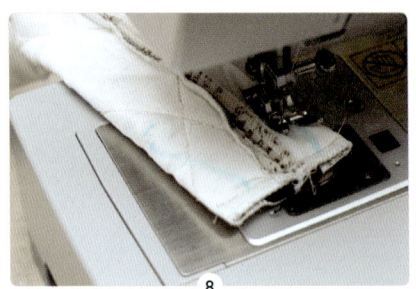

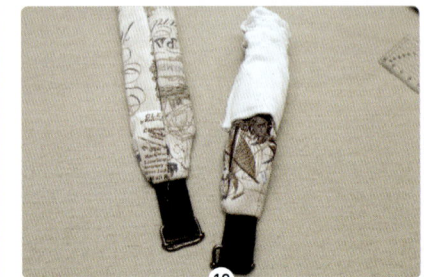

⑫ 하단 사선 부분은 마름모 모양으로 박음질하고 한쪽에 라벨을 박는다. 가운데는 2줄로 박음질한다.

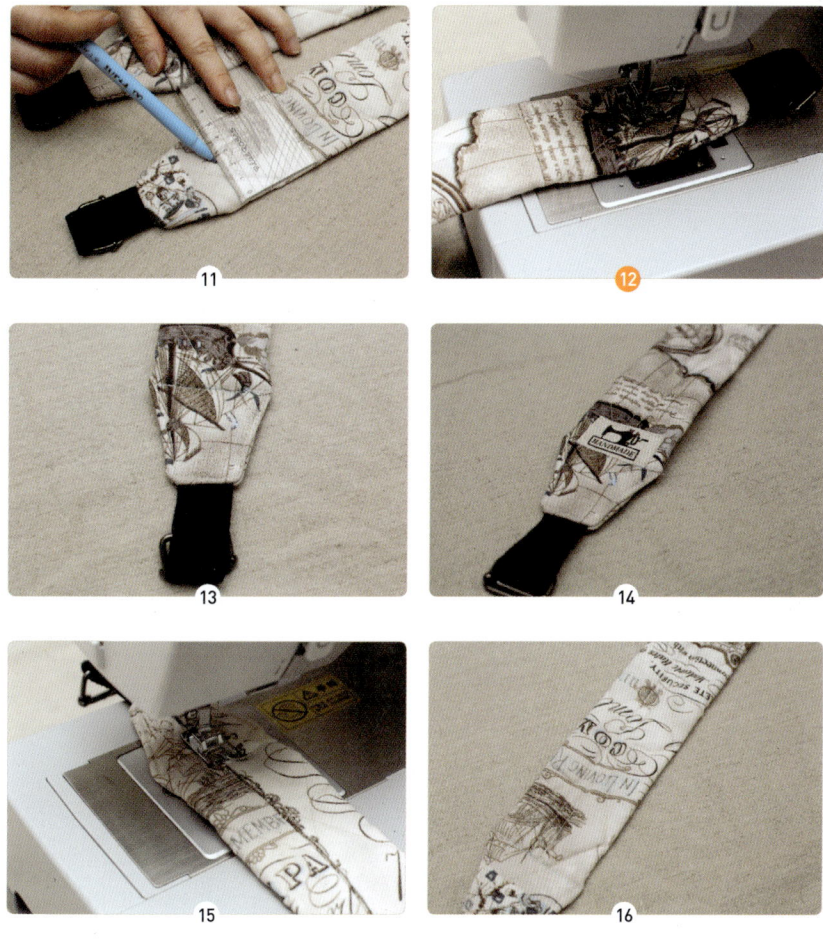

07 등 쪽 하단에서 2cm 표시한 선에 등 쪽 하단 끈(5번에서 만든 끈)을 삼각형 양옆으로 박음질한다.

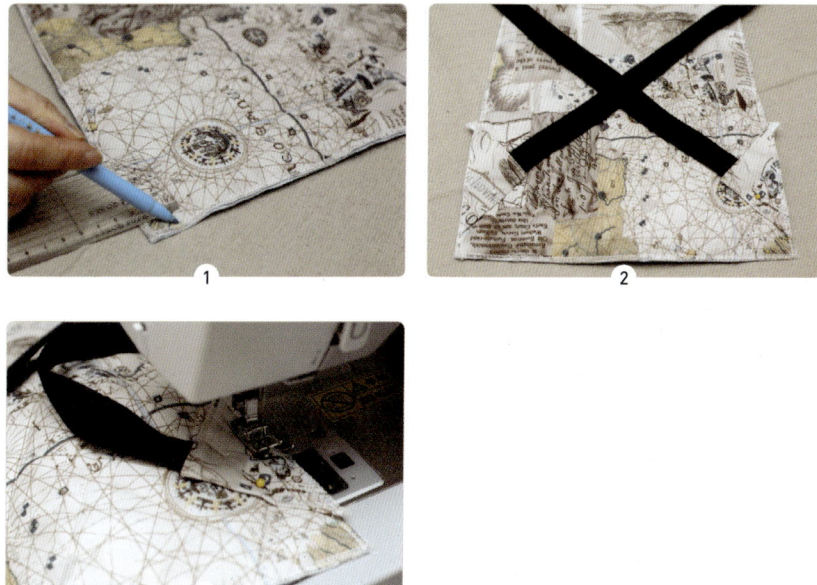

❸ 상단 중앙에서 2cm를 표시하고 어깨끈을 박음질한다. 삐져나온 부분은 잘라낸다.

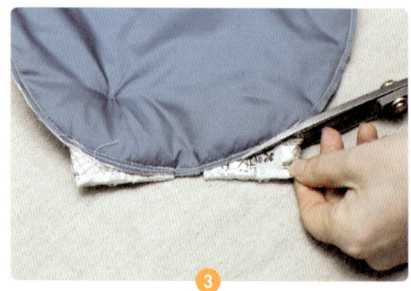

❹ 중앙에 손잡이 웨이빙 끈(20cm)을 하단으로 놓고 박음질한다.

08 몸판 지퍼달기(지퍼노루발 교체)

❶ 먼저 슬라이더 2개를 끼워 넣는다. 앞 몸판의 지퍼(60.5cm)에 겉이 안쪽으로 가게 놓고 0.5cm로 박음질한 후 젖혀 두 줄로 눌러 박음질한다.

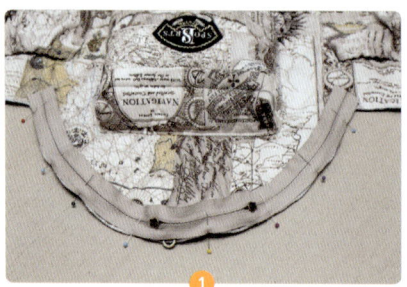

❸ 겉과 지퍼 쪽 누빔원단 겉을 마주보게 놓고
0.5cm로 박음질한다.
❺ 다시 젖혀서 두 줄로 박음질한다.

■ 09 (평발 교체) 완성해둔 앞판의 원단 옆
과 지퍼 단 몸판을 대고 박음질한 후 코너에
가윗밥을 사선으로 준 후 1cm로 박음질한다.

❸ 방수 안감원단으로 바이어스를 감싸고 시접
하단으로 놓고 겉에서 눌러 박음질한다.

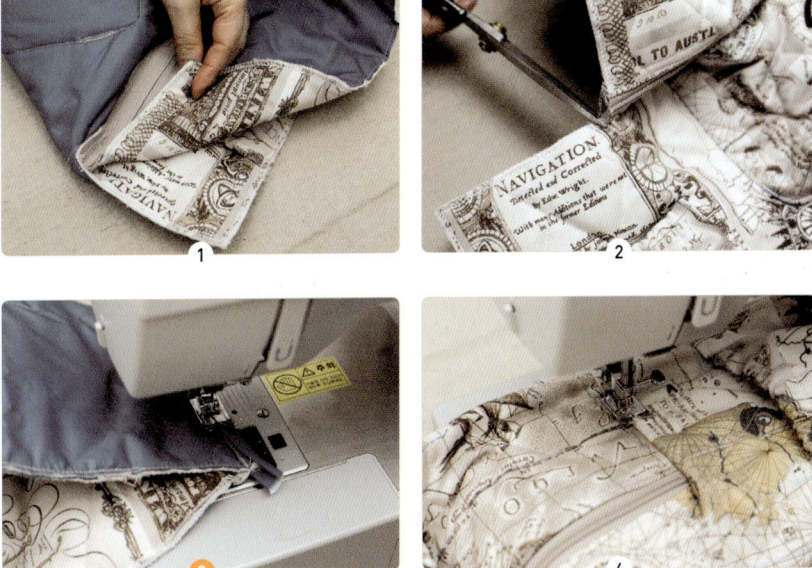

10 등 쪽을 둘레 박음질한다. 안감 방수 원단으로 바이어스를 싸준다.

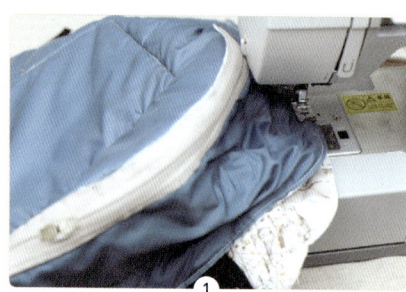

11 몸판과 바닥 박음질하기

1 뒤쪽에 중앙을 표시한 후 표시선부터 바닥 전체를 박음질한다.
3 바닥을 뒤부터 앞으로 오도록 전체 박음질한 후 바이어스를 싸준다(겉과 겉 마주보게 놓기).

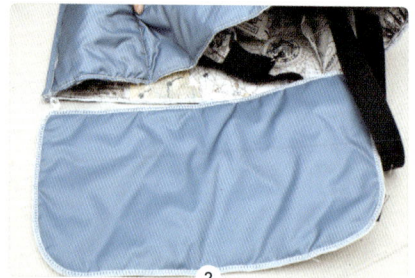

12 뒤집어서(10번) 삼각형에 있는 웨이빙(검은색 실 교체 윗실과 밑실) 끈 끝을 안쪽으로 1.5cm 두 번 접고, 박음질한 후 가방 고리에 끼우면 개성만점 가방이 완성된다.

1

끈은 매는 사람에 맞게 조절한다.

2

118p

07. 원형필통

Package

- **완성크기**
  25×23cm

- **재료**
  코카스지도원단, 와펜 1개, 단추 2개, 3호 베이지색 지퍼, 슬라이더 1개,
  아지미노 무지원단, 2온스 접착솜, 안감 보세원단

- **재단사이즈**
  코카스지도원단(27×10cm) 2장, 원형 도안대로 2장
  아지노미무지원단(27×10cm) 1장, 원형 도안대로 2장, (5×4cm) 2장
  안감 보세원단(27×26cm) 1장, 옆 원형 도안대로 2장
  2온스 접착솜(29×28cm) 1장, 옆 원형 도안대로 2장

  ＊ 옆 원형을 박음질할 때는 4등분해서 송곳으로 조금씩 뒤로 밀어주면
  서 박음질하면 수월하다.

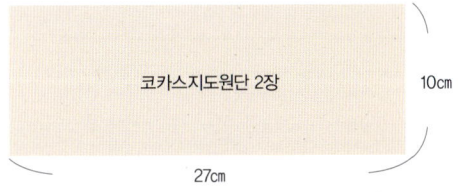

코카스지도원단 2장
10cm
27cm

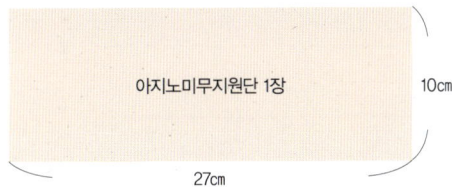

아지노미무지원단 1장
10cm
27cm

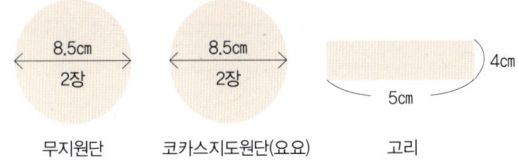

8.5cm
2장
무지원단

8.5cm
2장
코카스지도원단(요요)

4cm
5cm
고리

일반 필통보다 크기가 거서 자, 연필, 지우개, 사인펜 등 많이 넣을 수 있어 실용적인
필통입니다. 학생들에게 더욱 실용적인 필통이랍니다.

07. 원형필통

만드는 방법

❶ 바닥 무지원단에 코카스지도원단을 양옆에 연결하고, 2온스 접착솜을 붙인다. 안감을 댄 후 2cm 간격으로 가로로 누벼준다.

❷ 지퍼를 갈라서 위에 박음질하고, 안쪽으로 시접을 젖혀 겉에서 눌러 박음질한다.

❸ 슬라이더를 끼우고 뒤집어 벌린 후 지퍼를 오그려 되돌아 박음질한다.

❹ 아지미노무지원단(5×4cm) 2장을 반으로 접어 0.5cm로 박음질하고 다시 뒤집어서 다린다. 그 다음 지퍼 끝에 안쪽으로 놓게 박음질한다.

❶

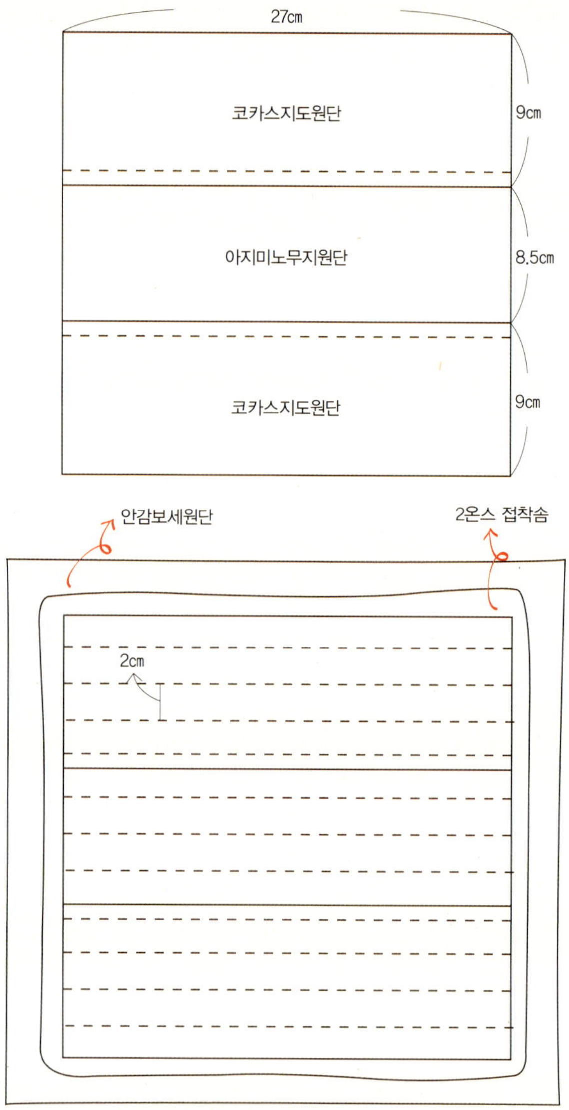

27cm

코카스지도원단 9cm

아지미노무지원단 8.5cm

코카스지도원단 9cm

안감보세원단   2온스 접착솜

2cm

❷

지퍼

원단 겉

지퍼

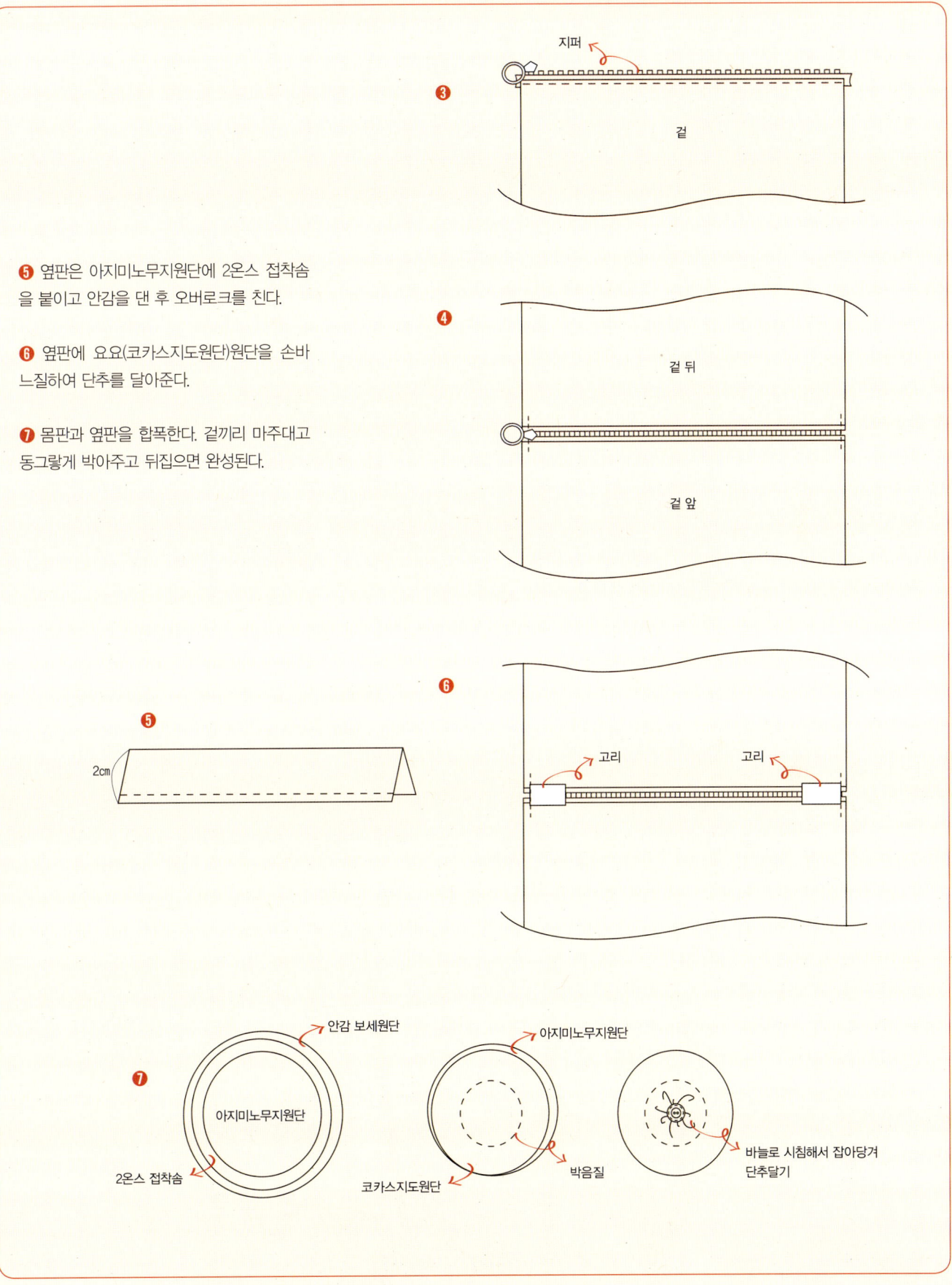

⑤ 옆판은 아지미노무지원단에 2온스 접착솜을 붙이고 안감을 댄 후 오버로크를 친다.

⑥ 옆판에 요요(코카스지도원단)원단을 손바느질하여 단추를 달아준다.

⑦ 몸판과 옆판을 합폭한다. 겉끼리 마주대고 동그랗게 박아주고 뒤집으면 완성된다.

NO.4 떠나자! 피크닉 세트와 함께

따스한 봄이 되면 도시락을 싸들고 가까운 곳으로 피크닉을 떠납니다.

가족들과 때론 연인과 친구들과 함께하는 즐거운 피크닉을 위해 준비한 피크닉 세트,
큰 가방과 돗자리, 그리고 도시락 가방과 보온병 주머니 등
피크닉에 유용한 아기자기한 세트를 만들어보세요.
광목과 리넨 등 다양한 원단이 어우러진 피크닉 세트는 센스 있는 여성이 챙겨주는 특별한 선물입니다.

126p
01. 수저지갑

- **완성크기**
  24×13cm

- **재료**
  코카스리넨원단, 체크원단, 안감 방수원단, 1온스 접착심, 지퍼 32cm, 슬라이더

- **재단사이즈**
  리넨원단(9×26cm) 2장
  체크원단(7×26cm) 1장
  바이어스감(70×3.5cm)
  방수원단(23×28cm) 1장
  1온스 접착심(23×28cm) 1장

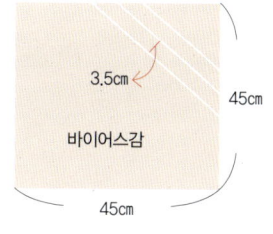

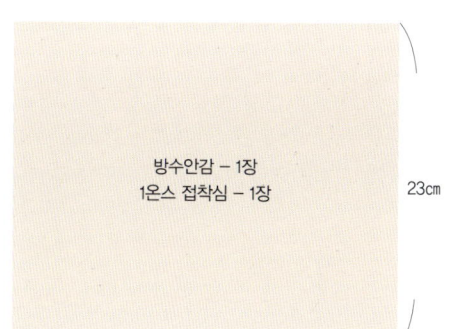

코카스리넨원단과 체크원단을 결합한 수저지갑은 방수원단으로 내부를 만들어 물기에도 끄떡 없어요. 환경호르몬으로 나무젓가락이나 1회용 숟가락보다는 숟가락이나 젓가락을 가지고 다니는 게 좋겠지요. 캠핑이나 피크닉을 갈 때 사용할 수 있는 수저지갑을 소개합니다.

127p

02. 패치 자연 돗자리

- **완성크기**
  102×150cm

- **재료**
  선염체크 5종(32×27cm)20장, 방수원단, 무지선염원단, 2온스 접착솜

- **재단사이즈**
  선염체크(32×27cm) 각 4장씩 20장
  2온스 접착솜, 방수원단(153×105cm) 각 1장
  무지선염원단(바이어스감 515×8cm)
  *시접이 포함된 사이즈이므로 시접선을 0.7cm를 기본으로 한다.

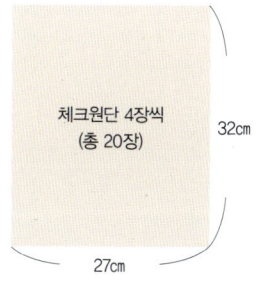

체크원단 4장씩
(총 20장)

32cm

27cm

방수원단 1장
(2온스 접착솜 1장)

153cm

105cm

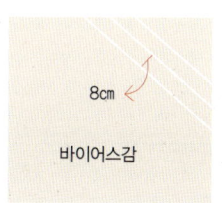

8cm

바이어스감

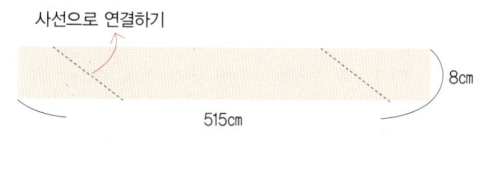

사선으로 연결하기

515cm

8cm

피크닉에서 빼놓을 수 없는 돗자리. 가끔 소풍갈 때 챙기지 않는 경우가 많아요.
하지만 이렇게 선염체크와 방수원단으로 특별하게 만든 자신만의 돗자리를 빼놓고 다닐 수는
없겠지요. 사이즈가 조금 크지만 만들기는 어렵지 않으니 이왕이면 사는 것보단 만든 것이 더
낫겠지요? 다양한 원단을 이용해 자신만의 자연 돗자리를 만들어 보세요.

이. 수저지갑

만드는 방법

❶ 체크원단에 바이어스감을 연결한다.

❷ 겉감 리넨원단과 체크원단 위, 아래를 연결한다.

❸ ②에 1온스 접착심을 붙이고 안감을 댄 후 바닥을 1.5cm로 누빈 후에 전체를 끝박음질한다. 오버로크를 쳐준다.

❹ 상단 라운드 부분에 바이어스를 감싸고 지퍼를 단 후 슬라이더를 끼운다.

❺ ④를 뒤집어서 옆선을 박으면 수저주머니가 완성된다.

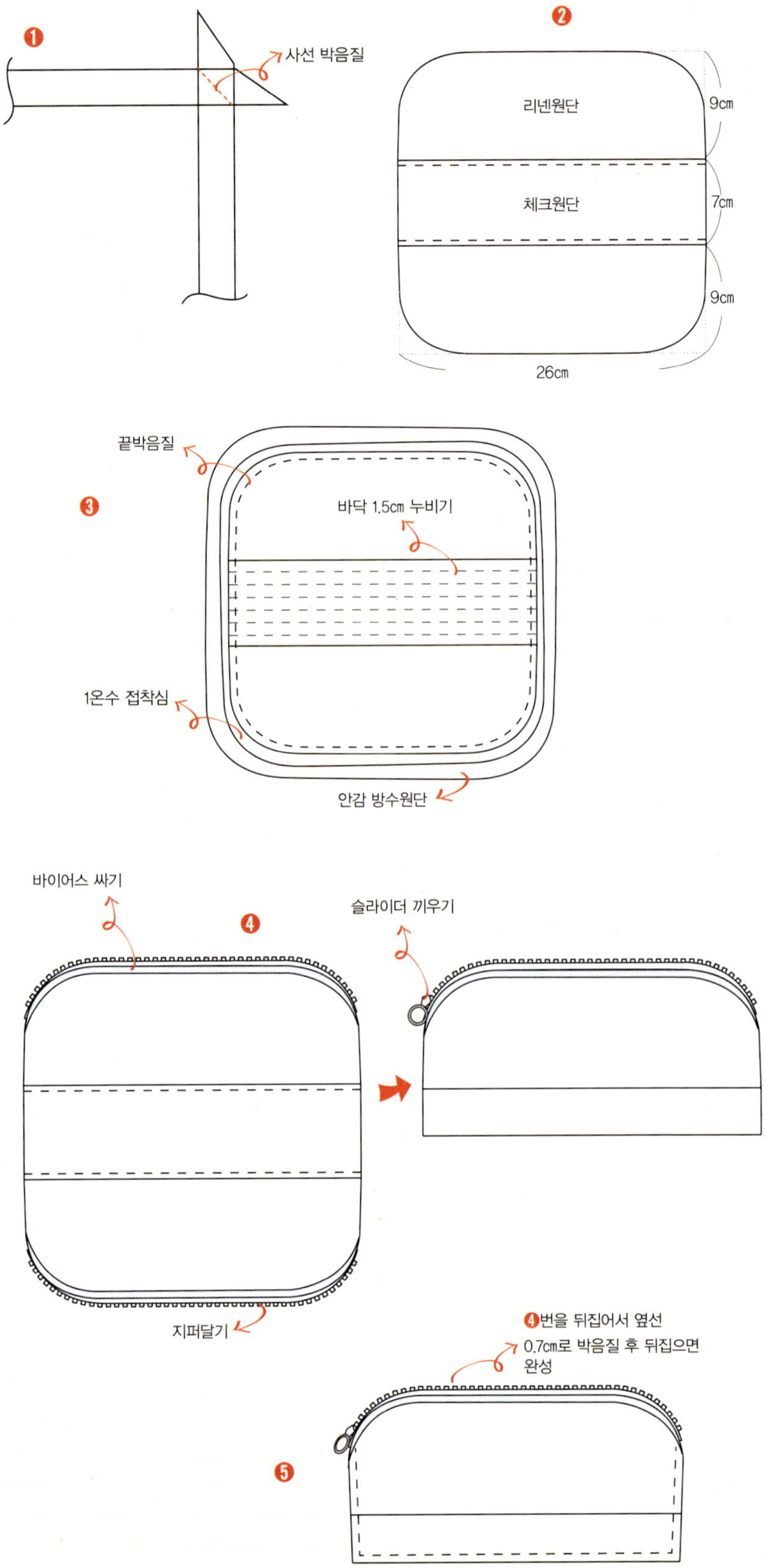

---

❶ ⟶ 사선 박음질

❷

리넨원단	9cm
체크원단	7cm
	9cm

26cm

❸

끝박음질

바닥 1.5cm 누비기

1온수 접착심

안감 방수원단

❹

바이어스 싸기

슬라이더 끼우기

지퍼달기

❺

④번을 뒤집어서 옆선 0.7cm로 박음질 후 뒤집으면 완성

124p

02. 패치 자연 돗자리

만드는 방법

❶ 5가지 색상의 천을 5장씩 연결한 다음 (27cm 선에서 0.7cm 시접으로) 다시 4칸으로 연결한다(시접은 바람개비 모양으로 다려준다).

❷ ①에 2온스 접착솜을 다려서 붙이고 안감을 댄 후 전체 시침한다. 군데군데 꽃잎 모양을 그려서 누벼주고 전체 0.7cm로 박음질한다.

❸ 바이어스를 연결해서 전체 뒤부터 시작해서 앞으로 감싸준다(코너 ㄱ자 바이어스 싸주기)

* ㄱ자 바이어스 참고(23쪽)

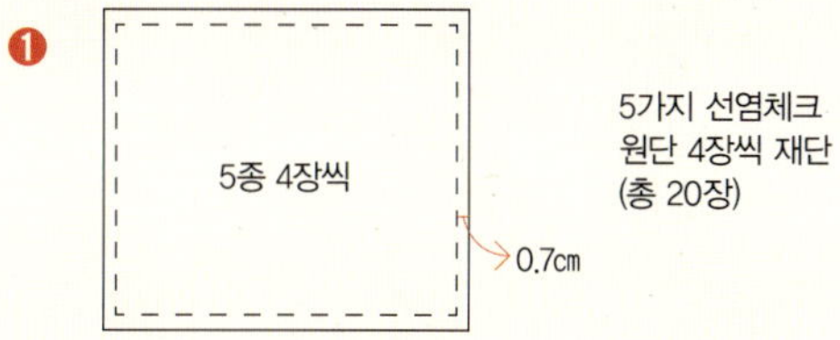

❶

5종 4장씩

0.7cm

5가지 선염체크
원단 4장씩 재단
(총 20장)

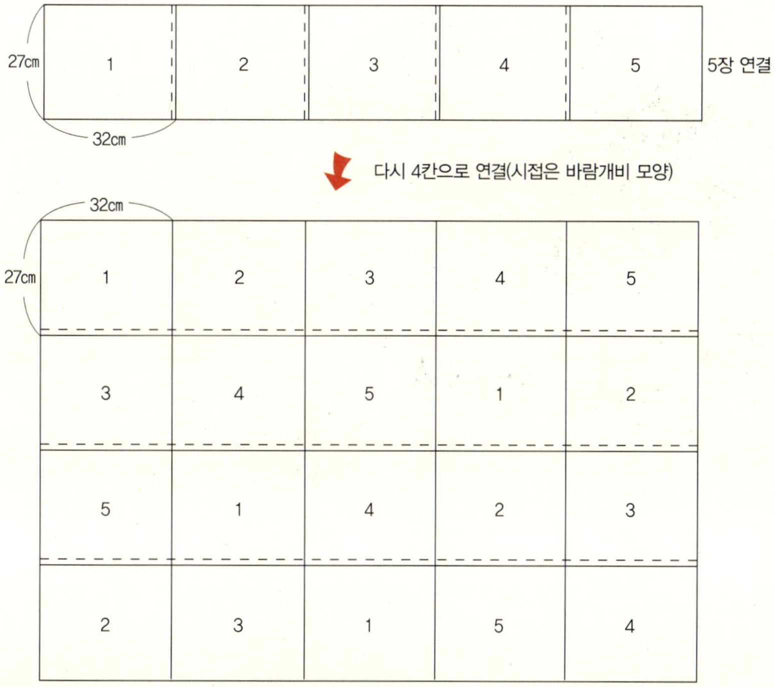

| 27cm | 1 | 2 | 3 | 4 | 5 | 5장 연결 |

32cm

다시 4칸으로 연결(시접은 바람개비 모양)

32cm 27cm	1	2	3	4	5
	3	4	5	1	2
	5	1	4	2	3
	2	3	1	5	4

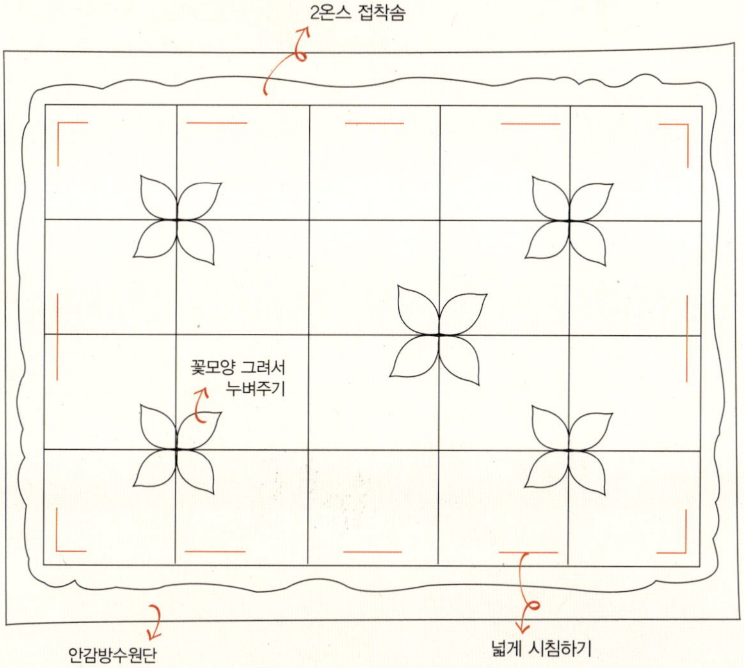

2온스 접착솜

꽃모양 그려서
누벼주기

안감방수원단

넓게 시침하기

130p

03. 돗자리 주머니

- **완성크기**
  33×19cm

- **재료**
  브라운선염원단, 체크원단(빨강, 그린), 안감 방수원단, 스토피 2개, 면 끈
  (100cm) 2개, 전사지 작은 것 1장, 라벨 1개

- **재단사이즈**
  브라운선염원단(35×50cm) 1장, 옆판(14×14cm) 2장
  빨강색 인도체크원단(35×5cm) 2장, 바닥(35×14cm) 1장
  그린 체크원단 끈(31×5.5cm) 2장
  안감 방수원단(35×5cm) 1장

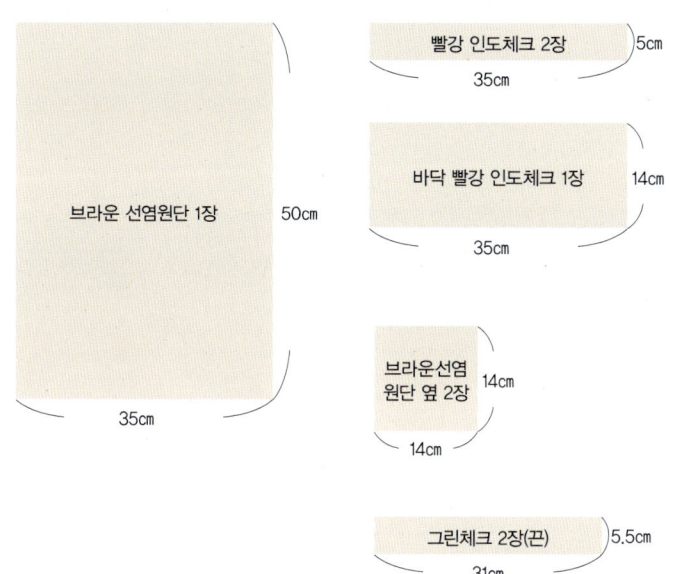

브라운 선염원단 1장	50cm
35cm	

빨강 인도체크 2장 5cm
35cm

바닥 빨강 인도체크 1장 14cm
35cm

브라운선염
원단 옆 2장 14cm
14cm

그린체크 2장(끈) 5.5cm
31cm

돗자리를 만들었다면 돗자리를 보관하거나 가지고 다닐 수 있도록 돗자리 주머니를 만들어
보세요. 역시 안감은 방수원단으로 처리하여 돗자리에 물이나 음식물이 묻어도 가볍게 닦아
사용할 수 있어요. 돗자리를 담아 두면 가지고 다닐 때 편리한 돗자리 주머니.
전사지를 붙여 밋밋한 분위기의 원단을 살려보았습니다.

01 선염원단 앞 왼쪽에서 14cm, 위에서 8cm 표시선에서 전사지를 먼저 다려서(다리미 온도는 중으로 한다) 붙인다.

02 끈 박기
그린 체크원단을 왼쪽은 1.5cm로 다리고 수술 있는 오른쪽을 1.5cm로 다려서 0.2cm로 박음질한다(나머지 끈도 같은 방법으로). 수술이 있는 이미지 선으로 재단한다.

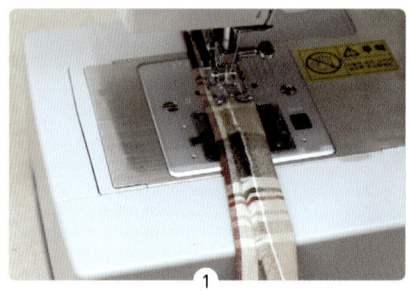

03 브라운 선염원단 위에서 5cm, 3cm 앞, 뒤에 표시하고 끈(2번) 양끝을 1cm로 표시하고, 선염원단 좌, 우 11cm 지점에서 핀으로 고정해 빨강 체크원단을 앞과 뒤의 위, 아래에 끝박음질한다.

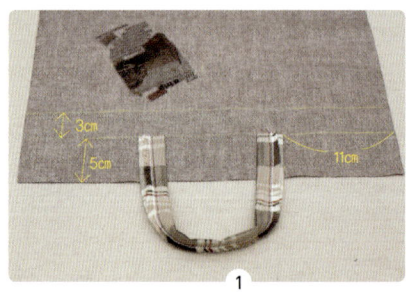

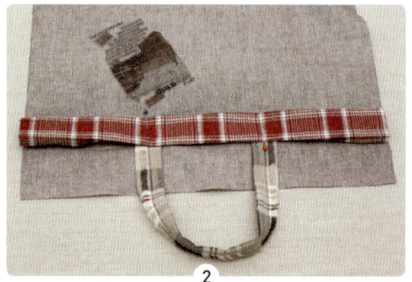

04 바닥도 선염원단 중앙에 12cm를 체크하고 그 선에 시접 1cm를 접어 다린 다음 위, 아래를 박음질한다.

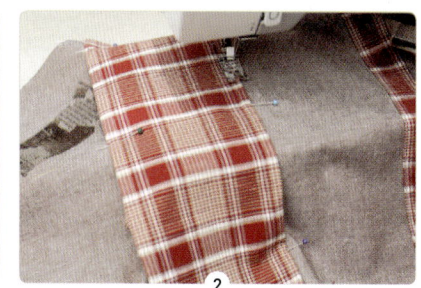

05 옆판 만들기

1~4 옆판 겉과 안감에 겉을 마주보게 놓고 창구멍을 6cm 남긴 후 전체 0.7cm로 박음질한다.

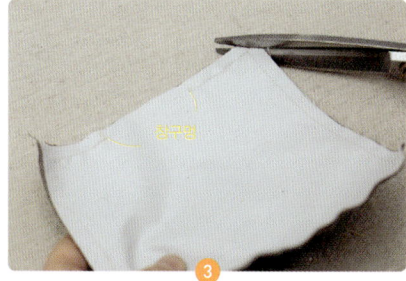

5~7 박음질 후(각 가위집 주기) 뒤집어서 위, 아래 끝박음질하고, 1개 위에 라벨을 달아준다.

06 ③번에 안감 천을 대고 창구멍 15cm 를 남기고 전체 0.7cm로 박음질한다.

③ 위에서 3.5cm 지점은 앞, 뒤 박지 않고 뒤집 어서 창구멍 끝을 박음질한다.
④ 위에서 2cm 지점(끈 통로)을 박음질한다. 다 음 0.5cm로 끝박음질한다.

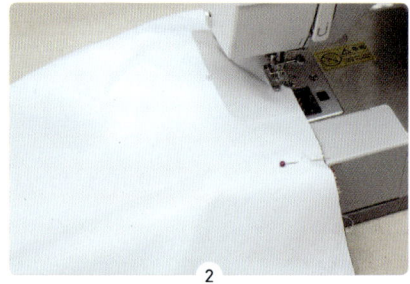

07 옆선 박음질하기

① 위에서 7.5cm 표시선에 양옆 0.2cm 박음질 하기

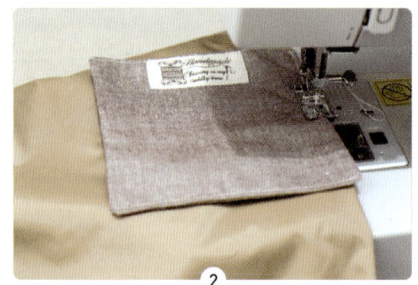

08 면 끈을 양옆에 엇갈려서 끼우고 스
토퍼로 조이면 예쁜 자연 돗자리 주머니가
완성된다.

136p

04. 피크닉 큰 가방

- **완성크기**
  50×30cm

- **재료**
  캔버스 광목원단(3×3cm), 인도 체크원단, 지퍼(25cm) 1개, 15cm 1개, 전사지 큰 것 1장, 작은 것 1장, 라벨 1개, 1.5폭 토숀레이스(8cm), 방수원단

- **재단사이즈**
  캔버스 광목원단–몸판 도안대로 2장
  주머니 위(18.5×3.5cm) 1장, 아래(18.5×13cm) 1장
  인도 체크원단–도안대로 2장
  끈(45×3.5cm) 2장
  방울(10×8cm) 2장
  방수원단–도안대로 2장

주머니 위 1장   3.5cm

18.5cm

주머니 아래 1장   13cm

18.5cm

몸판 2장

옆   중앙

숄더 가방 종류는 다용도로 사용할 수 있는데요. 이번에는 피크닉 세트를 한꺼번에 넣을 수 있는 큰 가방을 만들어 보았습니다. 피크닉 갈 때도 좋지만 장바구니용으로도 제법 한 몫 합니다.

01 전사지 몸판 왼쪽 1장을 바닥에서 5.5cm 표시하고 중심을 맞추어서 골고루 다려서 떼어낸다.

❸ 주머니도 전사지 아래 왼쪽 옆에서 3.5cm 표시선에 다려서 떼어낸다.
❹ 주머니 위 중심에 라벨을 박음질한다.

02 (지퍼노루발 교체)주머니 위의 겉을 지퍼 겉에 놓고 박음질하고, 돌려서 시접 안쪽으로 하고 눌러 박음질한다. 아래도 같은 요령으로 박음질하고 ㄷ자로 시접 1cm를 안쪽으로 다려준다.

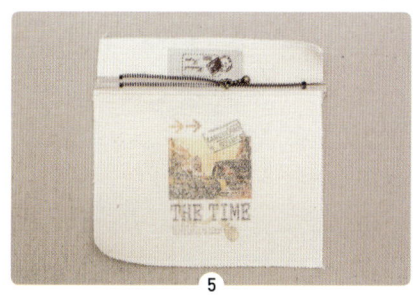

5

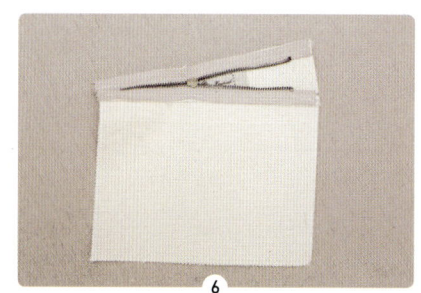

6

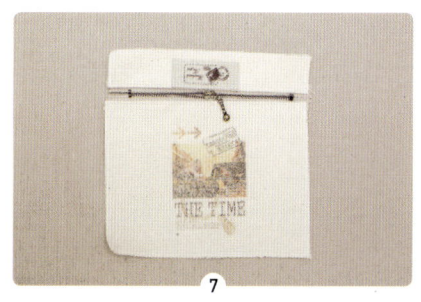

7

03 몸판 중앙선에 2)번 주머니를 옆 11cm, 하단에서 14cm를 표시하고, 그 선에 맞추어서 1cm 다린 부분을 안쪽으로 시접을 넣고, 핀으로 전체 고정하여 끝박음질한다.

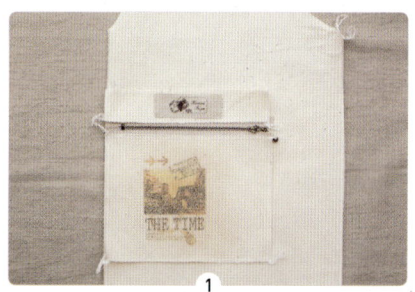

1

2

04 전사지 옆에 인도 체크원단을 대고 전체 0.2cm로 박음질하고, 체크선을 따라 누벼준다.

1

2

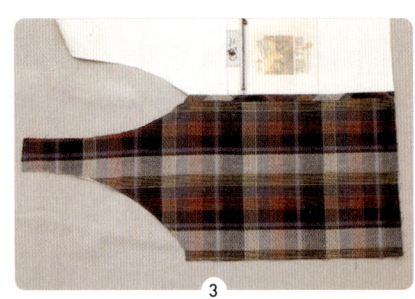

06 주머니를 단 중앙선 겉에 지퍼 겉을 놓고 박음질하고 돌려서 눌러 박음질한다.

3 위에 라벨을 박음질하고 3)번 지퍼 위에 겉과 겉을 마주보게 놓고 박음질한다. 다시 돌려서 박음질한다.

4 중앙 하단의 지퍼에 토숀레이스를 박음질한다. 지퍼 위, 아래를 오므려서 튼튼히 박음질하고 인도 체크원단을 몸판 사이즈에 잘 맞추어 옆선 0.5cm 접어서 다린다. 다린 후 겉에서 눌러 박음질하면서 전체 0.5cm를 박음질한다.

6 누벼주면서 주머니를 전사지 옆에서 4cm, 하단은 8cm를 잰 후, 폭은 23cm로 박음질한다.

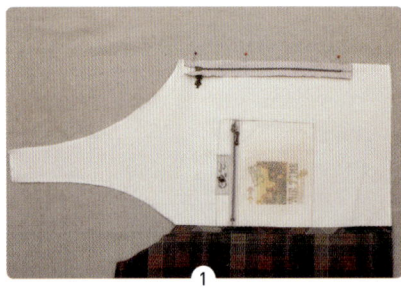

07 펼쳐진 원단을 반으로 접어서 옆선을 박음질한다.

08 끈을 3번 접어 끝박음질해서 2장을 만든다.

09 방울 만들기

① 2장(10×8cm)을 10cm 반으로 접어 다리고 다린 것을 펴서 반대로 8cm 접는다.
② 0.5cm로 박음질하고 시접을 가름솔로 다린다.
③ 처음 다린 선을 따라 접어 내려서 양옆을 안으로 0.5cm 접고 끈을 넣어 박음질한다. 방울을 하단으로 내려준다.

10 완성한 끈 2장을 몸판 중앙선 겉쪽 위에 박음질한다.

11 바닥을 12cm로 삼각접기하여 박음질하고, 안감 방수원단도 중앙에 연결한다. 반대쪽은 창구멍(15cm)을 남기고 박음질한다. 바닥도 겉감과 같은 방법으로 삼각접기해서 12cm로 박음질한다.

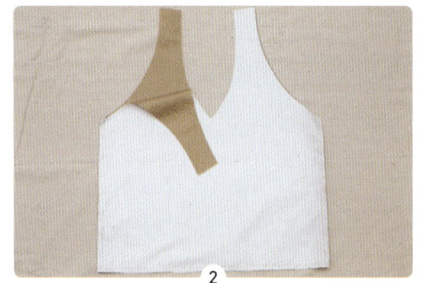

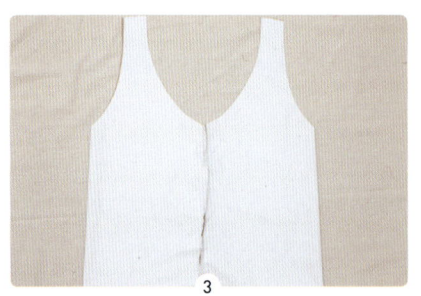

12 겉감, 안감 합폭하기

1 바닥 겉감, 안감을 삼각접기로 박음질한 처음 박은 선을 따라 박음질한다(옆선 중심 맞추기).
2 끈 부분 6cm 지점은 박음질 하지 않고 전체 0.7cm로 박음질한 후 뒤집어서 다려주고 박지 않은 끈 부분 겉끼리 마주대고 박음질한다. 전체 0.7cm로 박음질한 후 다려준다.

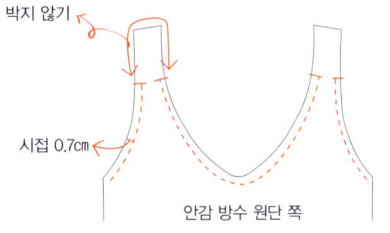

박지 않기

시접 0.7cm

안감 방수 원단 쪽

3 안감 창구멍은 박음질하여 마무리한다.

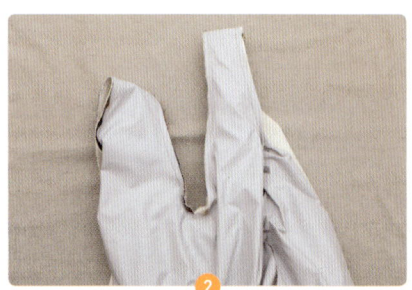

뒤집어서 다려주기

전체 끝박음질하기

6 끈 손잡이 부분을 반접어서 한쪽을 박음질하면 완성된다.

6

7

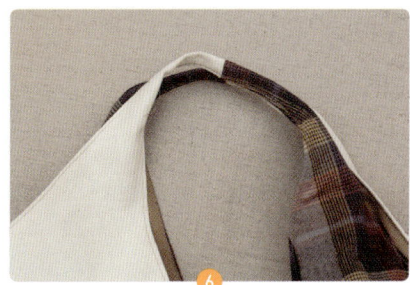

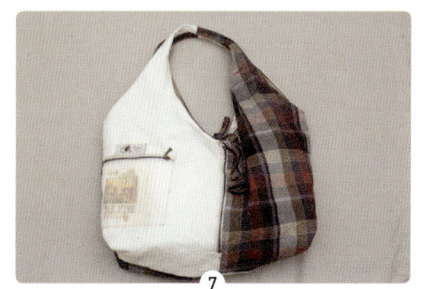

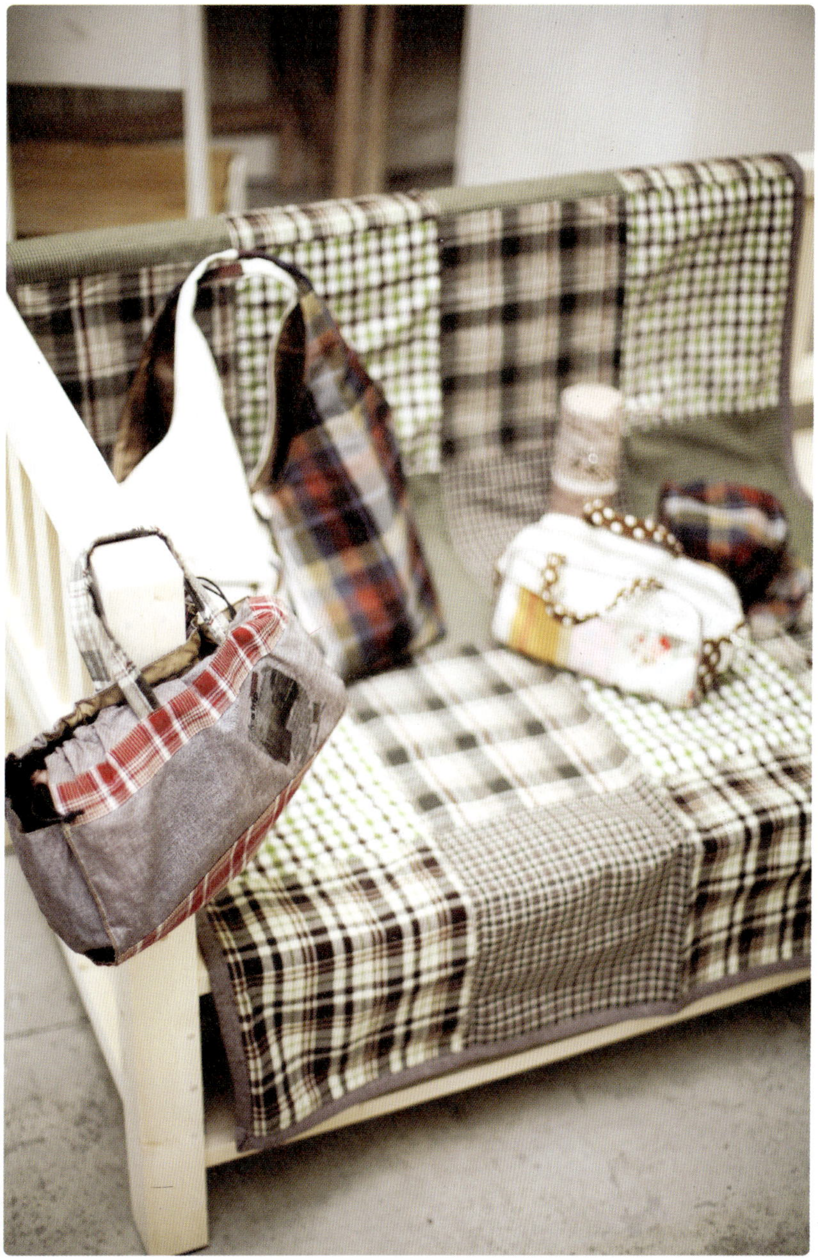

144p

05. 리넨 도시락가방

- **완성크기**
  락앤락통(13×20×7cm높이) 2개 수납가능

- **재료**
  5가지 색상 리넨원단, 1온스 접착솜, 2온스 접착솜, 4온스 접착솜, 3호 지퍼–32cm, 27cm, 브라운선염무지원단, 꽃슬라이더, 안감 방수원단, 라벨 1개, 장식품 1개, 파이핑(145cm)

- **재단사이즈**
  리넨원단 5가지 색상 재단

  큰 도트 : 바닥(14.5×27cm) 1장, 옆(11×15cm) 2장, 끈(30×5.5cm) 2장
  큰 도트 뒤패치 : 스트라이프(11.5×11.5) 1장, (8.5×10.5cm) 1장, (9.5×10.5cm) 1장
  큰 꽃(11.5×10.5cm) 2장, 잔꽃(6.5×10.5cm) 1장, (11.5×7.5cm) 1장

  잔도트 : 앞지퍼(8×27cm) 1장, 위 지퍼(7.5×32cm) 2장 재단
  잔도트 패치 : (8.5×7.5cm) 1장, 앞(5×10.5cm) 1장, 뒤(10×5cm) 1장

  안감 방수원단–몸판(41×27cm) 1장, 옆(11×15cm) 2장, 지퍼(7.5×32cm) 2장, 앞지퍼 하단, 속지(12×27cm) 2장, 2온스 접착솜(42×29cm) 1장(몸판감), 1온스 접착솜(13×17cm) 2장(옆), 위지퍼(10×29cm) 2장, 바닥(16.5×29cm) 1장
  바닥(13×27cm) 1장, 4온스 접착솜(30×2cm) 2장(끈), 선염무지브라운(145×3.5cm) 사선으로 재단하기(파이핑)

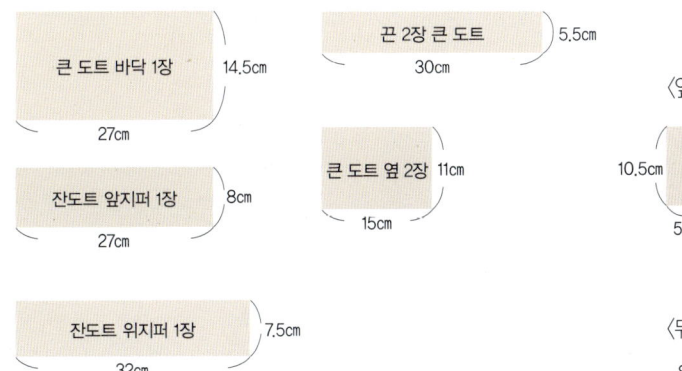

큰 도트 바닥 1장 14.5cm
27cm

끈 2장 큰 도트 5.5cm
30cm

〈앞패치〉
10.5cm
5cm 8.5cm 6.5cm 11.5cm

잔도트 앞지퍼 1장 8cm
27cm

큰 도트 옆 2장 11cm
15cm

잔도트 위지퍼 1장 7.5cm
32cm

〈뒤패치〉
8.5cm 11.5cm 10cm
8.5cm   5cm
7.5cm   11cm
11.5cm 8.5cm 10cm

소풍에서 빠져서는 안 되는 것이 바로 도시락이 아닐까 해요. 도시락가방도 피크닉 세트와 맞게 디자인해서 만들어 주면 분위기가 더욱 살겠지요. 가방 종류는 만들 때 손이 많이 가지만 기본이 되는 홈패션 기법이 많이 들어가므로 꼭 따라서 만들어 보세요. 도시락 가방 으로 어디 내놔도 손색없이 사용할 수 있어요.

01 뒤(재단과정 뒤패치 참고)패치를 연결하고, 지퍼 위 2장과 바닥, 옆선 2장에 1온스 접착솜을 다려서 0.2cm로 박음질한다. 남는 접착솜은 잘라낸다.

뒤패치

02 앞 그림처럼(재단과정 앞패치 참조) 패치 연결하고 앞지퍼 하단에 방수안감을 대고 박음질한 후, 젖혀서 안감을 0.2cm 안으로 넣고, 다시 0.5cm로 눌러 박는다. 안감은 잘라낸다.

03 앞, 바닥, 뒤를 겉과 겉이 마주보게 하여 연결하고, 옆 바닥에 1온스 접착솜을 다려서 붙인다. 0.3cm로 바닥 양 옆을 눌러 박음질한다.

옆, 바닥에 1온스 접착솜 다려서 붙이고 전체 0.3cm로 박음질하기

앞패치	바닥	뒤패치

앞, 바닥, 뒤 연결하기

04 앞지퍼 박음질하기

① 앞패치 부분에 지퍼를 박음질한다.
③ 잔도트 원단을 2.5cm로 접어서 다리고 지퍼와 겉과 겉을 마주보게 놓고 박음질한다.(외노루발 교체)

③ 방수안감 속지를 대고 지퍼와 박음질하고 전체 2온스 접착솜을 붙인 후 앞지퍼 2cm로 박음질하고 앞패치 연결한 부분 0.2cm로 안감과 눌러 박음질 한다. 이때 속안감은 뒤로 넘기고 박음질 한다.

방수안감 속지를 대고 ①

지퍼와 박음질 ②

2온스 접착솜 붙이고 ③

앞지퍼 2cm 박기 ④

속안감 뒤로 넘기고 앞패치 연결선 눌러박기(평발 교체)
⑤

⑧ 방수안감을 대고 전체 0.2cm 박음질하고 뒤 패치 부분 시접방향으로 눌러 박음질한다.

안감대고 ⑥

전체 0.2cm으로 박음질 ⑦

뒤 패치 연결선 눌러박기 ⑧

05 옆선과 바닥을 가로로 1.5cm를 초크로 표시하고 누빈다.

06 〈위상단 지퍼달기〉외노루발 교체

❶ 위 지퍼 잔도트 2장도 지퍼와 겉끼리 놓고 박음질한다.
❷ 그 위에 안감을 대고 첫 번째 박음선을 따라 박음질한다.
- 안감을 뒤쪽으로 돌려서 겉감과 맞추어 0.3cm를 눌러 박음질하고 1.5cm 누빈다.
- 반대쪽 지퍼도 같은 방법으로 한 후 슬라이더를 끼운다.

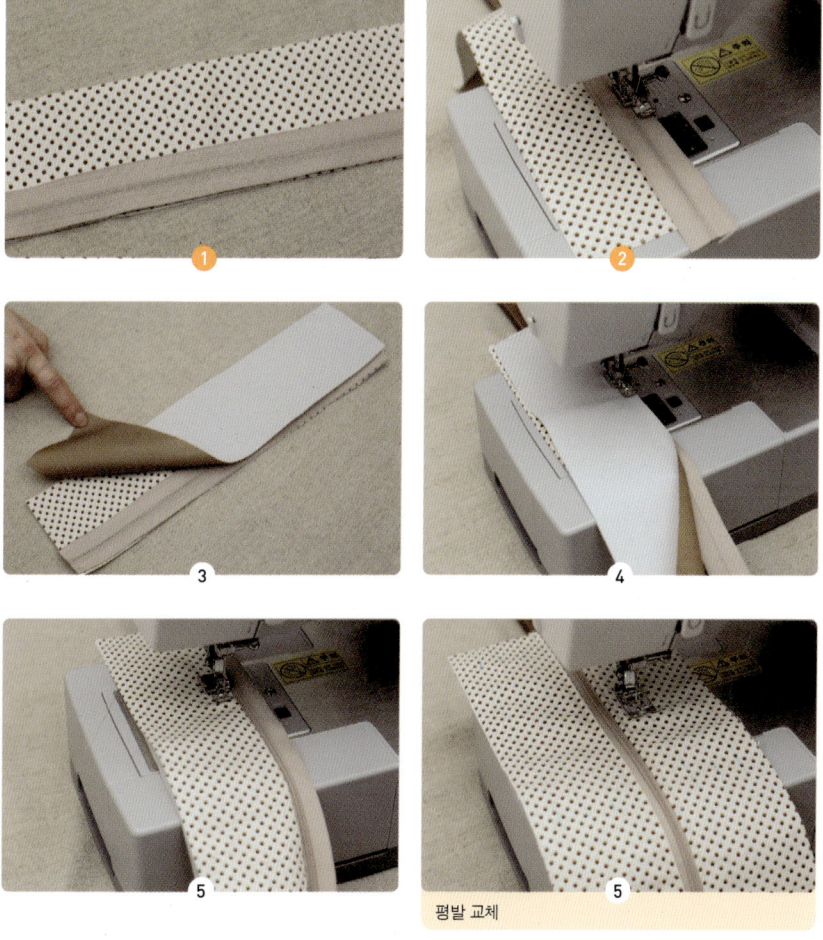

평발 교체

07 옆 오른쪽 위에 2cm 표시하고 라벨을 중심에 놓고 박음질한다.

08 큰 도트 옆과 지퍼(6번)를 겉끼리 놓고 0.7cm 박음질하고. 옆 방수안감을 박음질하고 돌려서 0.3cm로 눌러 박음질하고 전체를 0.2cm 끝박음질한다. 전체 안감과 접착솜을 잘라낸다.

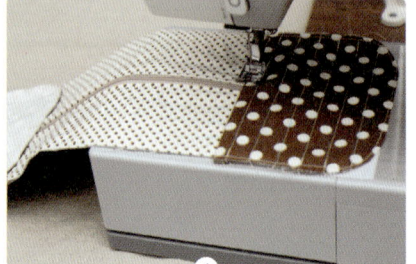

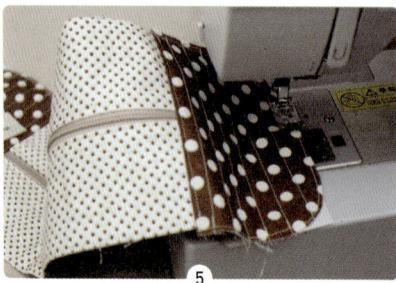

09 라운드 도안을 대고 상단코너를 잘라낸다

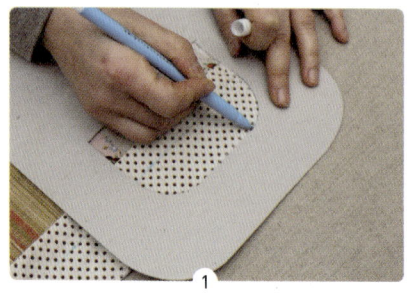

10 끈 2장 만들기

❶ 반으로 접어 0.7cm로 박고 뒤집어서 다리고
4온스 접착솜을 끼우고 끝을 0.2cm 박음질한다.

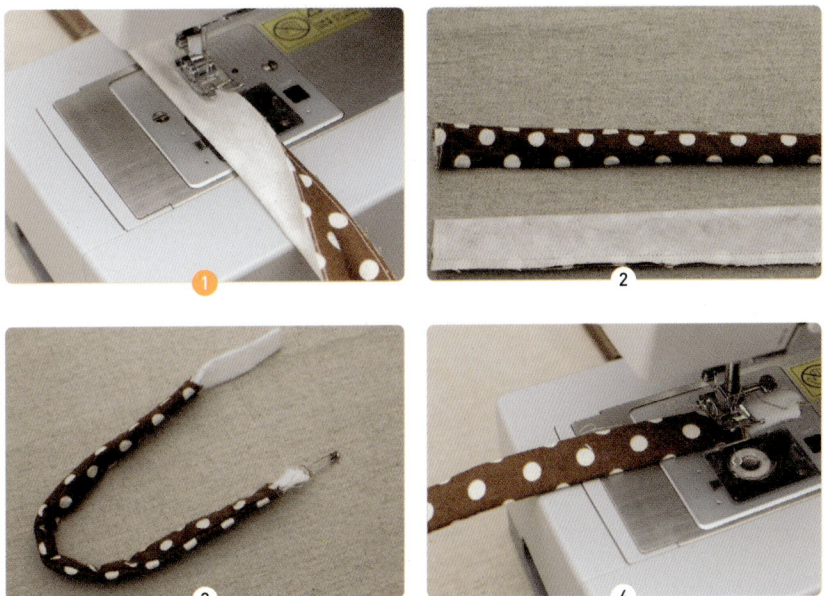

11 바이어스를 연결하고 외노루발로 교
체하여 몸판에 파이핑을 박음질한다. 라운
드 부분은 가윗밥을 준다.

12 몸판 상단 중심에서 4.5cm씩 좌, 우로 표시한다. 끈(10번)을 하단으로 놓고 파이핑 끝으로 박음질(나머지 끈 한장도 반대쪽에 같은 방법으로 박음질 한다)하고, 시접부분을 전체 바이어스로 싸준다.

13 12)를 뒤집어서 끈 쪽에 예쁜 나무장식품을 꿰매주면 완성된다.

가까운 유원지에 갈때
간편한 도시락 싸서 나들이 가세요.
아이들의 건강도 엄마가 꼭 챙겨 주세요.

154p

06. 보온병 주머니

- **완성크기**
  21×23.5cm

- **재료**
  세 가지 색상 리넨원단(잔꽃, 도트, 체크), 지퍼(25.5cm), 슬라이더 2개, 다이아레이스, 라벨, 1온스 접착심, 방수원단, 선염무지원단

- **재단사이즈**
  잔꽃 리넨원단(25.5×8cm) 1장
  체크 리넨원단(25.5×6cm) 2장
  도트 리넨원단(25.5×6.5cm) 1장
  끈(15×3.5cm) 1장,
  바닥은 도안대로 2장,
  방수 원단
  1온스 접착심(27×19cm) 1장, (27×8cm) 1장, (9.5×9.5cm) 2장

* **집에 있는 보온병 사이즈 재는 방법**
  ① 높이를 먼저 재고 둘레를 잰 후 시접은 3cm를 준다.
  ② 바닥은 지름보다 1.5cm를 더해서 재단한다.
  ③ 패치 연결할 때 시접은 모두 0.7cm로 한다.

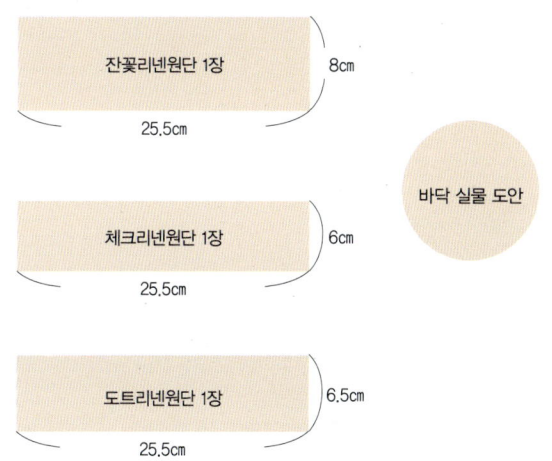

잔꽃리넨원단 1장   8cm
25.5cm

체크리넨원단 1장   6cm
25.5cm

도트리넨원단 1장   6.5cm
25.5cm

바닥 실물 도안

그냥 들고 다니기엔 너무나 허전한 보온병. 가방에 담아도 물이 흐르지 않도록 주머니를 만들어 사용해 보세요. 깔끔한 꽃무늬원단의 주머니가 한층 분위기를 살려줍니다. 집에 있는 보온병의 사이즈를 직접 재서 만들어 보세요.

01 리넨원단(잔꽃)에 다이아레이스를 양 옆에 박음질한다.

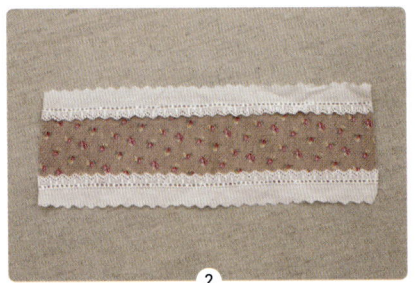

02 레이스를 박은 선 위에 리넨원단(도트)을 하단에는 리넨원단(체크)을 연결한다.

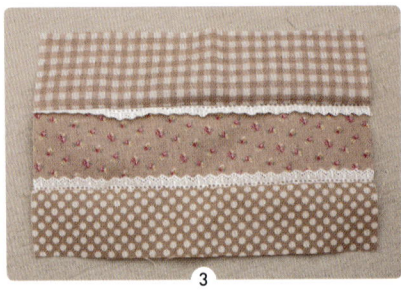

03 2패치 연결한 2)와 뚜껑 체크원단과 바닥 도트원단 2장에 1온스 접착심을 대고 다린다. 바닥과 체크 뚜껑에 안감 방수원을 대고 전체를 0.2cm로 박음질한 후 오버로크 친다.

❶ ~ ❸ 패치 연결해서 접착솜을 댄 3) ①에
안감 방수원단을 대고 레이스 연결선 위아래
0.2cm로 눌러 박음질 한후 오버로크 친다.

❹ ~ ❻ 체크원단 한 쪽과 패치연결한 도트 한
쪽을 바이어스로 감싸준다.

❼ 패치 연결한 체크원단 하단에 오른쪽에 라벨
을 박음질한다.

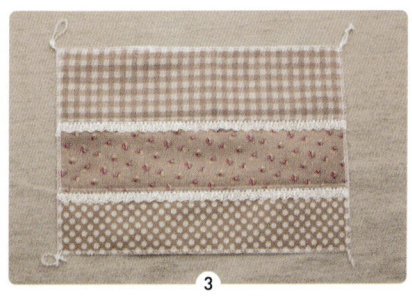

체크원단 뒤에서 앞으로 바이어스

패치 연결한 도트쪽 바이어스

05 바이어스 싸준 4번에 지퍼를 갈라서 바이어스 끝에서 0.3cm로 위, 아래 박음질 하고 슬라이더 2개를 끼운다.

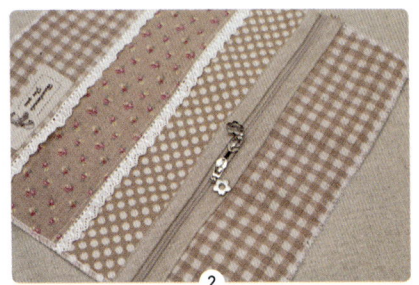

06 끈 체크원단은 세 번 접어 끝박음질 하고 뚜껑 오른쪽에 2.5cm로 반접어서 사선 으로 놓고 박음질한다.

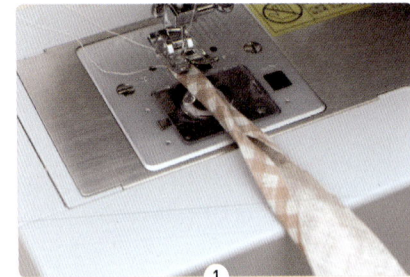

07 몸판 겉과 겉이 마주보게 반으로 접 어서 옆선 0.7cm로 박음질하는데 이때 지퍼 를 지날 때는 되박음질하여 튼튼하게 박음 질한다.

08 바닥을 네 등분해서 핀으로 고정하여 둥글게 박아주고 반 접어서 주면 완성된다.

3

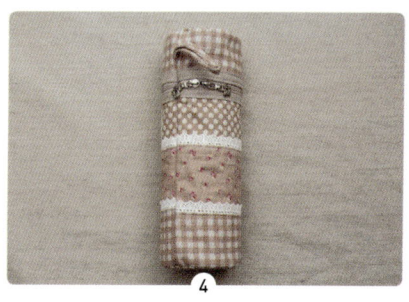

4

07. 리넨(피크닉) 모자

- **완성크기**
  머리둘레 52~54cm 기준

- **재료**
  내추럴리넨원단, 인도 체크원단, 1온스 접착솜

- **재단사이즈**
  내추럴리넨원단
  인도 체크원단
  * 도안대로 재단

인도체크 1장
리넨 1장

인도체크 1장, 리넨 1장

산들산들한 바람을 맞으며 떠나는 피크닉. 산책을 할 때 가볍게 쓸 수 있는 리넨 모자입니다. 리넨원단이 주는 자연스러운 체크무늬가 피크닉에 더욱 어울리는 아이템이지요. 가볍고 부피가 적어 어디든 넣어가지고 다닐 수 있는 게 장점이고요.

07. 리넨(피크닉) 모자

만드는 방법

❶ 인도 체크원단에 1온스 접착솜을 다려서 붙인다. 전체 0.2cm로 박음질하고 남는 접착솜은 잘라낸다.

❷ 인도 체크원단과 내추럴리넨 다트 6군데 박음질한다(머리둘레 기존 52~54cm 기준으로 1cm 시접을 두는데 머리둘레가 530이 넘는다면 시접을 0.5cm(52cm는 1cm, 53cm는 0.7cm)만 주고 다트를 박아준다).

❸ 모자챙을 도넛 모양으로 내추럴리넨원단 2장을 연결하고 같은 방법으로 인도체크원단도 2장을 연결한다.

❹ ③을 ②와 겉과 겉 마주보게 놓고 둘레를 박는다(인도체크원단, 내추럴리넨원단은 같은 방법으로 연결한다).

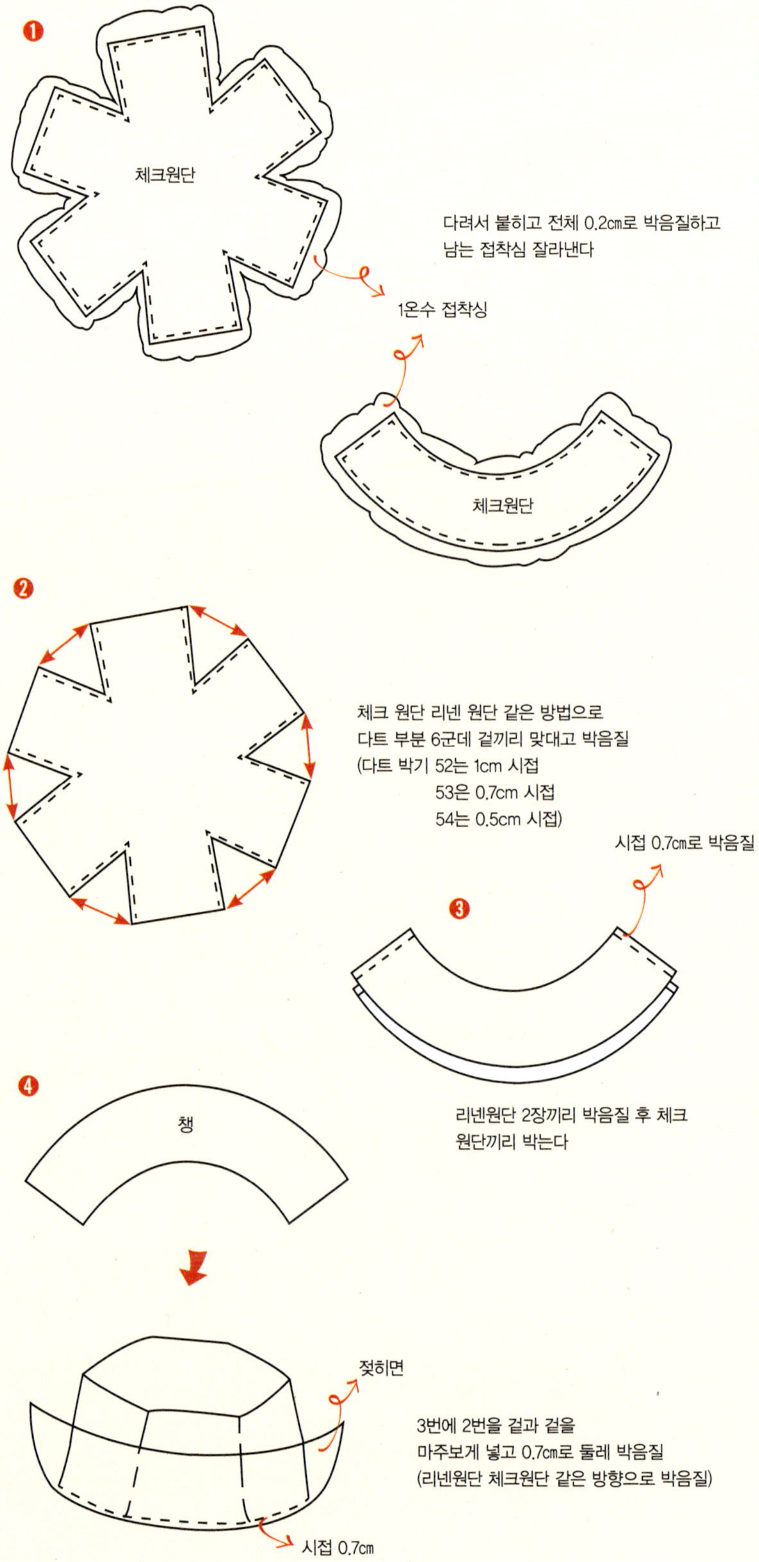

❶

체크원단

다려서 붙이고 전체 0.2cm로 박음질하고 남는 접착심 잘라낸다

1온수 접착싱

체크원단

❷

체크 원단 리넨 원단 같은 방법으로 다트 부분 6군데 겉끼리 맞대고 박음질 (다트 박기 52는 1cm 시접
53은 0.7cm 시접
54는 0.5cm 시접)

❸

시접 0.7cm로 박음질

리넨원단 2장끼리 박음질 후 체크 원단끼리 박는다

❹

챙

젖히면

3번에 2번을 겉과 겉을 마주보게 넣고 0.7cm로 둘레 박음질 (리넨원단 체크원단 같은 방향으로 박음질)

시접 0.7cm

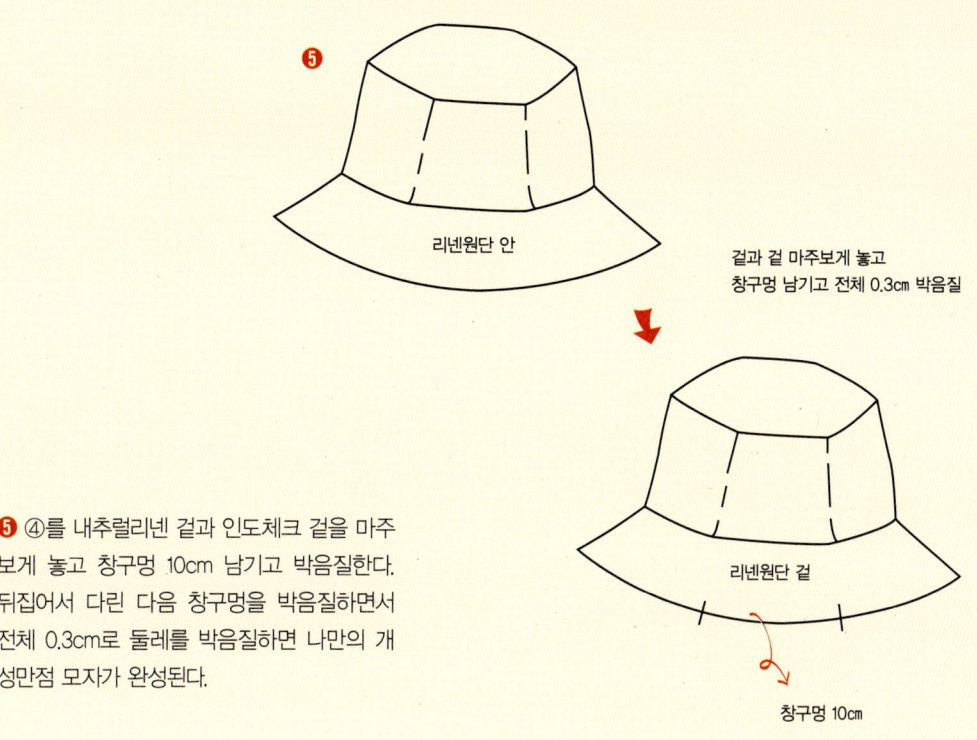

❺

리넨원단 안

겉과 겉 마주보게 놓고
창구멍 남기고 전체 0.3cm 박음질

리넨원단 겉

창구멍 10cm

❺ ④를 내추럴리넨 겉과 인도체크 겉을 마주
보게 놓고 창구멍 10cm 남기고 박음질한다.
뒤집어서 다린 다음 창구멍을 박음질하면서
전체 0.3cm로 둘레를 박음질하면 나만의 개
성만점 모자가 완성된다.

NO.5 소소한 변화 여성용품 만들기

이것저것 들고 다닐 것도 많고, 신경 쓸 것도 많은 여성들에게 작은 소품들은 생활의 활력소가 되지요.
여성들에게 필요한 다양한 소품들을 만들어 활용해 보세요.
꺼낼 때마다 자신이 만들었다는 뿌듯함과 사용하는 기쁨이 때론 생활을 변화시켜줍니다.

166p

01. 센스쟁이 휴대지갑

- **완성크기**
  15×15cm

- **재료**
  리넨원단(잔꽃, 스트라이프, 무지)
  2온스, 1온스 접착심.
  토숀레이스 70cm, 단추 3개.
  3호 지퍼(15cm), 퀼트지퍼(35cm), 슬라이더 1개.
  라벨, 고무줄 1cm, 폭 15cm 길이, 10cm 고무줄 끈

- **재단사이즈**
  속주머니 잔꽃리넨원단(10×20cm) 3장
  겉지(29×9cm)1장
  지퍼(8×15cm=) 1장, 지퍼 고리(7×4cm)
  지퍼하단 스트라이프리넨원단(10×20cm) 1장
  지퍼 위(5×15cm) 1장
  속지파우치(9×20cm) 2장
  겉지(29×5cm) 1장
  속지 무지리넨(29×15cm) 1장
  겉지(29×4cm) 1장
  바이어스(95×3.5cm폭)
  겉감용 2온스 접착솜(30×16cm) 1장
  속지용 1온스 접착솜(30×16cm) 1장

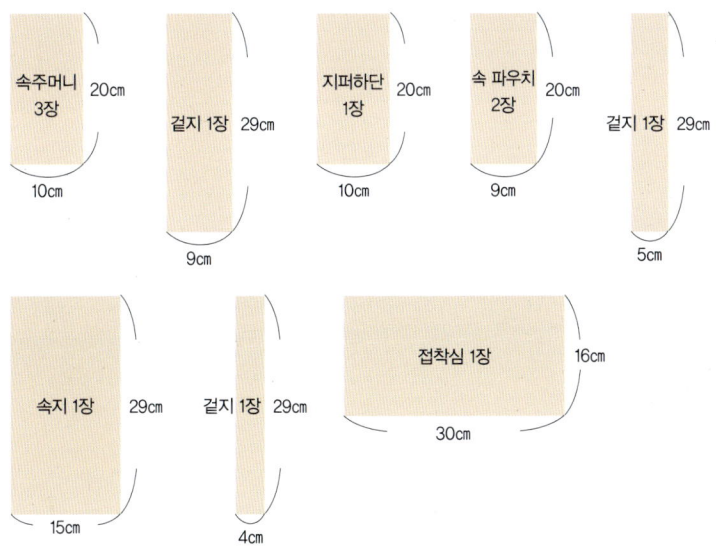

 화장용품과 간단한 소품 등을 넣어 다닐 수 있는 휴대지갑. 센스있는 여성들에게 필요한 지갑이지요. 가벼운 느낌의 리넨과 레이스를 달아 여성미를 강조했어요.

01. 센스 쟁이 휴대지갑

만드는 방법

① 겉지 잔꽃(29×9cm) 1장, 스트라이프(29×5cm) 1장, 무지(29×4cm) 1장을 연결하고, 2온스 접착솜을 다린 후 0.2cm로 둘레 박음질하고 남는 것은 잘라낸다. 무지 쪽은 토숀레이스로 박음질한다.

② 속지 잔꽃(10×20cm) 1장, (8×15cm) 1장을 반으로 접어 다리고 스트라이프 (10×20cm) 1장과 (5×15cm) 1장을 반으로 접어 다린 후 1온스 접착솜을 붙인다.

③ 고리 창구멍은 5cm를 남기고 ㄷ자로 박음질하고 뒤집어서 다린다. 끝으로(0.2cm) 양쪽을 박음질한다. → 한쪽 단추 구멍 내기

④ 35cm 지퍼 고리(7×4cm)를 반으로 접어 위 0.5cm를 접고 옆선을 박음질한다. 뒤집어서 다린 후 지퍼 끝을 끼워서 박음질한다.

①

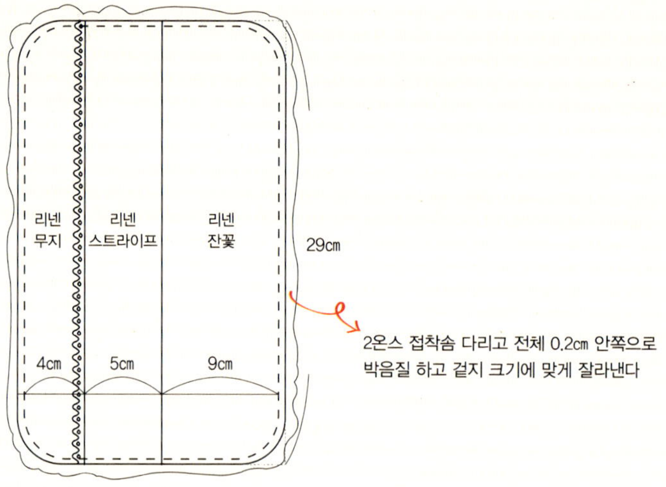

리넨 무지 | 리넨 스트라이프 | 리넨 잔꽃

29cm

4cm | 5cm | 9cm

2온스 접착솜 다리고 전체 0.2cm 안쪽으로 박음질 하고 겉지 크기에 맞게 잘라낸다

②

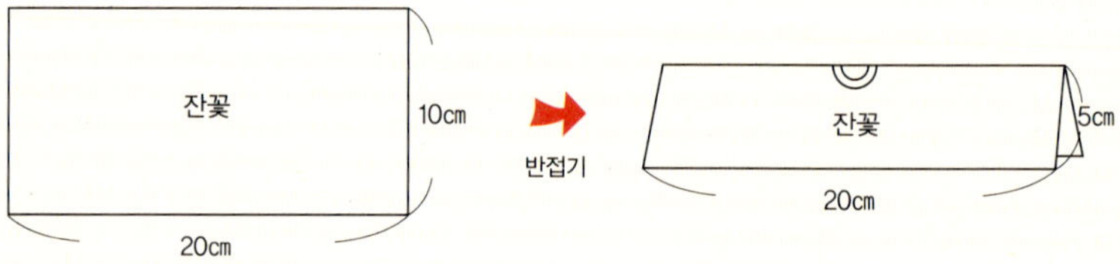

잔꽃

10cm

20cm

→ 반접기 → 잔꽃

5cm

20cm

③

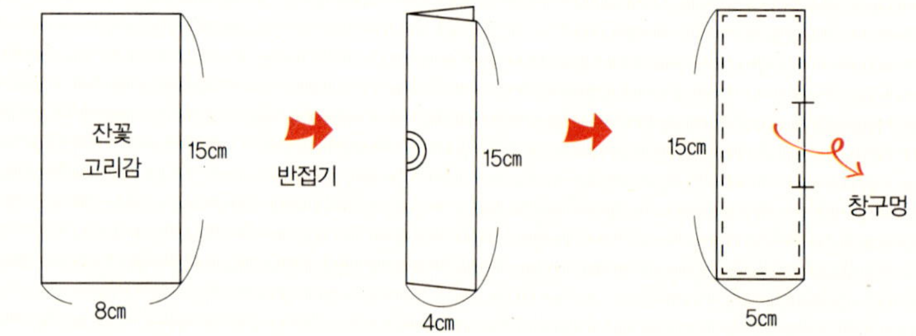

잔꽃 고리감

15cm

8cm

→ 반접기 →

15cm

4cm

→

15cm

5cm

창구멍

④

7cm

4cm

→ 반접기 →

3.5cm

4cm

→

3.5cm

4cm

0.5cm 접기 ▶ 옆선 박음질
▶ 뒤집어 다리기

35cm 지퍼

끼워서 박음질

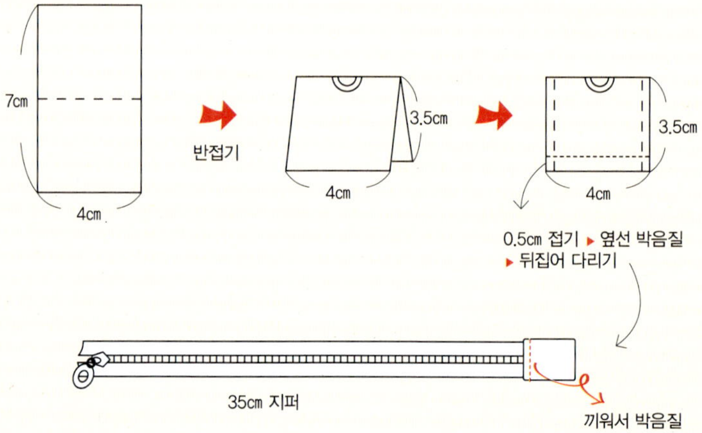

⑤

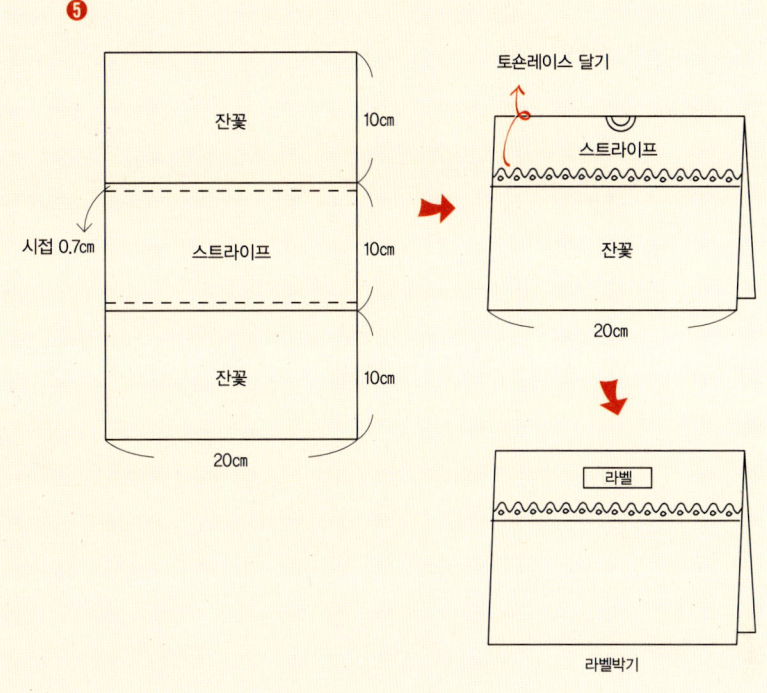

토숀레이스 달기

잔꽃 10cm

시접 0.7cm

스트라이프 10cm

잔꽃 10cm

20cm

스트라이프

잔꽃

20cm

라벨

라벨박기

⑤ 잔꽃(10×20cm) 2장을 스트라이프(10×20cm) 1장에 양쪽으로 0.7cm로 박음질한다. 박은 선에 토숀레이스를 접은 상태에서 달아주고 스트라이프 원단 중앙에 라벨을 달아준다.

⑥ 스트라이프(5×15cm 지퍼 위) 원단을 0.7cm 박음질하고 뒤집어서 다린다.

⑦ 지퍼달기
– ⑤번을 양쪽 6cm 표시해서 1cm 안쪽에 넣어서 외주름을 잡는다.
– 지퍼노루발로 교체하고 지퍼를 놓고 0.5cm 간격을 두고 두 줄로 위, 하단을 박음질한다.
– 슬라이더 끼우고 솔지(29×15cm) 1장에 15cm 표시선을 그린 후 전체를 0.2cm 둘레박음질한다.

⑥

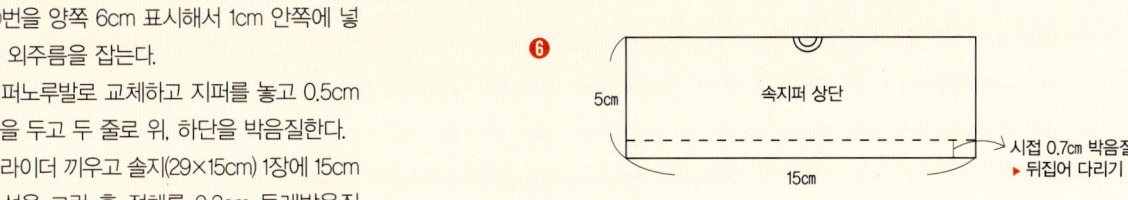

속지퍼 상단

5cm

15cm

시접 0.7cm 박음질
▶ 뒤집어 다리기

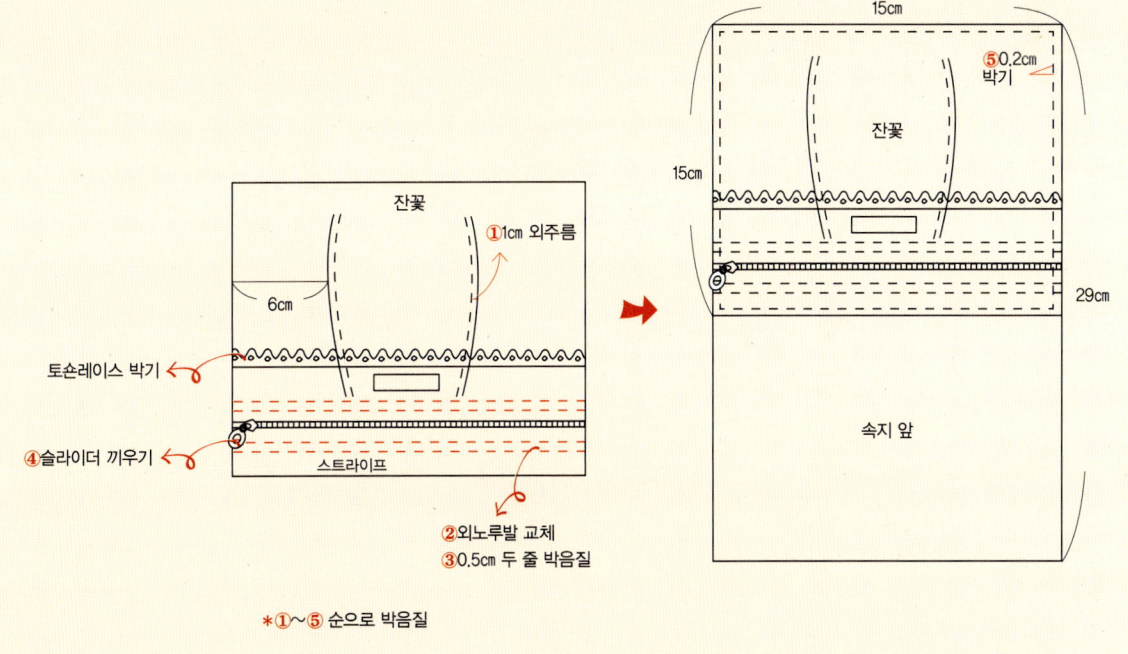

잔꽃

6cm

①1cm 외주름

토숀레이스 박기 ←

④슬라이더 끼우기 ←

스트라이프

②외노루발 교체
③0.5cm 두 줄 박음질

15cm

⑤0.2cm 박기

잔꽃

15cm

29cm

속지 앞

*①～⑤ 순으로 박음질

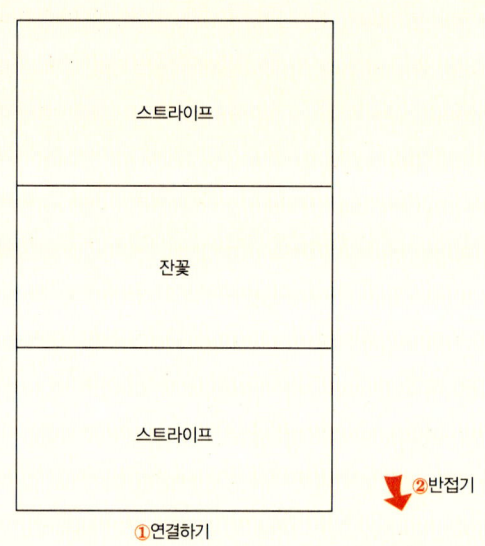

❽

스트라이프

잔꽃

스트라이프

①연결하기

②반접기

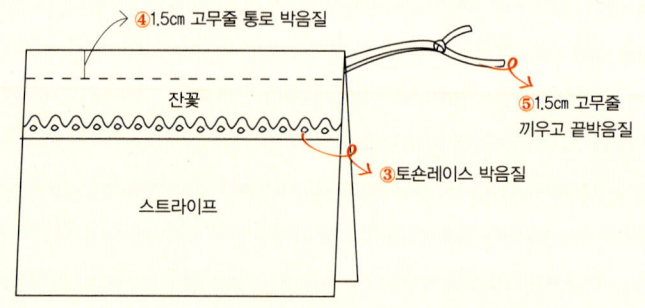

④1.5cm 고무줄 통로 박음질

잔꽃

⑤1.5cm 고무줄
끼우고 끝박음질

스트라이프

③토숀레이스 박음질

❽ 화장품주머니 만들기
– 잔꽃(10×20cm) 2장을 연결하고 접은 상태
에서 토숀레이스를 박음질하고 위에서 1.5cm
지접박음질한다.
– 고무줄을 15cm로 끼운 후 양끝을 박음질한다.
– 왼쪽에서 6cm 지점을 폭 1.5cm로 박음질한다.

❾ 화장품 주머니 하단에 4군데 0.5cm 외주
름 잡고 하단에서 8cm, 옆에서 5.5cm 표시해
서 고무줄을 박음질한다. 주머니에는 단추를
달고 무지리넨 속지 7)번의 반대쪽에 ㄷ자로
0.2cm 둘레 박음질한다.

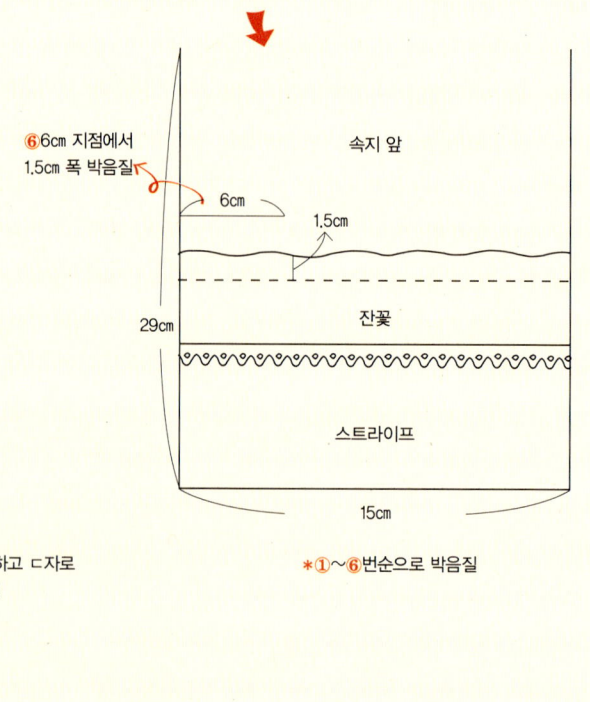

⑥6cm 지점에서
1.5cm 폭 박음질

속지 앞

6cm

1.5cm

29cm

잔꽃

스트라이프

15cm

*①~⑥번순으로 박음질

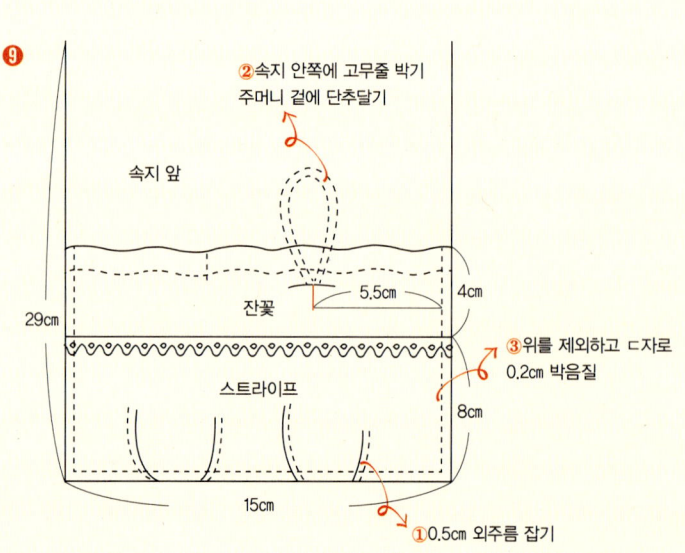

❾

②속지 안쪽에 고무줄 박기
주머니 겉에 단추달기

속지 앞

잔꽃

5.5cm

4cm

③위를 제외하고 ㄷ자로
0.2cm 박음질

29cm

스트라이프

8cm

15cm

①0.5cm 외주름 잡기

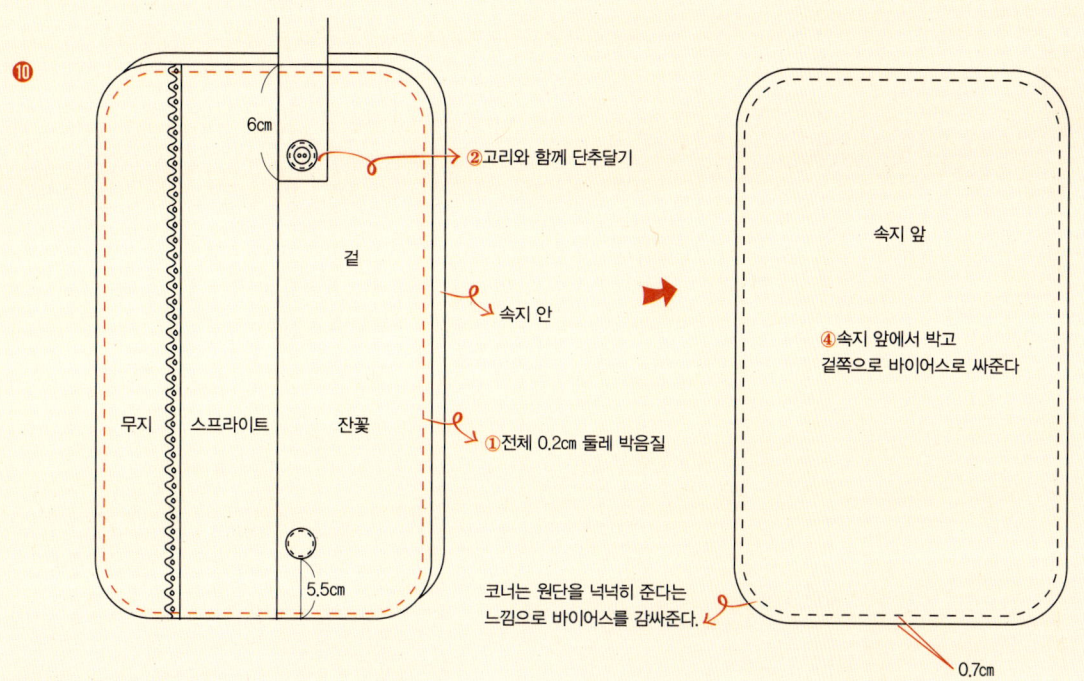

❿

6cm

겉

무지 스프라이트 잔꽃

5.5cm

②고리와 함께 단추달기

속지 안

①전체 0.2cm 둘레 박음질

속지 앞

④속지 앞에서 박고
겉쪽으로 바이어스로 싸준다

코너는 원단을 넉넉히 준다는
느낌으로 바이어스를 감싸준다.

0.7cm

❿ 겉지와 속지 안과 맞대고 전체 0.2cm 둘레
박음질한다.
– 화장품 주머니 쪽 겉 6cm 지점에 ②를 단추
와 손바느질하기
– 반대쪽에는 단추달기
– 전체 바이어스를 싸주고 지퍼 35cm로 박음
질하면 완성된다.

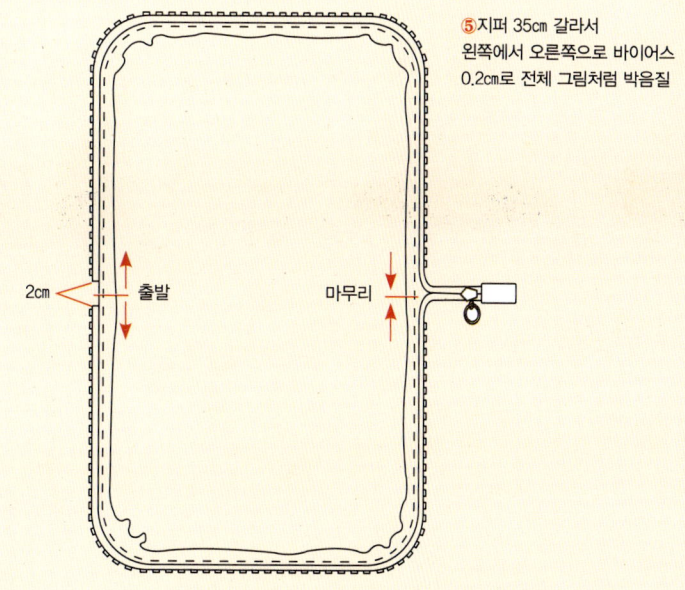

2cm 출발 마무리

⑤지퍼 35cm 갈라서
왼쪽에서 오른쪽으로 바이어스
0.2cm로 전체 그림처럼 박음질

172p

02. 패턴보관함

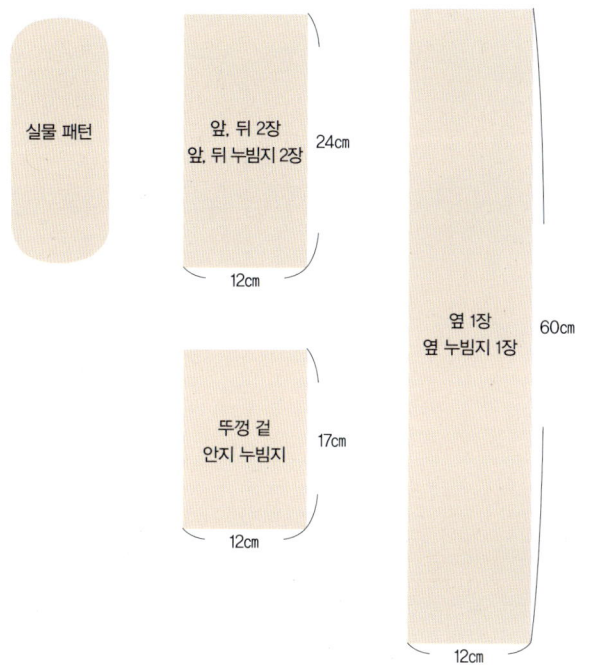

Package

- **완성크기**
  12×24cm×12폭

- **재료**
  무늬리넨 2종, 40수 원단(바이어스감), 누빔지(안감), 똑딱단추, 나무단추

- **재단사이즈**
  앞(앞, 뒤) (12×24cm) 2장
  앞, 뒤 누빔지(12×24cm) 2장
  옆(12×60cm) 1장
  옆 누빔지(12×60cm) 1장
  뚜껑 겉, 안지 누빔지(12×17cm) 2장
  바이어스(3.5×2m 정도)
  * 전체 시접 포함

실물 패턴

앞, 뒤 2장
앞, 뒤 누빔지 2장

24cm

12cm

옆 1장
옆 누빔지 1장

60cm

뚜껑 겉
안지 누빔지

17cm

12cm

12cm

2m

3.5cm

가정에서 사용할 수 있는 패드보관함을 만들어 보세요.

02. 패턴관함

만드는 방법

❶ 앞 원단(12×24cm)을 누빔지로 대고 가장자리를 상침한 후 앞판으로 쓸 것에 물건이 나올 수 있도록 구멍을 타원으로 뚫는다. 다음 바이어스를 감싸 박음질한다.

❷ 뒤판도 누빔지를 대고 가장자리 상침한 후 앞판 상단과 뒤판 상단에 바이어스를 감싸 박음질한다.

❸ 옆폭(12×60cm) 위·아래에 바이어스를 감싸 박음질하고 앞판과 뒤판 중심에 맞추어 박음질한다.

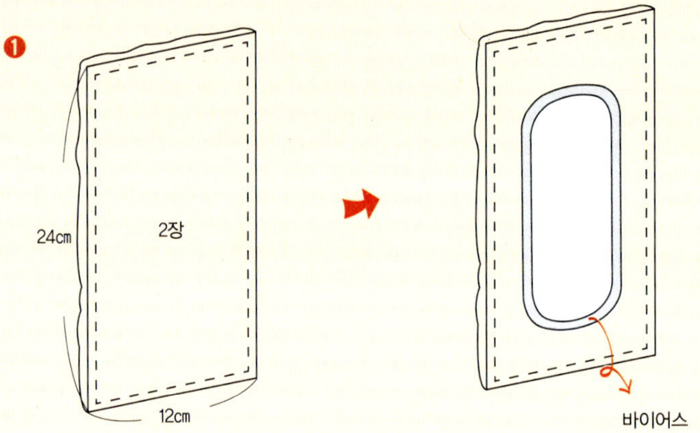

❶
24cm 2장 12cm

바이어스

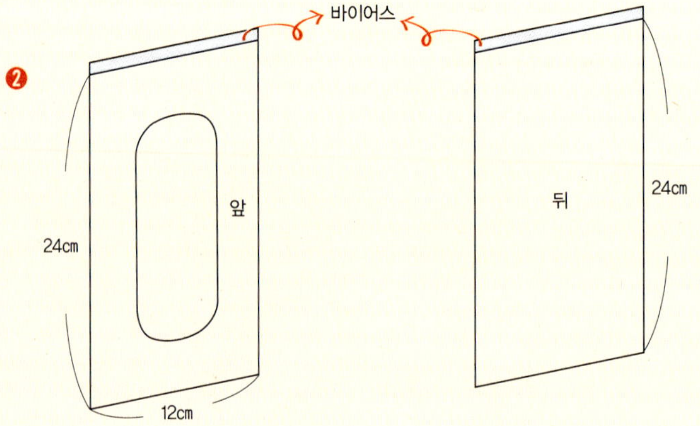

❷
바이어스
24cm 앞 12cm
뒤 24cm

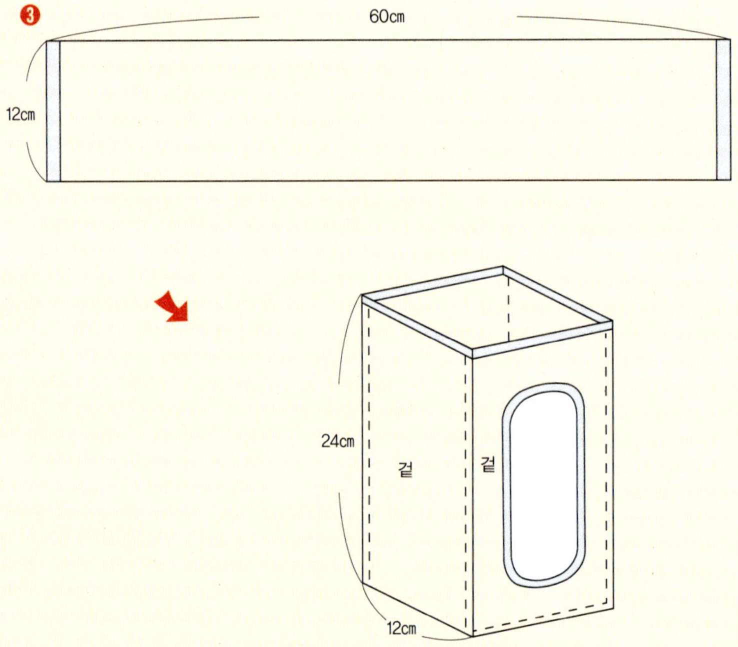

❸
60cm
12cm

24cm 겉 겉 12cm

❹ ③에 앞쪽과 뒤쪽에 모두 바이어스를 감싸 박음질한다.

❺ 뚜껑(12×17㎝)에 누빔지를 대고 상침한 후 아래쪽을 둥글게 굴려 전체 바이어스를 감싸 박음질한다(아래쪽에서 4㎝ 정도 떨어져 살짝 접은 후 박음질한다. ㄱ자가 되도록 한다).

❻ ④에 뚜껑을 박음질한 다음 똑딱단추를 달고 그 위에 나무단추로 장식해주면 완성된다.

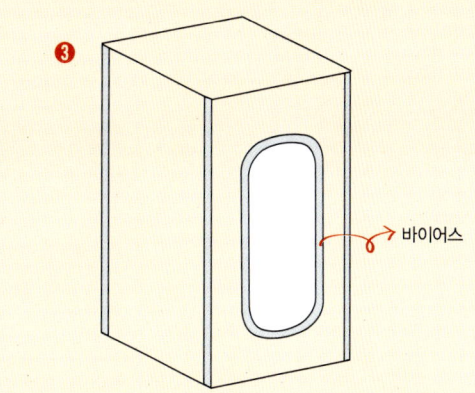

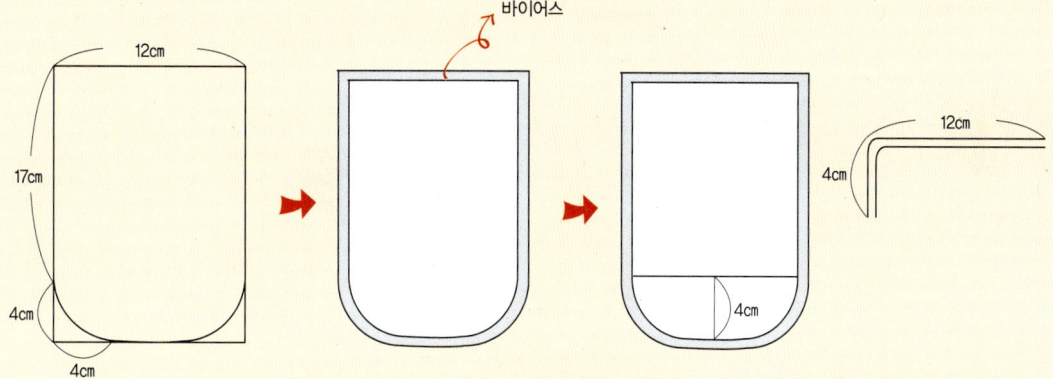

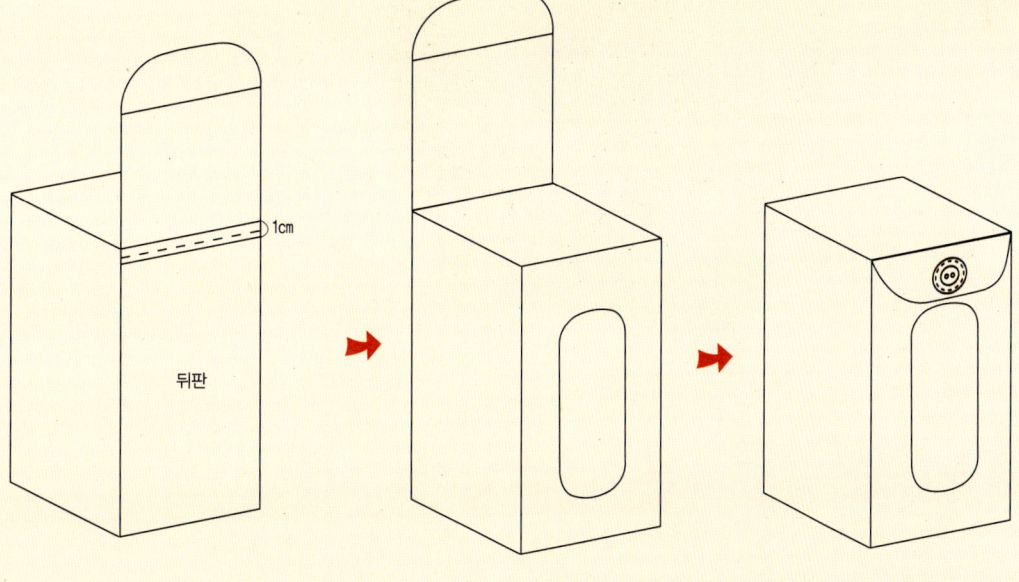

176p

03. 브로치

- **완성크기**
  10×10cm 정도

- **재료**
  무늬원단 14종, 뾰족이 토숀레이스, 글루건, 고정핀, 2온스 솜

- **재단사이즈**
  실물본 이용

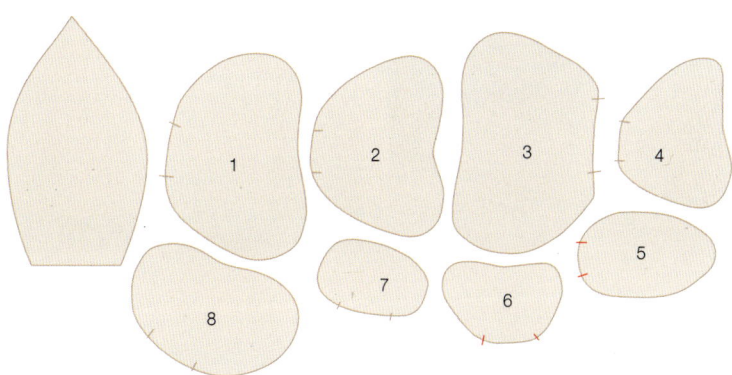

그녀의 블라우스 위에 아름다운 브로치가 반짝이고 있어요. 센스있는 패션 포인트 브로치.
밋밋해 보이는 정장차림이나 원피스 등에 분위기를 산뜻하게 바꿔주는 액세서리는 단연 브로치입니다.
남은 자투리 천이나 예쁜 원단을 이용하여 자신만의 멋진 브로치를 만들어보세요.

01 지름 4㎝ 원단(시접 별도) 2장을 2온스 솜 위에 올려놓고 박음질하여 중앙에 가위집을 내어 뒤집는다.

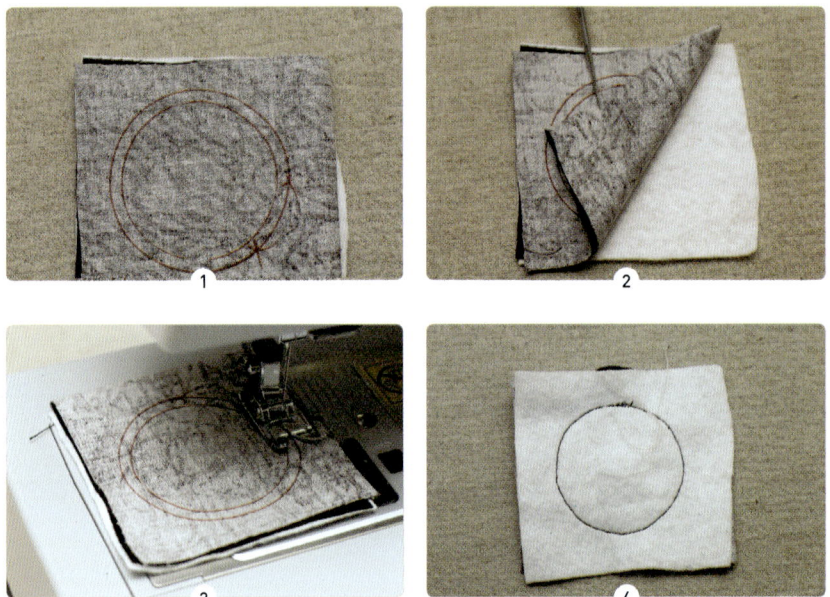

02 잎사귀 모양 2장과 꽃잎 모양 본 8장을 번호 순서대로 솜을 대고 박음질한 후 뒤집어 놓는다.

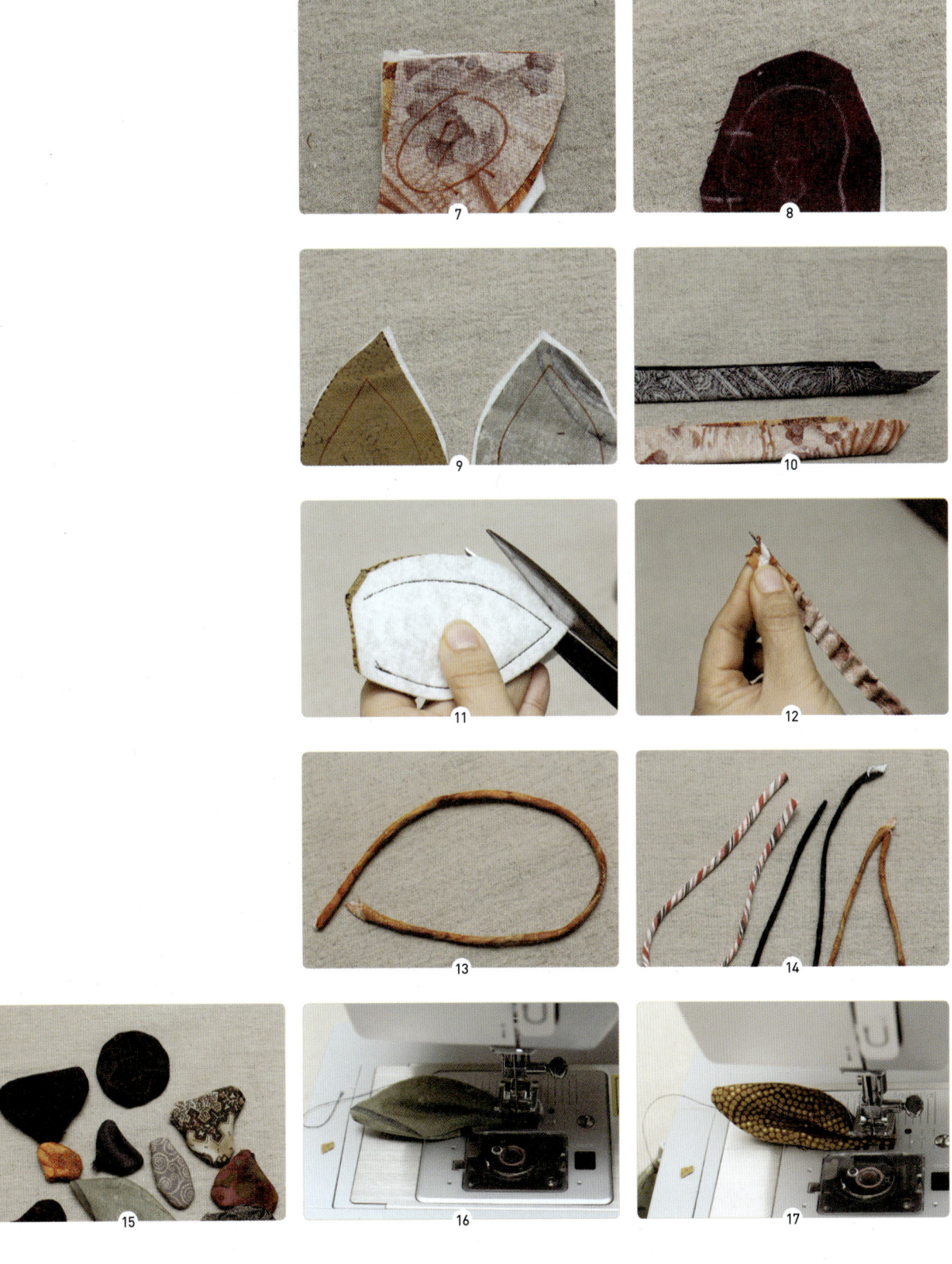

①에 나뭇잎 2장을 양쪽에 글루건으로 살짝 고정시켜 놓는다.

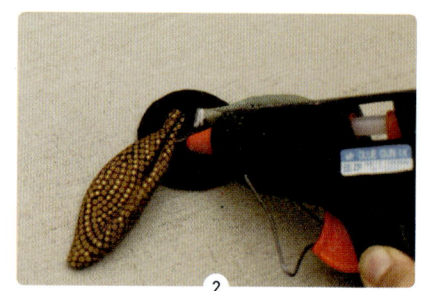

04 1번부터 6번까지 순서대로 글루건으로 돌려가며 고정시켜 놓는다.

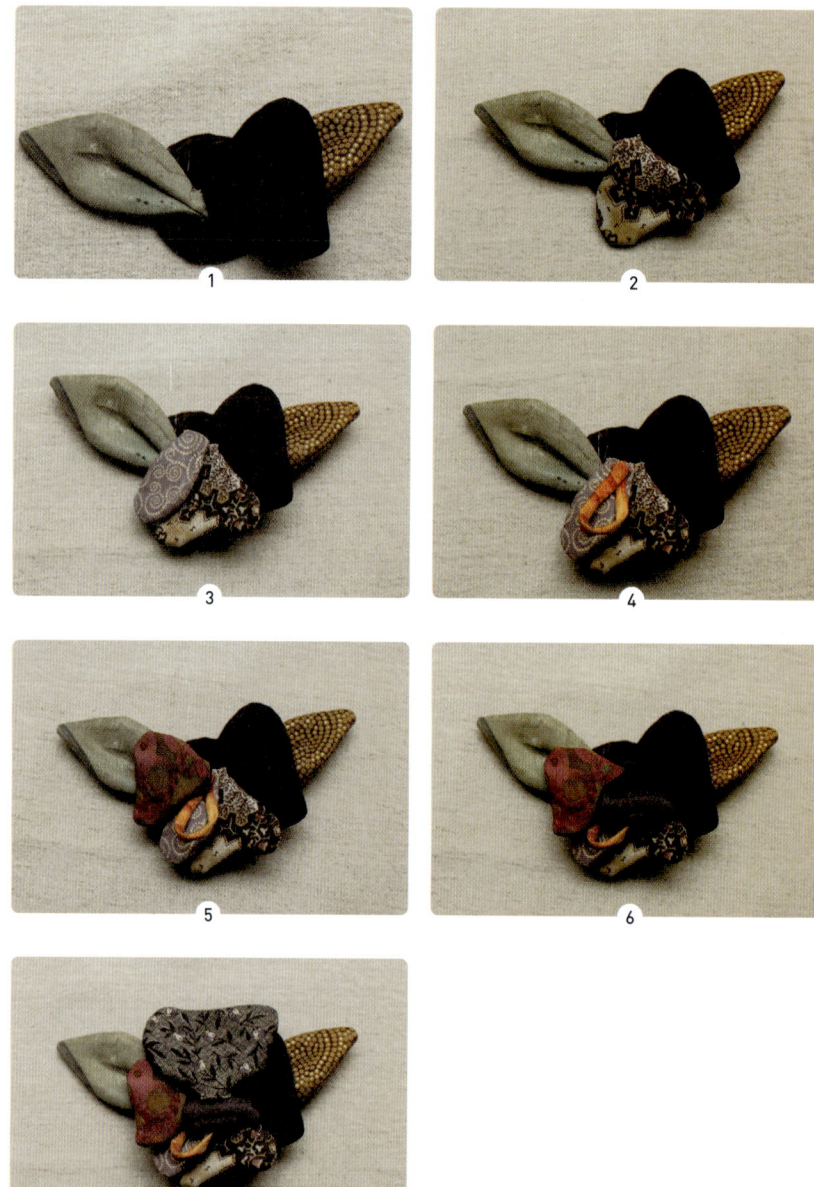

05 6번째를 올리기 전에 토숀레이스를 둥글게 말아서 고정시켜 놓은 다음 7번 잎 모양을 올려 놓고 고정시켜 놓는다.

06 3가지 나머지 원단으로 바이어스 방향으로 재단하여 노루발 간격으로 박음질한 다음 뒤집개를 이용하여 뒤집어 놓는다.

07 줄기를 15㎝ 정도 잘라서 반으로 접은 후 둥근 모양으로 만들어 꽃잎 모양 사이에 끼워준다.

08 공그르기 방법을 이용하여 브로치 꽃모양을 완전하게 고정시켜준 다음, 고정핀을 뒤쪽에 글루건을 이용하여 붙여주면 완성된다.

182p

04. 여성용 중지갑

commodore

Package

- **완성크기**
  16×11cm

- **재료**
  코카스리넨원단, 아지미노갈색원단, 4온스 접착솜, 1온스 접착솜,
  똑딱단추, 10cm 퀼트지퍼, 라벨, 트윌갈색원단

- **재단사이즈**
  몸판 코카스리넨원단(22×16cm)2장
  안감속지 아지미노갈색원단 속지(22×16.5cm)1장,
  지폐꽂이(22×15cm)1장,
  동전지갑(8.5×14.5cm) 1장
  지퍼상단(3×14.5cm) 1장, 지퍼하단(9×14.5cm) 1장
  카드꽂이(11×8.5cm) 6장,
  바이어스(90×3.5cm) – 사선으로 재단

  > 여밈 고리(9×5cm) 2장
  > 코카스리넨원단 1장
  > 아지미노갈색원단 1장

  트윌갈색원단 지퍼용 바이어스(5×3.5cm)1장 – 사선으로 재단

1. 코카스리넨원단

몸판 2장 16cm

22cm

2. 아지미노갈색원단

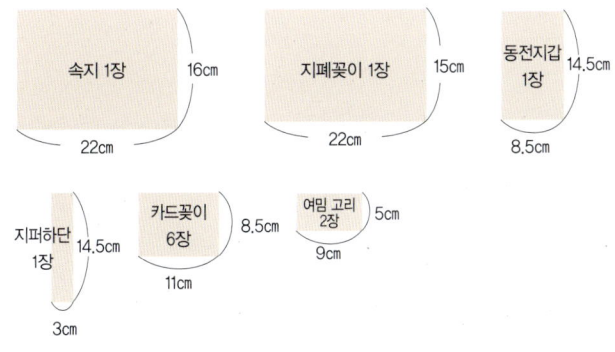

속지 1장 16cm — 22cm

지폐꽂이 1장 15cm — 22cm

동전지갑 1장 14.5cm — 8.5cm

지퍼하단 1장 14.5cm — 3cm

카드꽂이 6장 8.5cm — 11cm

여밈 고리 2장 5cm — 9cm

카드수납공간이 많이 필요한 여성에게 선물용으로 인기 있는 중지갑. 6장의 카드꽂이와 지폐를 넣을 수 있도록 공간을 만들었어요. 코카스리넨원단과 똑딱단추를 이용해 퀼트 분위기가 나는 세련미 넘치는 지갑을 만들어보세요.

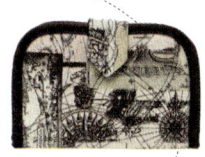

01 누빔하기

1 재단한 몸판 코카스리넨원단 1장에는 4온스 접착솜을 다린다.

2 누비 모양을 초크로 그려서 모양 따라 두 줄로 누벼준다.

1

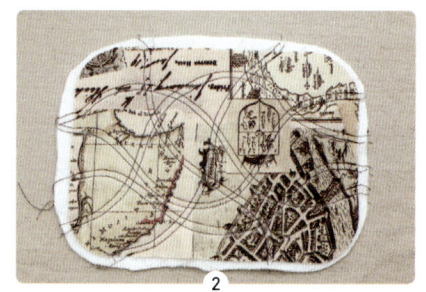

2

02 누벼진 몸판원단에 코카스리넨원단 1장을 대고 전체 0.2cm로 박음질한다.

4 ~ 5 여밈 고리용 코카스리넨원단과 아지미 노갈색원단의 겉과 겉을 마주대고 위를 제외하고 0.7cm로 박음질한다.

6 ~ 7 가위집을 주고 위로 뒤집어서 다린 후 모양을 그려서 누벼준다.

1

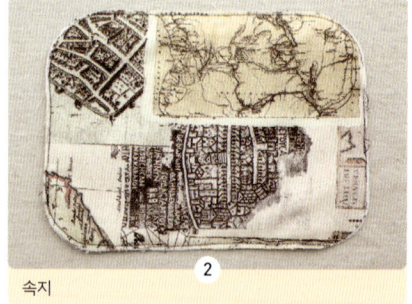

속지 2

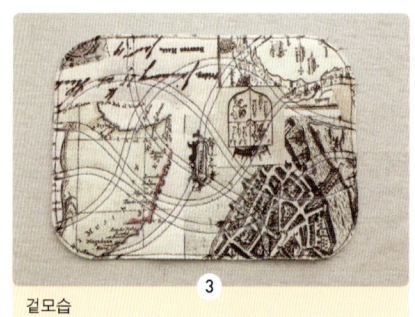

겉모습 3

4

5

6

7

03 카드꽂이(11×8.5cm) 6장을 위 2cm를 다려서 0.3cm로 박음질하고 다시 0.5cm 위로 박음질한다.

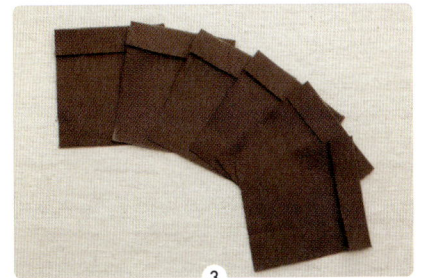

04 동전지갑 지퍼달기

1 오버로크 치기
동전지갑용 위, 아래 원단 오른쪽과 하단을 1cm 다려준다.
2 지퍼 오른쪽에 트월갈색원단으로 바이어스 싸기

3 ~ **4** 1장(8.5×14.5cm)에 지퍼 겉을 대고 놓고 지퍼 가운데를 박고 시접을 안쪽으로 젖혀서 겉을 0.3cm 눌러 박음질한다.(지퍼노루발 교체)

5 ~ **6** 그 위에 (3×14.5cm) 1장을 겉끼리 마주대고 지퍼 가운데 박고 시접을 위로가게 놓고 겉에서 0.3cm 눌러 박는다.

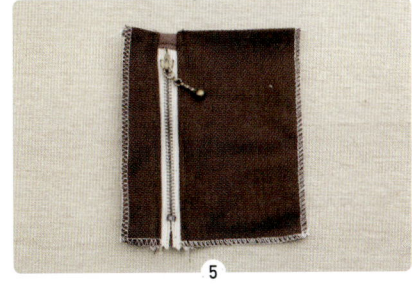

05 속지 아지미노갈색원단(22×16.5cm) 1
장과 지폐꽂이(22×15cm) 1장을 3cm, 1cm
로 표시해서 접어 다려서 끝에서 0.2cm 박
음질하고 다시 0.5cm 떨어져서 박음질한다.

속지, 지폐꽂이 상단 접어박기

1

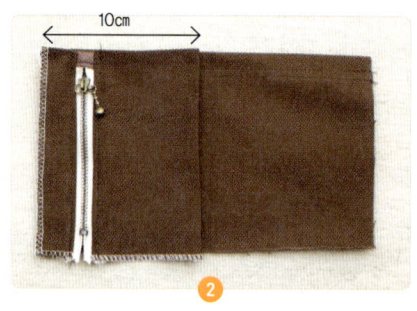

10cm

2

2 ~ **3** 5번 속지 원단(22×16.5cm) 1장에 왼
쪽 10cm를 표시해서 위 4번(동전지갑)을 놓고
핀으로 고정한다. 전체 0.2cm로 박음질하는데
여기서 오른쪽, 하단 다린 선을 안쪽으로 넣고 박
음질한다.

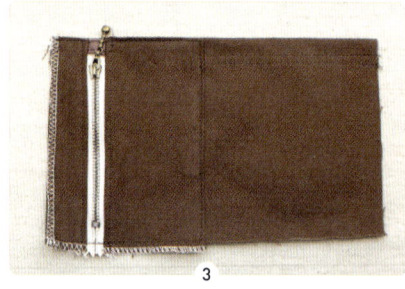

3

3 번 사진 뒷모습

4 ~ **5** 완성한 5번 옆에 카드꽂이 6장을 오른
쪽 1.5cm, 6cm 표시하고, 하단 8cm 표시한다.

4

5

6 ~ **7** 옆면 아래에 들어갈 1장은 라벨을 달
고 하나씩 1cm 떨어져서 초크선 따라 6장을 차
례대로 박는다(이때 라벨은 맨 하단에 놓아주고
남는 여분의 원단은 몸판에 맞추어서 잘라낸다).

맨하단

6

7

8 ~ 9 카드꽂이 오른쪽에 바이어스를 끼워넣고 0.3cm로 박음질하고, 위를 카드꽂이 끝에 맞추어서 안으로 접어놓고 바이어스를 감싸주면서 박음질한다.

8

9

08 완성한 지폐꽂이원단을 겉감 몸판 코카스리넨원단에 대고 박음질한다.

2 3 삐져나온 원단은 잘라내고 지퍼 달려 있는 속지 쪽 겉에 중앙을 표시한다.
4 여밈 고리도 중앙을 표시해서 겉끼리 마주대고 0.5cm로 박음질한다.

지폐꽂이

1

지폐꽂이 박은 모습

2

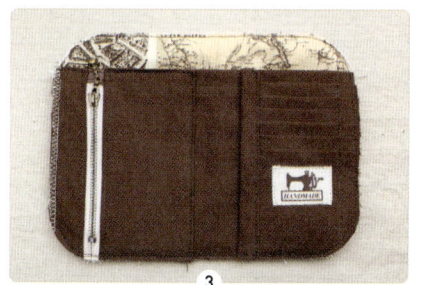

3

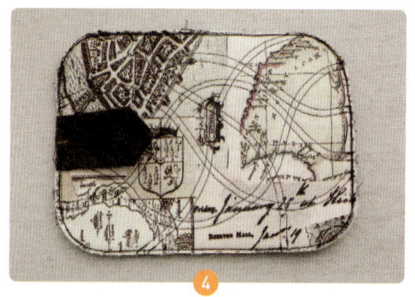

4

09 전체를 바이어스로 감싸주고 똑딱단추를 손바느질로(버튼홀스티치) 꿰매주면 예쁜 중지갑이 완성된다.

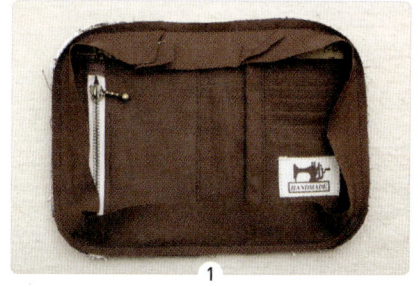

1

2

3

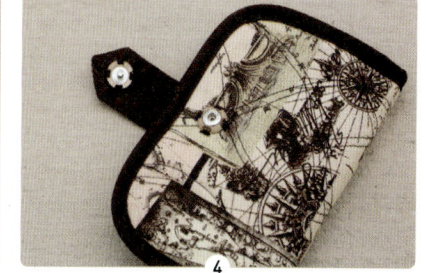

4

NO.6 다양한 가방 만들기

가방은 생활에서 빼놓을 수 없는 필수적인 아이템입니다.

활동에 맞게, 메는 사람 취향에 맞게 다양한 가방이 있습니다.
최근에는 유명 브랜드나 명품 가방들이 호화를 누리고 있지요.
하지만 자신이 만든 하나밖에 없는 가방은 명품과는 또 다른 느낌을 주겠지요.
간단한 소품만 담아 가볍게 다닐 수 있는 손가방, 많은 짐을 담을 수 있는 숄더 가방 등 다양한 종류의 가방을 만들어 보세요.

190p

01. 지도 명품 가방

- **완성크기**
  47×30cm

- **재료**
  지도무늬원단(겉지) 안감(30수 면), 바이어스감(선염)
  가죽 끈, 가죽 똑딱단추, 조리개 끈, 지퍼, 슬라이드, 6온스 솜,
  파이핑(60합)

- **재단사이즈**
  겉지(49×30cm) 2장
  안감(49×30cm) 2장
  주머니감(22×45cm) 1장
  바이어스감(6×80cm정도) 1장
  겉감. 안감 밑바닥(38×18cm) 2장
  파이핑감(4×120cm) 1장

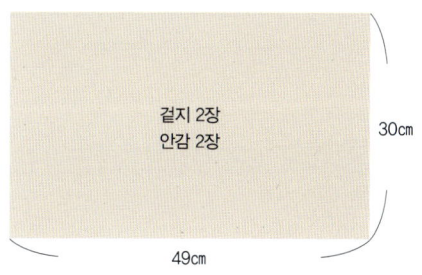

겉지 2장
안감 2장
30cm
49cm

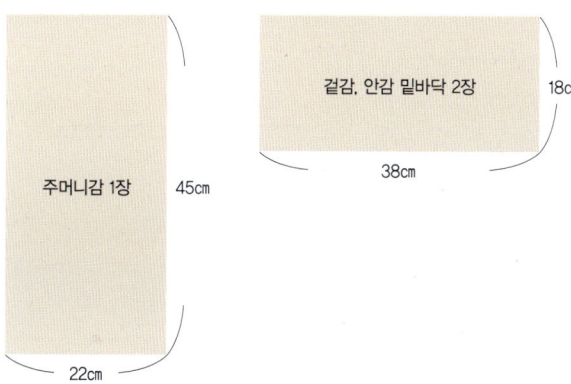

주머니감 1장 45cm
22cm

겉감. 안감 밑바닥 2장
18cm
38cm

지도무늬원단으로 만든 명품 가방은 유명 명품 가방들에서 아이디어를 얻어 만들어 본 가방
입니다. 한쪽 어깨로 멘다고 해서 숄더백이라고 부르지요. 고급스러운 지도무늬원단과 가죽
조리개 끈이 어우러진 명품 가방, 더욱 멋스럽게 메고 다니세요.

188p

이. 지도 명품 가방

만드는 방법

❶ 겉지(지도무늬원단 49×30㎝ 2장)에 6온스 솜을 대고 원하는 모양대로 누빈 다음 솜은 깨끗이 잘라낸다.

❷ 밑바닥(38×18㎝)도 6온스 솜을 대고 누벼준 다음 솜은 깨끗이 잘라준다.

❸ 파이핑 줄을 원단을 감싸 박음질하여 만들어 놓는다.

❹ 밑바닥 네 귀퉁이를 4×4㎝로 그려 둥글게 굴려준 다음 재단한다. 다음 파이핑을 돌려 박음질한다.

❺ ④에 겉지 2장을 중앙부터 돌려가며 박고 양옆을 박음질한다.

❻ 안지를 겉지와 똑같이 재단하여 겉지와 같은 모양이 되도록 박음질한다.

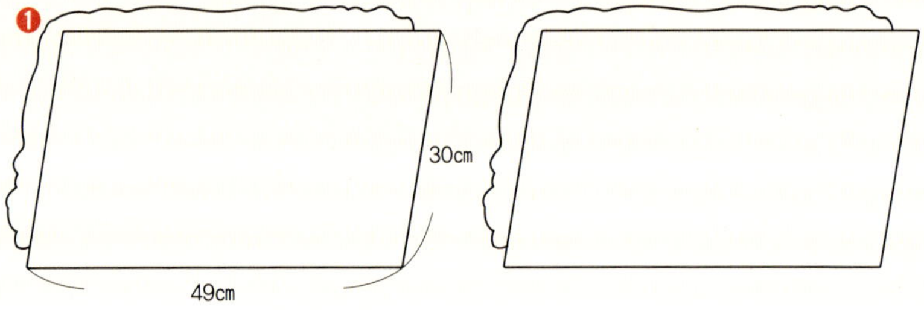

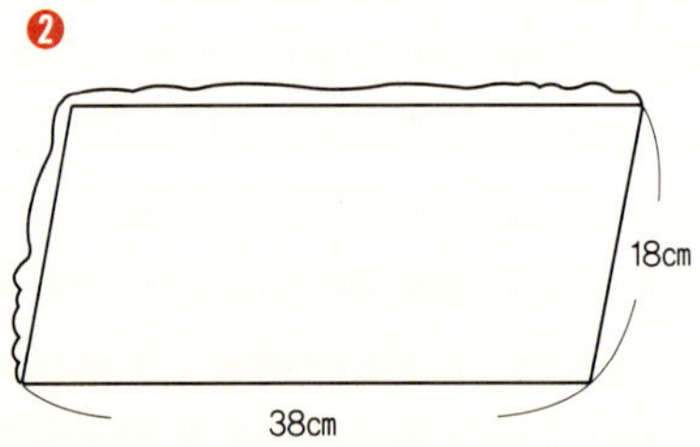

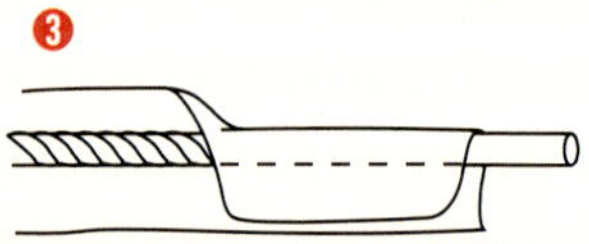

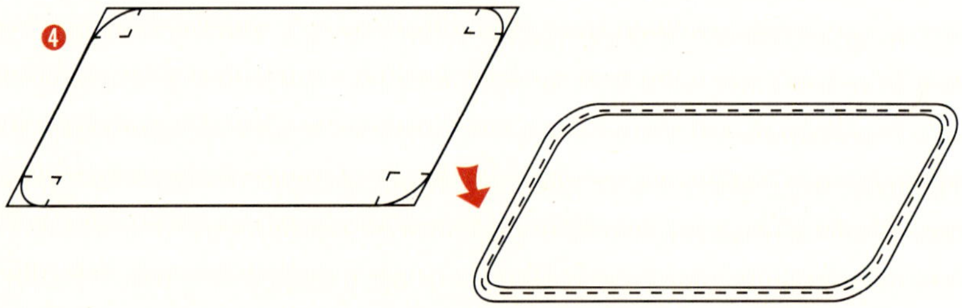

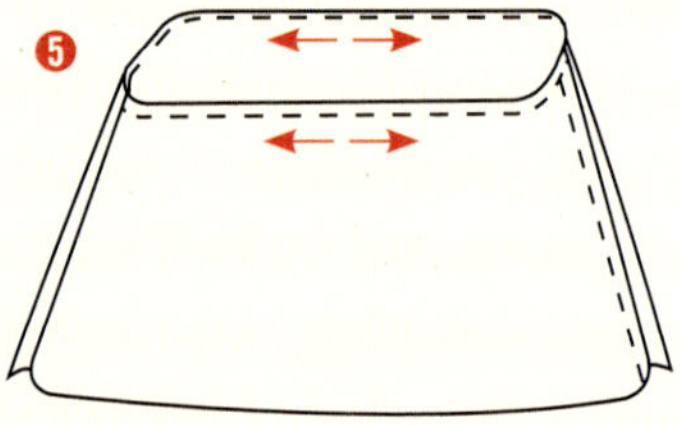

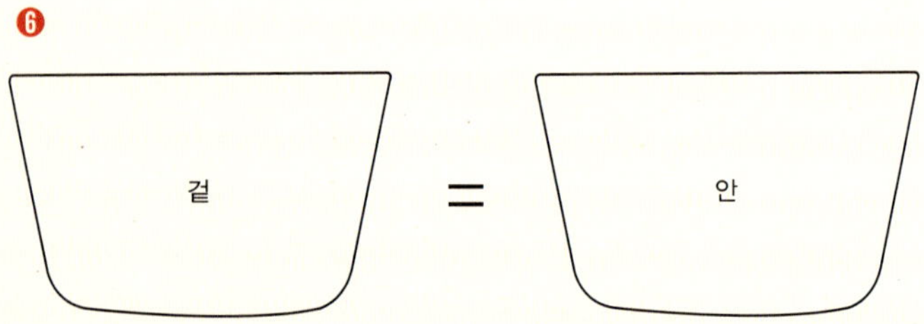

❶ 49cm 30cm

❷ 38cm 18cm

❸

❹

❺

❻ 겉 = 안

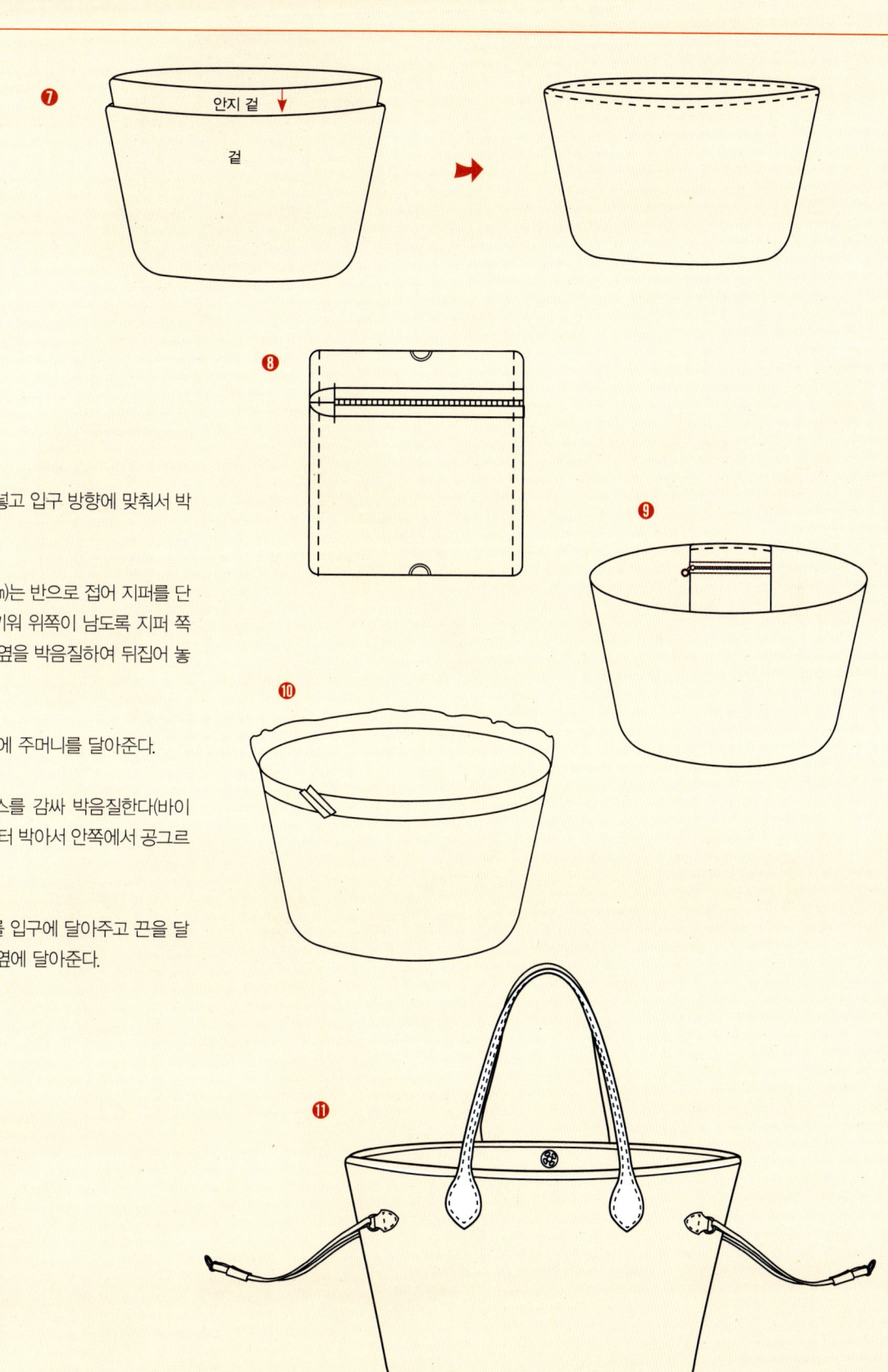

❼ 겉지에 안지를 넣고 입구 방향에 맞춰서 박음질한다.

❽ 주머니(22×45cm)는 반으로 접어 지퍼를 단 다음 슬라이드를 끼워 위쪽이 남도록 지퍼 쪽을 내린다. 다음 양옆을 박음질하여 뒤집어 놓는다.

❾ ⑦의 입구 한쪽에 주머니를 달아준다.

❿ 입구는 바이어스를 감싸 박음질한다(바이어스는 겉쪽에서부터 박아서 안쪽에서 공그르기 한다).

⓫ 가죽 똑딱단추를 입구에 달아주고 끈을 달고 조리개 끈을 양옆에 달아준다.

안지 겉

겉

194p

02. 리넨 숄더 가방

- **완성크기**
  42×26×14cm폭

- **재료**
  빨강도트리넨원단, 무늬원단, 안감(30수면) 지퍼, 슬라이드, 6온스 솜, 자석
  똑딱단추, 모양단추, 가방끈(웨빙끈)

- **재단사이즈**
  겉지 : 11×62cm 2장(무늬원단, 빨강도트리넨)
  빨강도트리넨원단(10×62cm) 1장
  무늬원단(22×62cm) 1장
  안감(56×62cm) 1장(30수면)
  주머니가로(18×40cm) 1장(30수면)
  바이어스감(6×100cm) 기장 1장
  실물본 : 여밈 덮개(빨강도트리넨)
  * 전체 시접 별도

빨간색도트무늬리넨원단으로 숄더 가방을 만들어 보세요. 톡 튀는 색감으로 어딜 가도 눈에 쏙 들어온답니다. 가방 안에 지퍼 주머니를 달아 더욱 실용적으로 디자인하였어요.

01 재단한 A, B, C, D를 모두 순서대로 박아준다.

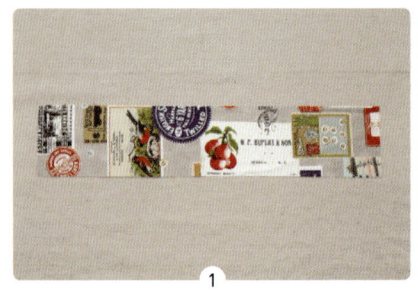

1

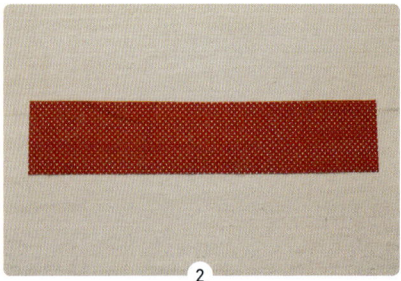

2

3

02 6온스 솜을 대고 모양대로 누벼준다
(V모양은 2cm간격, 일자 모양은 1.5cm 간격).

1

2

3

4

03 ②를 반으로 접어 옆선을 박음질한 다음 밑각을 14cm로 양쪽을 박음질한다.
입구 쪽을 16cm 정도 중앙에서 떨어져 외줄주름(4cm 정도)을 양쪽으로 고정한 후 박음질한다.

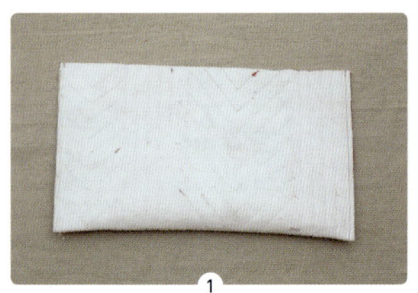

1

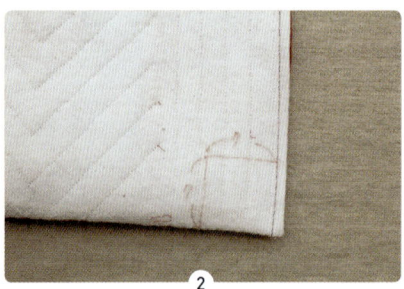

2

3

04 안지(56×62㎝)를 재단하여 양옆을 박음질하고 밑각을 겉과 같은 사이즈로 박음질한다. 입구 쪽에 겉과 같이 크기가 같도록 박음질한다.

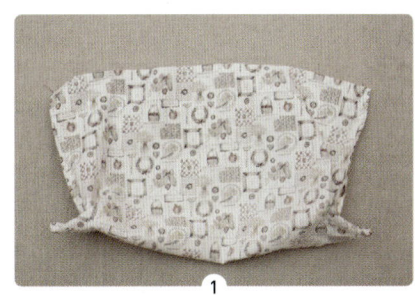

05 안지를 겉지 속에 집어넣고 입구 쪽을 고정하여 박음질한다.

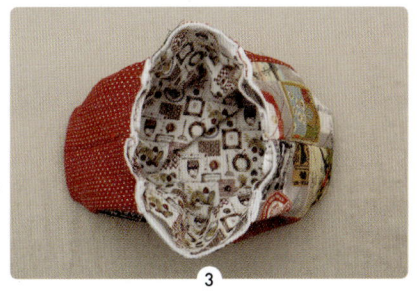

06 주머니(18×40cm)를 반으로 접어 지퍼를 달고 양옆을 박음질한 후 뒤집어 ⑤의 뒤쪽으로 가게 달아준다.

1

2

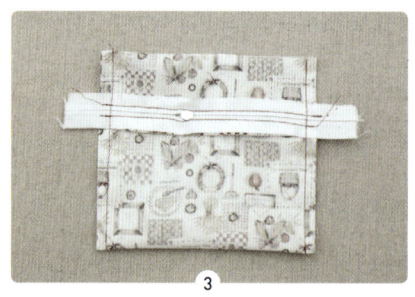
3

07 여밈 덮개 실물본을 이용하여 덮개를 만들어 주머니 쪽 바깥으로 달아준다.

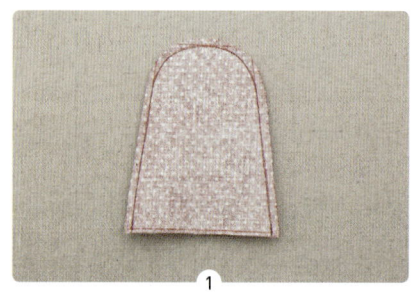
1

2

3

4

08 폭 6cm을 반으로 접어 3cm 폭으로 만든 다음, 바이어스를 감싸 박음질한다

TIP

바이어스는 바깥쪽에서 박아서 안쪽에서 공그르기하는 것이 깔끔하다

1

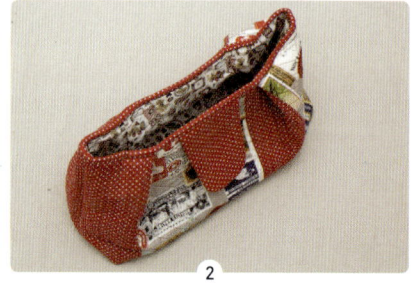
2

09 여밈 덮개 아래 부분에 자석 똑딱단
추를 달아서 고정시켜주고 겉쪽에는 모양단
추로 장식을 해준다.

10 가방끈(웨빙끈)을 손바느질로 달아
준다.

200p

03. 누빔 손가방

- **완성크기**
  23×14cm

- **재료**
  코카스리넨원단, 아지미노갈색원단, 안감 보세원단, 3호 지퍼(13cm), 5호
  지퍼(25cm), 슬라이더 2개, 4온스 접착솜, 가죽끈

- **재단사이즈**
  도안대로 몸판 2장(안감 보세원단 2장)
  바닥 1장 재단(도안대로 재단)(안감 보세원단 1장)
  안주머니(13×25cm) 1장(보세원단)
  겉감 바이어스 아지미노갈색원단(50×3.5cm)
  안감 바이어스 보세원단 (160×3.5cm)
  * 도안대로 재단

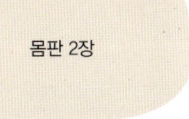

 가벼운 옷차림으로 차를 마시러 가거나 가까운 곳으로 마실 나가는 경우에 들고 다닐 수 있는
작은 손가방. 손수 그린 느낌으로 한결 부드러운 느낌이 납니다. 지갑과 간단한 화장품 등을 담
아서 들고 다닐 수 있는 가벼운 가방입니다.

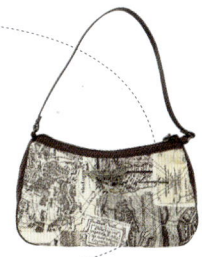

01 몸판 2장과 바닥을 접착솜에 대고 다린 후 모양을 그려서 누빈다.

02 각각 바이어스를 연결한다.
코카스리넨원단(3.5×15cm),
아지미노갈색원단(50×3.5cm),
안감 바이어스(160×3.5cm)
바이어스 만들기 20p 참조.

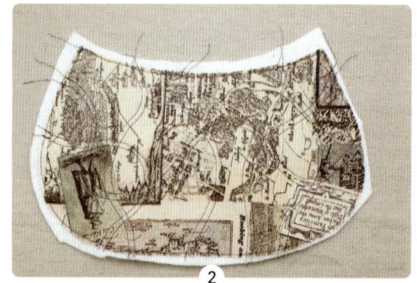

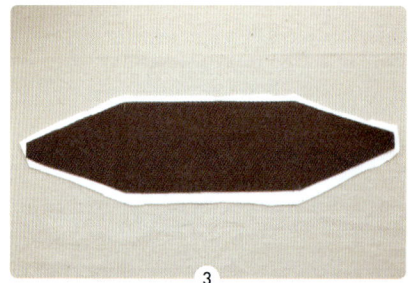

03 안감 주머니 만들기

① 안감 주머니 하단 코카스리넨원단으로 바이어스를 감싸준다.
③ 지퍼 밑에 끼워 넣고, 처음 바이어스 싼 0.5cm 간격으로 박음질한다. 그 위에 지퍼 상단 겉을 대고 지퍼 가운데에 박음질하여 젖힌다.
④ 주머니를 반으로 접어 슬라이더 끼우고 옆, 상단 0.2cm로 박음질한다. 옆 바이어스를 싸준다.

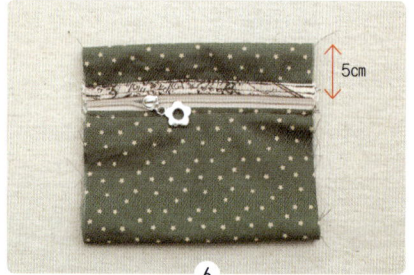

5cm

⑦ 안감 몸판 중앙과 주머니 중앙을 맞추어서 몸
판 모양대로 박음질하고 남은 부분 잘라낸다.
⑨ 주머니 상단을 그림대로 오른쪽 바이어스를
박은 선부터 지퍼 위와 왼쪽 바이어스의 박은 선
을 따라 박음질한다.

주머니 남는
천 몸판에 맞추
어서 잘라내기

7

8

9

04 몸판 1장과 안감을 대고 박음질한다
(0.2cm).

④ 주머니를 단 몸판 1장과 바닥 안감을 전체
0.2cm로 박음질한다.

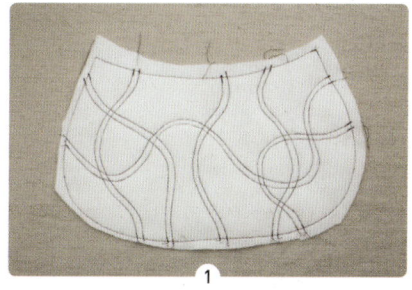

1

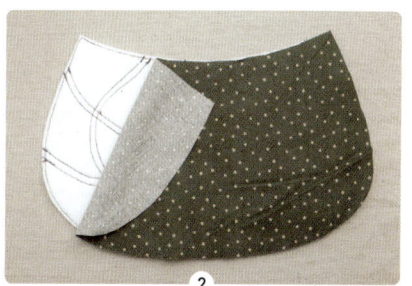

2

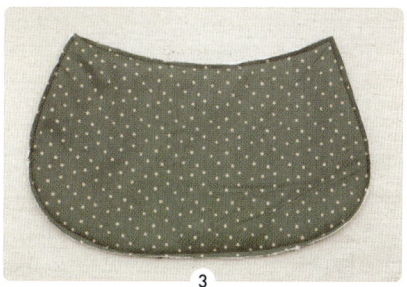

3

4

05 위 라운드 부분에 바이어스(갈색)를 싸준다.

06 가죽 끈 고리 만들기

①~② 갈색 바이어스(5cm) 2장을 반으로 접어 0.5cm로 박음질하고, 뒤집어서 다린 후 가죽 끈 고리에 넣고 박음질한다.

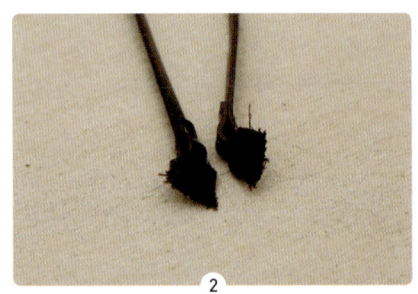

07 지퍼 달기

①~② 바이어스를 싼 ⑤의 양옆에 지퍼를 넣고 0.2cm로 박음질한다.
③~④ 가죽 끈 고리 지퍼의 양쪽을 박음질한다.

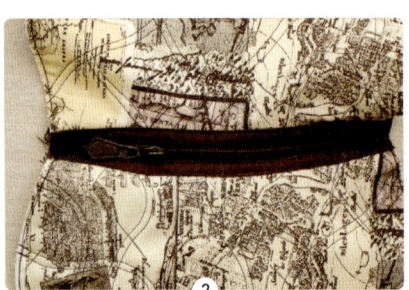

08 몸판 중앙과 바닥 중앙을 표시해서 맞대어 둘레 박음질하고, 전체 바이어스를 싸주면 지퍼 안주머니가 들어간 가방이 완성된다.

206p

04. 크로스 가방(청바지 리폼)

- **완성크기**
  22×25cm

- **재료**
  헌 청바지, 가죽 끈, 지퍼(25cm), 라벨, 인도체크 3종 색상

- **재단사이즈**
  헌 청바지 몸판 (24.5×25.5cm) 2장, 주머니 1장
  인도체크 – 색상은 자유롭게 선택하세요.
  안감(24.5×25.5cm) 2장
  앞, 뒤 덧댐 원단(9.5×25.5cm) 2장
  바이어스(60×3.5cm) 끈고리 포함
  지퍼 뒤 원단(7×4.5cm) 1장
  끈고리(5×3.5cm)

  ＊ 오래된 청바지를 활용하다 보면 헌청바지 디자인에 따라 크로스백
  주머니 모양이 달라지고 디자인도 다양해질 수 있어요.

헌 청바지 몸판 2장
주머니 1장   25.5cm

24.5cm

앞, 뒤 덧댐
원단   25.5cm

9.5cm

안감 2장   25.5cm

24.5cm

입지 않고 오래된 헌 청바지, 그냥 버리기에는 아깝다는 생각에 청바지 리폼을 해보았어요.
가죽 끈과 지퍼만 있으면 새로운 크로스 가방으로 탄생시킬 수 있어요.
더운 여름에 가벼운 지갑 보관용으로 들고 다니기에도 그만이죠.
어린 자녀들에게 선물해주어도 좋은 아이템이 아닐까 싶어요.

01 앞, 뒤판에 인도체크원단(9.5×25.5cm 2장), 한쪽을 실 뽑아서 왼쪽에 0.2cm로 박음질한다.

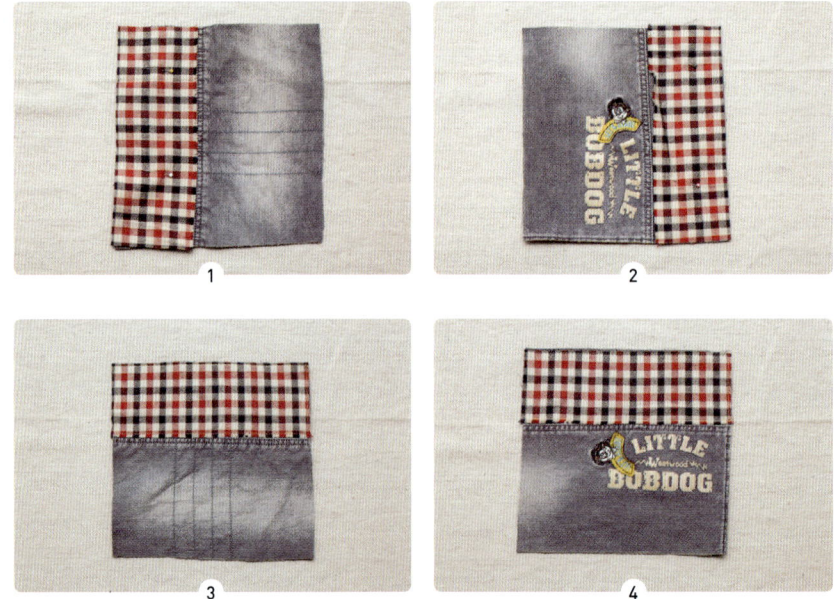

02 청바지에서 뜯어낸 주머니를 앞판에 두 줄로 박음질한다(청바지 디자인에 따라 가방이 달라져요).

03 바이어스를 연결하고 끈고리(5×3.5cm) 2장을 반으로 접어 0.5cm로 박음질하고 뒤집어서 다린다.

04 주머니 단 앞쪽 위에서 2.5cm 표시선에 만든 끈고리 ③번을 반으로 접어 안쪽으로 넣고 0.5cm로 박음질한 후 라벨을 달아준다.

2.5cm

05 지퍼 뒤 원단(7×4.5cm)을 반 다려서 위 1cm를 접고 옆선을 박음질한 후 뒤집어서 지퍼 25cm 뒤쪽에 넣고 0.2cm로 박음질한다.

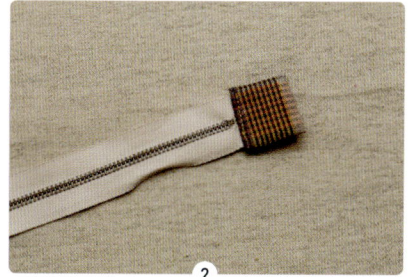

06 몸판(24.5×25.5cm) 2장과 안감 2장의 하단 양옆 꼭지점을 사선으로 접어서 그 부분을 뒤쪽에서 3cm 박음질한다.

07 ⑥번을 겉끼리 마주대고 위를 제외하고 ㄷ자로 박음질한다. 안감도 같은 방법으로 박음질한다.

08 겉감과 안감 하단 사선을 맞대고 박음질한다.

09 ⑧번에 안감을 겉감과 맞추고 위를
0.5cm로 박음질하고 바이어스를 싸준 후 지
퍼와 가죽 끈을 달아주면 완성된다.

1

2

3

4

5

212p

05. 하트프레임 가방(청바지 리폼)

Package

- **완성크기**
  20×18cm

- **재료**
  헌 청바지, 가죽 끈, 프레임, 안감 보세원단, 인도체크원단 2종(빨강), 방울솜 조금, 2온스 접착솜

- **재단사이즈**
  ① 헌 청바지, 안감 도안대로 몸판 2장, 옆판 2장
  ② 인도체크 – 큰 무늬 빨강(8×30cm) 2장, 하트 도안대로 2장
  　　　　　　 – 잔체크 빨강 하트 도안대로 2장
  ③ 2온스 접착솜 – 도안보다 1cm 크게 재단, 몸판 2장, 옆판 2장

몸판 2장

옆판 2장

청바지로 크로스 가방을 만들어 보았는데요. 이번에는 청바지를 이용한 프레임 가방입니다. 프레임은 큰 가방보다는 작은 손가방에 들어가기 때문에 프레임 호수에 맞게 디자인 하는 것이 좋습니다. 하트 모양으로 포인트를 주고 청바지 면을 뒤집음으로 좀 더 자연스러운 프레임 가방이 완성되었습니다.

01 몸판에 하트선, 누비선을 그리고 옆
판에 누비선을 그려서 선을 따라 누벼준다.

02 하트를 그려준 선에 인도체크원단 2
장을 놓고 전체 0.3cm 박음질한다. 마지막
5cm를 남기고 솜을 넣어 박음질한다(앞, 뒤
판 하트도 같은 방법으로).

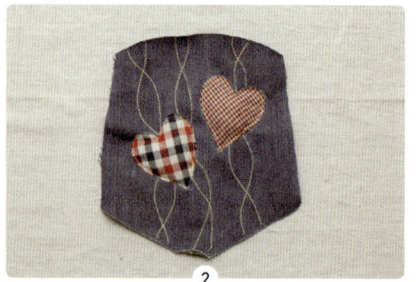

03 옆판에 인도체크원단을 왼쪽 올을 뽑
아서 오른쪽에 놓고 0.2cm로 박음질한다.

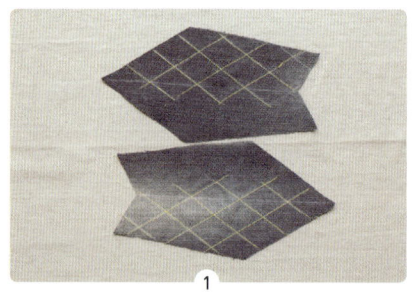

04 몸판과 옆판 겉끼리 마주대고 박음질한다.

＊ 몸판과 옆선 박고 옆선과 몸판 박고 다른 옆선 박아서 마무리한다.

1

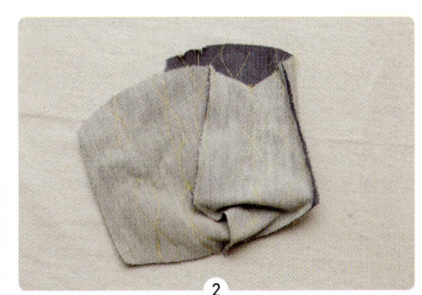
2

05 안감에 2온스 접착솜을 다려서 붙이고 ④와 같은 방법으로 박음질한다.

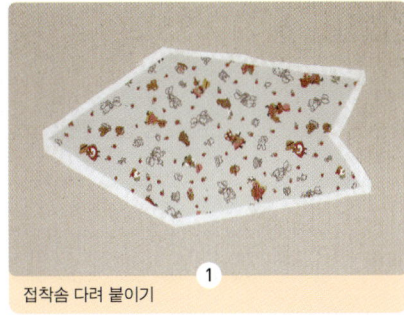
접착솜 다려 붙이기
1

전체 0.2cm 로 박고 남은 접착솜 잘라낸다.
2

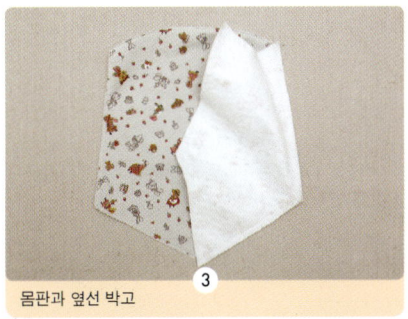
몸판과 옆선 박고
3

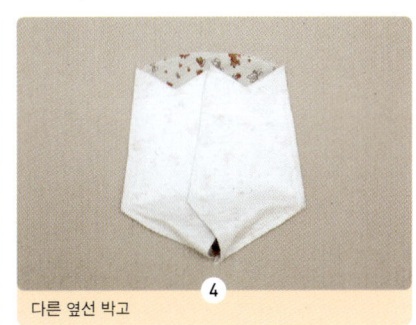
다른 옆선 박고
4

옆선 박은 곳에 3번과 같은 방법으로 몸판을 박아주면 완성
5

06 겉감의 겉에 안감의 겉을 마주보게 넣고 위에 창구멍 6cm 남기고 0.7cm 박고 뒤집어서 다리고 창구멍만 박는다.

07 프레임을 넣고 퀼트실로 손바느질 한다. 마지막으로 가죽 끈을 달면 완성된다.

귀여운 하트 프레임 가방
오래된 청바지를 재활용 했으니 좋고
또 만든 가방을
소중한 사람에게 선물할 수 있으니
실용적인 아이템이죠.

218p

06. 왕골 가방

- **완성크기**
  42×35cm

- **재료**
  왕골, 안감(30수면), 바이어스감(선염), 가죽 끈, 모티브

- **재단사이즈**
  왕골(42×35cm) 2장
  안감(42×35cm) 2장(30수면)
  주머니(22×30cm) 1장(30수면)
  바이어스감(6×80cm정도) 1장
  밑바닥 : 실물본 참고(시접 포함) 2장(걸, 안지)
  * 전체 시접 별도

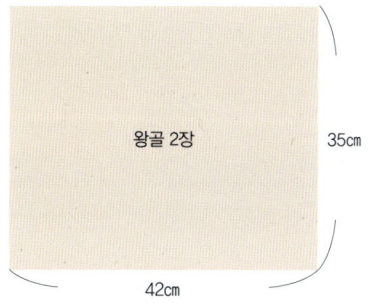

왕골 2장 35cm
42cm

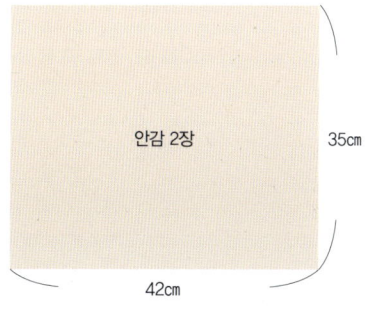

안감 2장 35cm
42cm

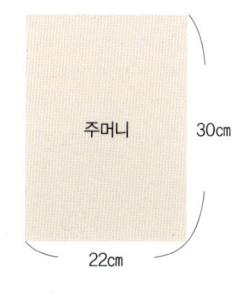

주머니 30cm
22cm

여름철 시원함을 한층 강조해주는 왕골 가방입니다. 왕골 가방은 바캉스 때 활용하는 가방으로도 유명하지요. 하지만 왕골은 대나무, 옥수수 등의 소재로 만들어져 물이나 습기에 약한 면도 있습니다. 말릴 때는 그늘에서 말리는 것이 좋아요. 여름철 인기 가방, 왕골 가방을 만들어 뽐내보세요.

216p

06. 왕골 가방

만드는 방법

❶ 왕골(42×35cm) 2장을 재단하여 놓는다. 밑바닥도 실물본을 이용하여 재단한다.

＊ 가로 길이는 조금 여유 있어도 된다. 왕골은 박음질하기 힘들기 때문에 재단할 때 좀 여유 있게 하면 박음질하기가 편리하다.

❷ 겉지 한 쪽에 모티브를 포인트로 박음질한다.

❸ 겉지 A와 B를 밑바닥 중앙에서부터 돌려가며 박음질한다(잘못박아 여러 번 뜯으면 왕골이 깨어지므로 주의한다).

❹ A, B 양옆을 박음질 한 다음 뒤집는다.

❺ 주머니(22×30cm)를 반으로 접어 22×15cm로 만들어 창구멍을 내고 박음질한 후 뒤집어 공그르기한다.

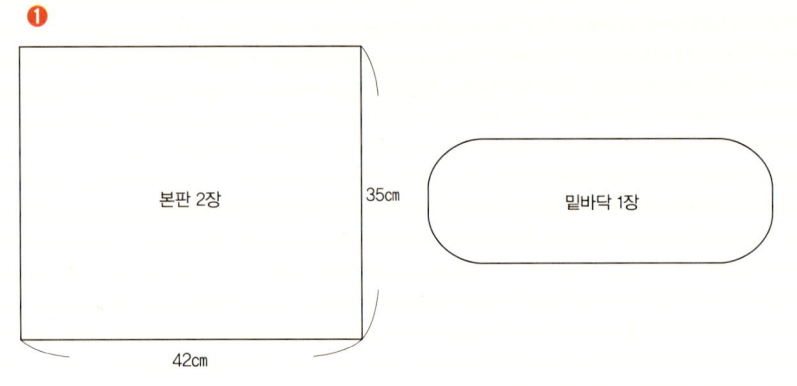

❶ 본판 2장 42cm 35cm 밑바닥 1장

❷

❸

❹

❺ 창구멍 15cm 22cm

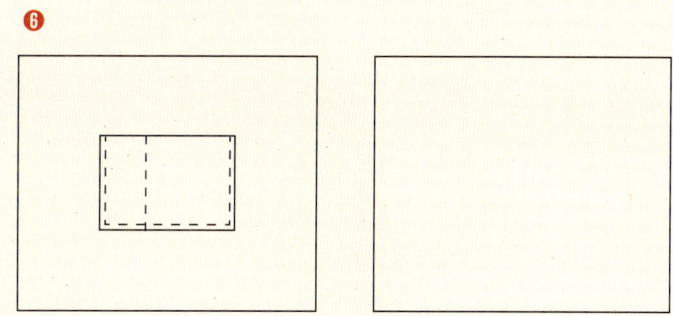

❻ 안지(42×35cm) 2장과 밑바닥 재단 후 ⑤번 주머니(골선 부분이 위로 향하게 한다) 만들어 놓은 것을 한쪽 중앙에 맞추어 박음질한다(주머니는 두 칸으로 나누어지게 박아준다). 안지도 겉지와 똑같이 박음질해서 만들어 놓는다.

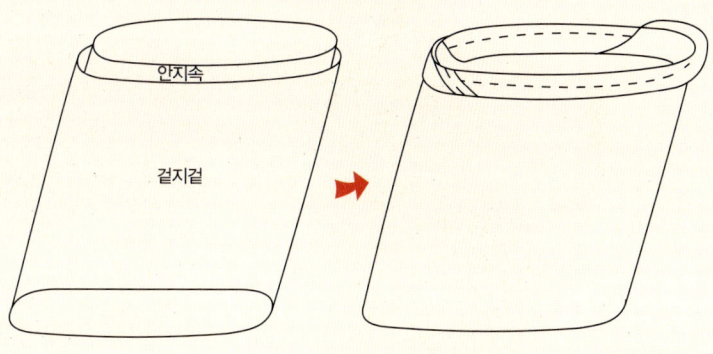

안지속

겉지겉

❼ 겉지 만들어 놓은 것에 안지를 집어넣고 바이어스(바이어스는 겉에서 박고 안쪽에서는 공그르기한다)로 감싸준다.

＊ 더블바이어스 참고 (22p)

❽ 가죽 끈은 손바느질을 이용하여 달아준다.

222p

07. 아이패드 파우치

- **완성크기**
  9×24.5×3cm(폭)

- **재료**
  리넨 2종, 선염체크, 안감(30수 면), 지퍼, 슬라이드, 2온스 솜, 라벨

- **재단사이즈**
  겉지(46×45cm) 1장(겉)
  무늬리넨 포인트(46×8cm) 1장
  주머니 시접 별도(10×10cm) 1장
  안감(46×45cm) 1장(30수 면)
  바이어스감(3.5×46cm) 기장 2장(체크)
  안감 바이어스(3.5×100cm) 기장 1장
  양옆 고리감(4×7cm) 2장
  ✳ 시접 포함
  ✳ 10인치 넷북, 아이패드 기준

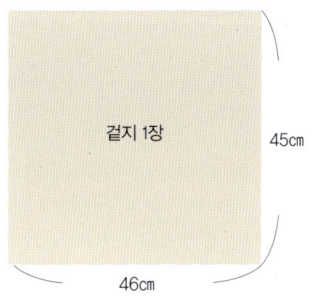

겉지 1장   45cm

46cm

무늬리넨 포인트 1장   8cm

46cm

주머니   10cm

10cm

노트북이나 아이패드를 담을 수 있는 파우치입니다. 파우치에 담아 소중한 노트북을 보호하세요.

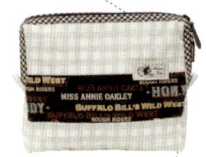

01 겉지(46×45cm)에 8.5cm 떨어져 포인트 리넨(46×8cm)을 겉에서 지접을 안으로 접어 박음질한다.

1

2

02 안지, 솜, 겉지를 대고 누벼준다.

5 상단 중앙에 라벨을 달아준다.

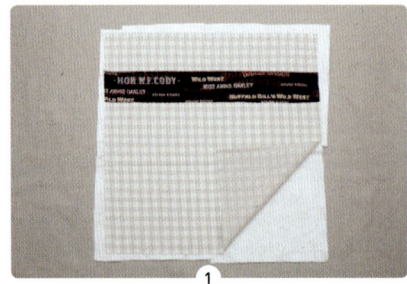

1

2

3

4

5

03 주머니(10×10cm 시접 별도), 고리 만들기. 2장을 마주보게 하여 2온스 솜 위에 놓고 창구멍을 내고 박음질한다. 뒤집은 후 공그르기한다.

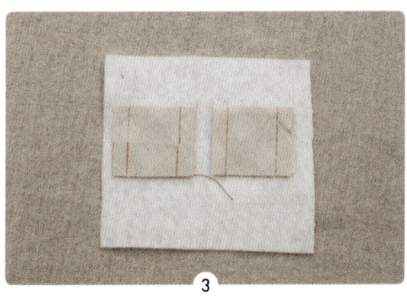

04 46cm쪽 위아래 바이어스를 감싸 박음질하고 지퍼를 달아준 다음 반으로 접어 겉지 뒷면에 주머니를 박음질한다.

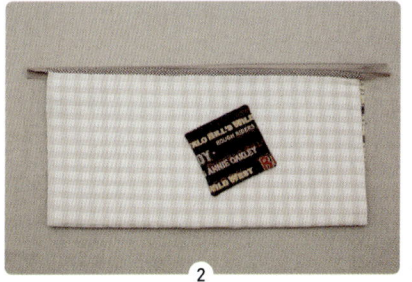

05 지퍼를 중앙에 오도록 맞추어놓고 만들어놓은 고리를 양쪽 지퍼 부분에 끼워넣고 양옆을 1cm씩 박음질한다.

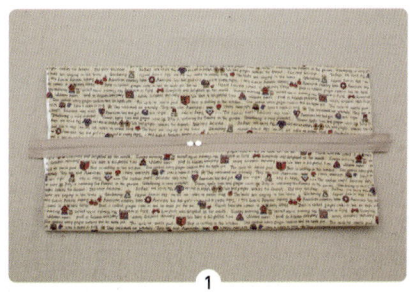

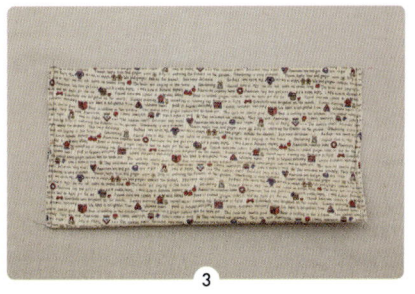

06 지퍼를 단 부분 10㎝ 정도 양쪽에 바이어스를 감싸 박음질하고 각(10×10㎝)을 4면을 삼각형으로 접어 박음질한 다음 시접만 남기고 자른다.

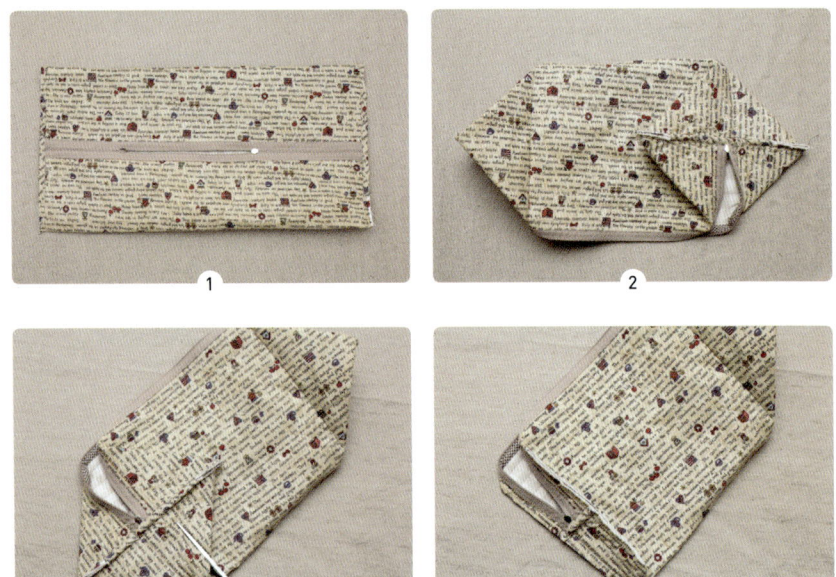

07 네 면 모두 바이어스를 감싸 박음질한다. 뒤집으면 완성된다.

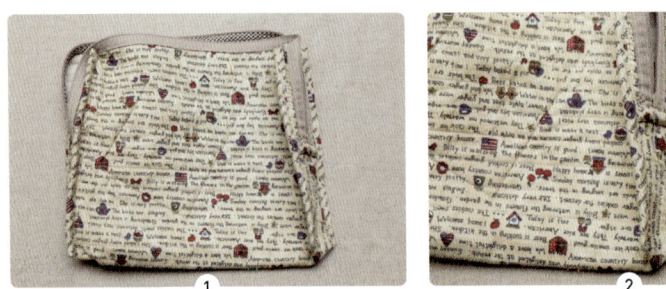

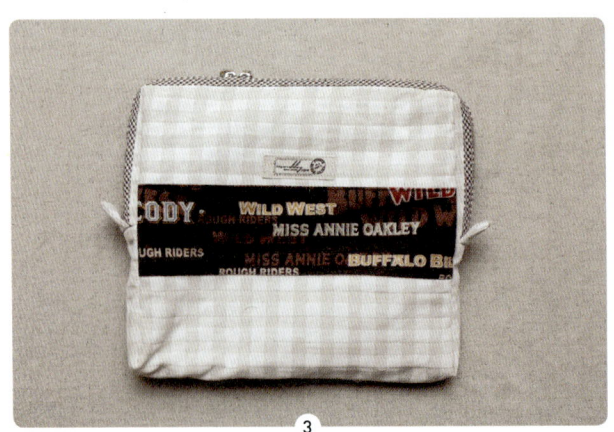

228p

08. 아이패드 가방

- **완성크기**
  24.5×19×3cm(폭)

- **재료**
  30수 무늬원단, 2온스 솜, 크랙원단 3종, 밤색리넨, 가죽 끈, 별단추, 똑딱
  단추

- **재단사이즈**
  앞(26.5×21cm) 앞판, 뒤판 2장
  크랙원단(3.5×21cm) 6장
  겉, 안지(22.5×13cm) 2장   }뚜껑
  크랙원단(3.5×13cm) 6장
  크랙원단(4×4cm) 9장, (3×5cm) 1장, (2×3cm) 1장, (1×5cm) 1장,
  옆폭(4.5×66cm) 1장
  양옆 고리(4×6cm) 2장
  * 전체 시접 포함

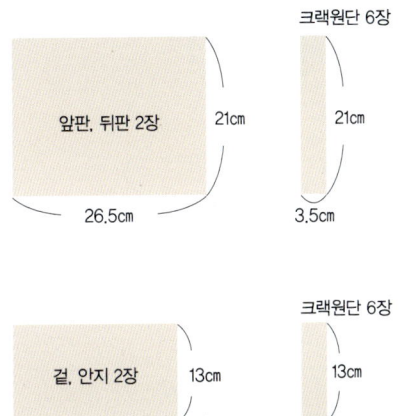

크랙원단 6장

앞판, 뒤판 2장　21cm　　21cm

26.5cm　　3.5cm

크랙원단 6장

겉, 안지 2장　13cm　　13cm

22.5cm　　3.5cm

노트북보다 최근에는 아이패드나 갤럭시 탭 등 태블릿PC가 인기를 얻으면서 그에 따른 액세서
리로 다양한 제품들이 나오고 있습니다. 여기서는 아이패드를 담아 다닐 수 있는 가방을 소개합
니다. 아이패드만 담아서 들고 다닐 때 가볍게 멜 수 있는 가방입니다.

08. 아이패드 가방

만드는 방법

❶ 밤색리넨원단(26×21cm) 앞판, 뒤판 2장을 재단하여 2온스 솜을 대고 다려준다.

❷ 크랙원단 6종(3.5×21cm)를 노루발 간격으로 박음질한 후 ①의 중앙에 지그재그로 박음질한다.

❸ 뒤판에도 크랙원단을 이용하여 크기(4×4cm) 9장을 이어박아서 (10×10cm) 1장을 만든다. (3×5cm) 1장, (2×3cm) 1장, (1×5cm) 1장을 재단하여 보기 좋게 배열하고 지그재그로 박음질한다. 그 후에 2온스 솜을 대고 다려준다.

❹ 옆폭(4.5×66cm) 1장을 재단 후 솜을 대고 다려준 다음 ②와 ③사이에 중앙부터 겉과 겉을 마주보고 박아준 후 고리(4×6cm) 2장, (1×6cm)을 반으로 접어 3cm로 만든 다음 달아준다.
– 다 만든 후에 양쪽에 박음질한다.

❺ 뚜껑(22.5×13cm) 1장을 재단하고 크랙원단 (3.5×13cm)을 6장 재단하여 원단(22.5×13cm) 중앙에 얹어 지그재그로 박아준 다음 솜을 대고, 다시 안지를 댄 후 바이어스 네 면을 감싸 박음질한다.

❶
앞
21cm
26.5cm

뒤
21cm
26.5cm

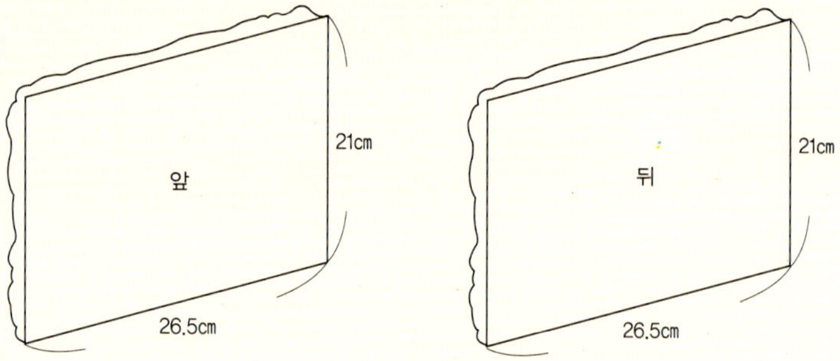

❷
21cm
13cm

앞
21cm
26.5cm

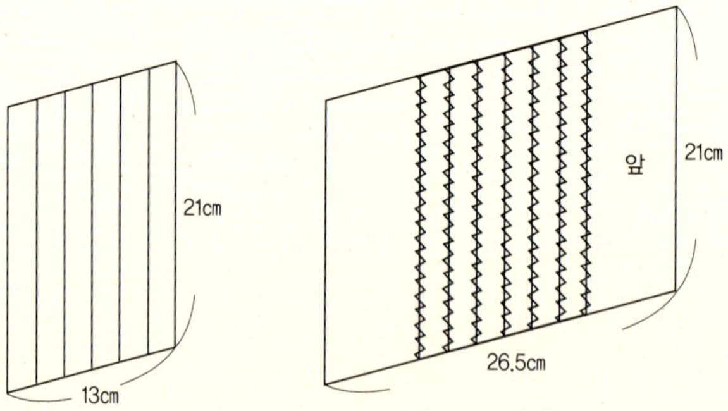

❸
뒤
21cm
26.5cm

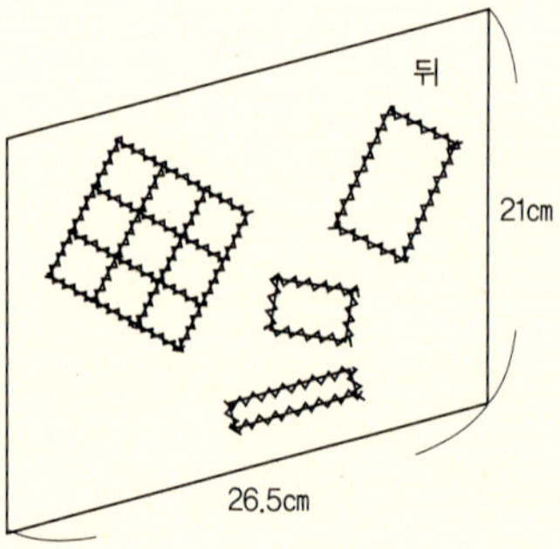

❹
겉지 안쪽
중심

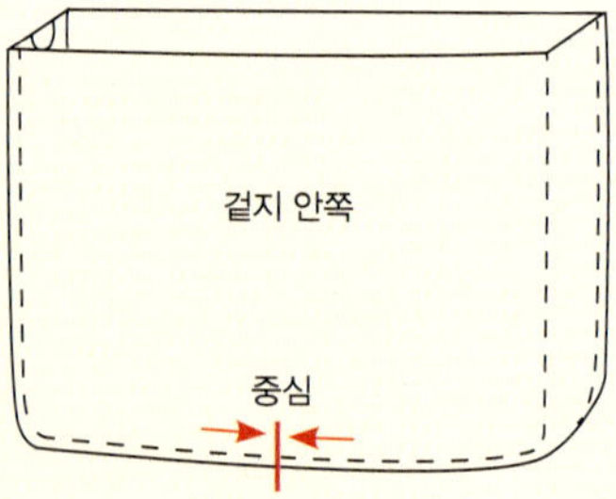

❺
솜
안지
13cm
22.5cm

바이어스

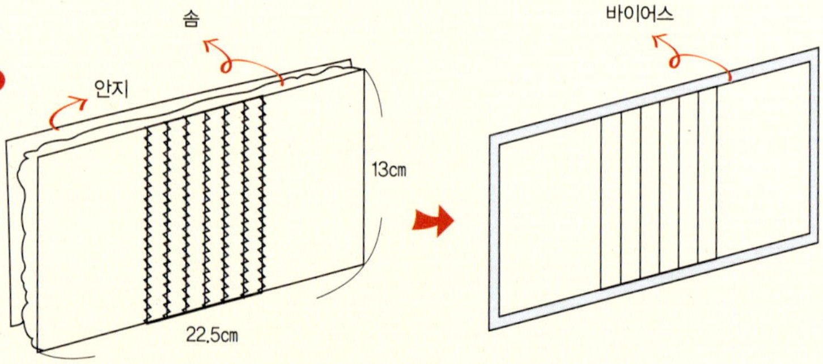

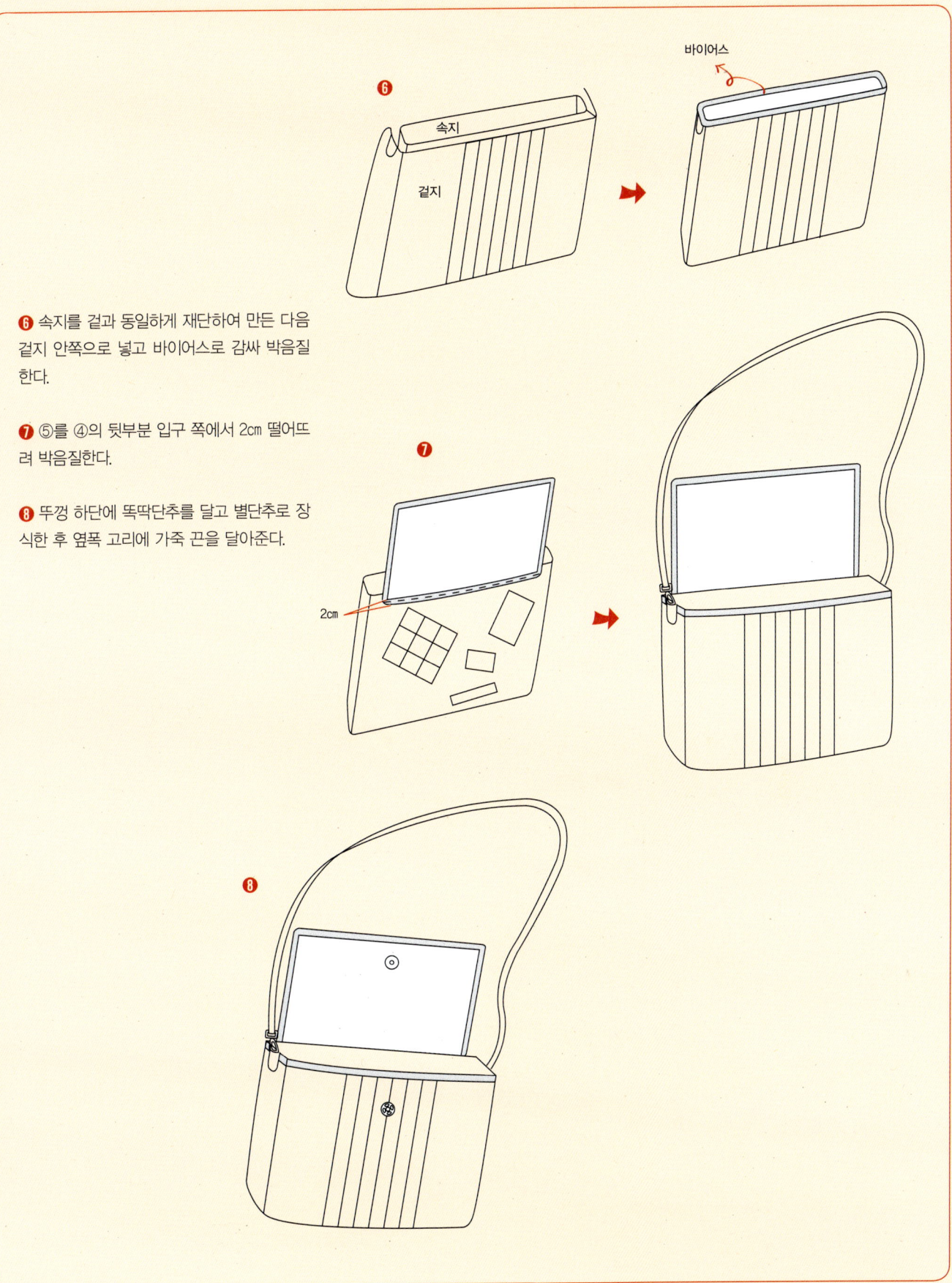

❻ 속지를 겉과 동일하게 재단하여 만든 다음 겉지 안쪽으로 넣고 바이어스로 감싸 박음질 한다.

❼ ⑤를 ④의 뒷부분 입구 쪽에서 2cm 떨어뜨려 박음질한다.

❽ 뚜껑 하단에 똑딱단추를 달고 별단추로 장식한 후 옆폭 고리에 가죽 끈을 달아준다.

NO.7 주방용품 세트

주부의 생활공간. 주방에는 많은 식기들과 물품들이 가득하죠.

종종 필요한 소품들도 많이 있습니다.
물론 간편한 제품들은 시중에도 잘 나온 것들이 많아 부족함은 없겠지만
굳이 돈을 내고 사기에는 아까운 것들도 많지요.
주방에서 필요한 소품들, 한 번 찾아서 만들어 보세요. 집안의 주방이 사뭇 다른 공간으로 변화됩니다.

239p

01. 냄비집게

- **완성크기**
  18×13cm

- **재료**
  도트리넨, 무지리넨, 수입리넨, 줄무늬누비광목, 솜 한 움큼

- **재단사이즈**
  몸판 무늬리넨 2장(1cm, 누비원단 2장)
  끼우개 무늬리넨 4장, 누비 4장 ──── 도안대로 재단
  고리 무지리넨(13×3.5cm) 2장
  바이어스 무지리넨(95×3.5cm) 1개, 한 쌍 세트(190×3.5cm)

몸판 원단 2장

끼우게
무늬리넨
4장

뜨거운 냄비에 담긴 음식을 나르기 위해서 필요한 냄비집게는 주방에서 필수품이지요.
줄무늬누비로 된 광목원단 안에 솜을 한 움큼 담아 두툼하게 사용하세요.
손이 데이지 않게 말이지요.

236p

02. 사과모양 냄비집게

- **완성크기**
  17×13cm

- **재료**
  무늬원단 3종, 선염 2종(바이어스감, 고리), 2온스 솜, 패딩지

- **재단사이즈**
  실물본
  고리(4×14㎝) 2장
  바이어스감(3.5×13㎝) 2장
  * 전체 시접 포함(실물본. 나뭇잎만 시접 별도)

몸판원단 2장

끼우게
4장

산뜻한 느낌의 사과모양으로 냄비집게를 만들어 보세요. 사과모양이 주는 신선함과 붉은 색
감의 원단이 음식 맛을 더욱 자극한답니다.

01 A패턴 2장(겉지, 안지)에 패딩을 대고 상침해 놓는다.

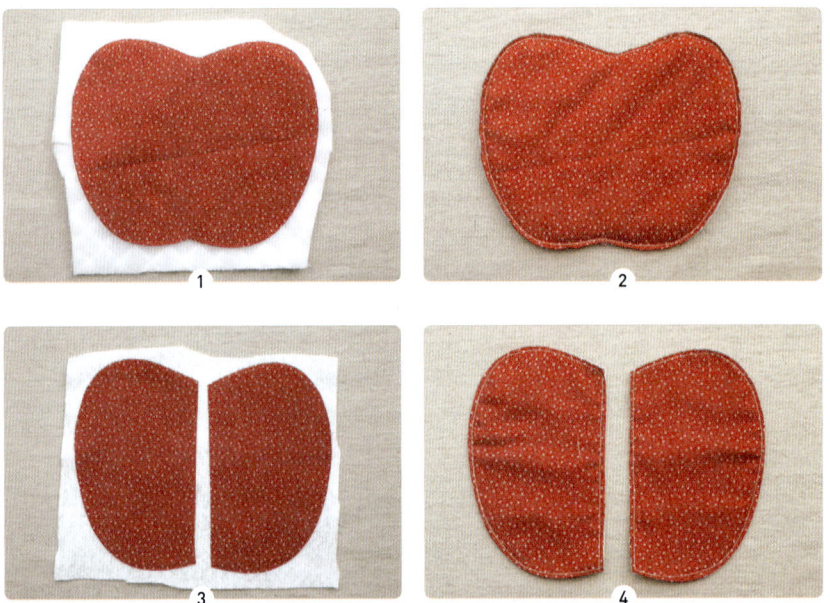

02 B패턴에 안지, 2온스 솜, 겉지 순서로 놓고 상침해 놓는다(2장).

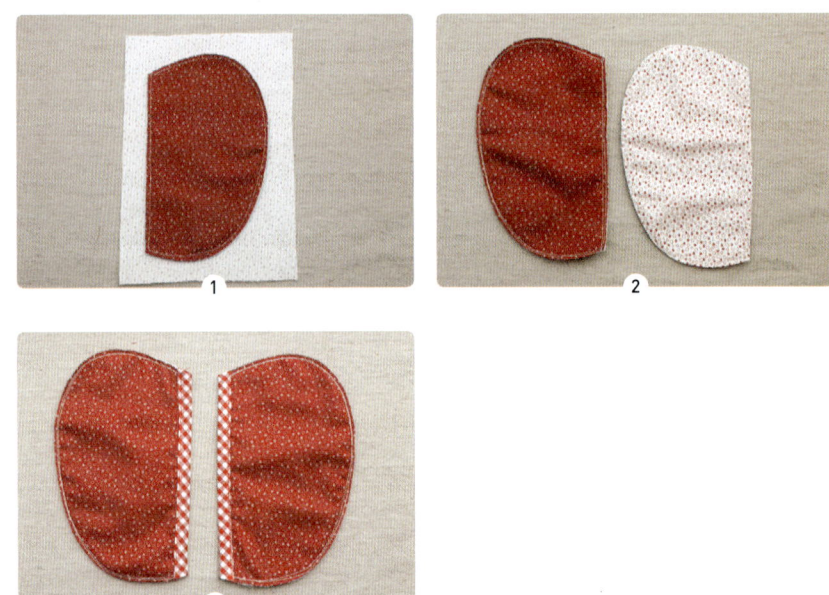

03 고리를 만든 다음 겉지 위쪽에 달아 준다.

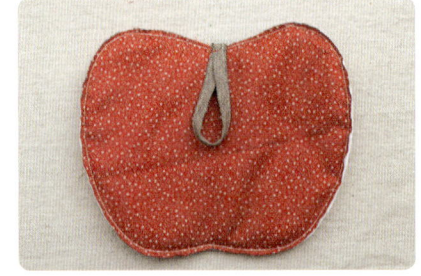

04 A패턴으로 만든 안지 겉면에 B패턴을 양쪽에 뒤집어서 놓고 위쪽에 놓은 후 돌려가며 상침한다.

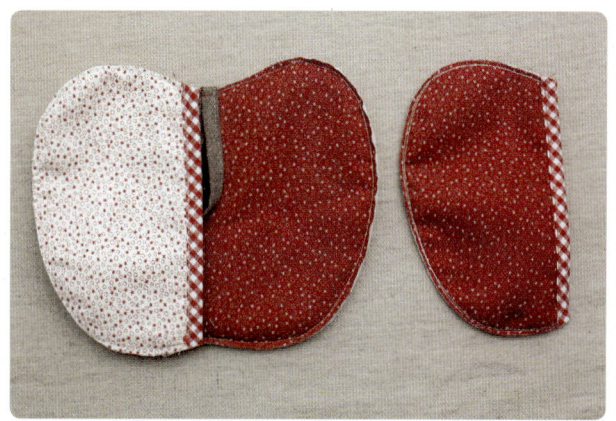

05 ③에 A패턴 겉지와 마주보게 놓고 다시 돌려 박음질한다(이때 창구멍을 5㎝ 정도 남긴 다음 박음질한다. 뒤집은 후 공그르기로 마무리한다).

06 잎사귀 모양 패턴을 이용하여 모양대로 박아서 뒤집고 사과모양 냄비집게 위의 모양을 바늘로 잡아 주름을 당겨서 위쪽에 달아준다.

02. 냄비집게

만드는 방법

❶ 누비와 리넨원단을 안과 안이 마주보게 놓고 창구멍 6cm를 남긴 후 0.5cm 간격으로 박음질한다. 창구멍에 솜 한 움큼을 넣고 막아준다.

❷ 끼우개 원단 4장을 누비 4장에 각각 안과 안이 마주보게 놓고 전체 0.5cm 간격으로 박음질하고 라운드 부분을 바이어스 4장으로 싸준다.

❸ 고리 2장을 3번 접어서 끝박음질한다. 몸판 중앙에 고리가 하단으로 가게 놓고 0.5cm로 박음질한다.

❹ ②를 ①에 양옆에 놓고 박음질한다.

❺ 전체 바이어스로 싸서 마무리한다.

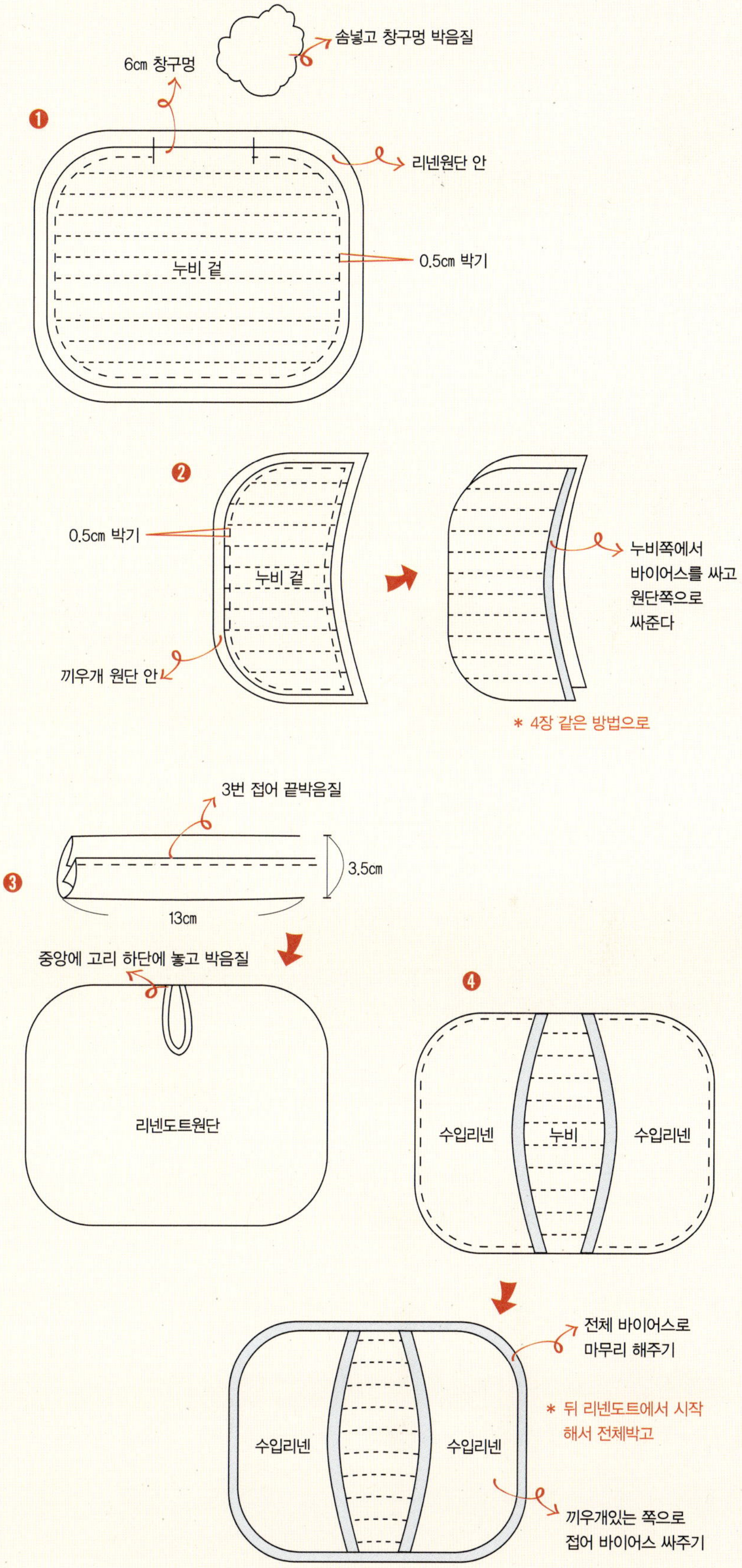

❶ 6cm 창구멍
솜넣고 창구멍 박음질
리넨원단 안
누비 겉
0.5cm 박기

❷ 0.5cm 박기
누비 겉
끼우개 원단 안
누비쪽에서 바이어스를 싸고 원단쪽으로 싸준다
* 4장 같은 방법으로

❸ 3번 접어 끝박음질
3.5cm
13cm
중앙에 고리 하단에 놓고 박음질
리넨도트원단

❹ 수입리넨 누비 수입리넨

수입리넨 수입리넨
전체 바이어스로 마무리 해주기
* 뒤 리넨도트에서 시작해서 전체박고
끼우개있는 쪽으로 접어 바이어스 싸주기

242p

03. 허리앞치마

- **완성크기**
  106×48cm

- **재료**
  리넨(3종), 면레이스

- **재단사이즈**
  본판 A(98×31cm)
  　　 B(98×12cm)
  　　 C(98×12cm)
  양옆 D, E(11 골접기×46cm)
  끈 F(10 골접기×285cm)
  주머니 G(15×30cm 골접기)
  ＊ 전체 시접 포함

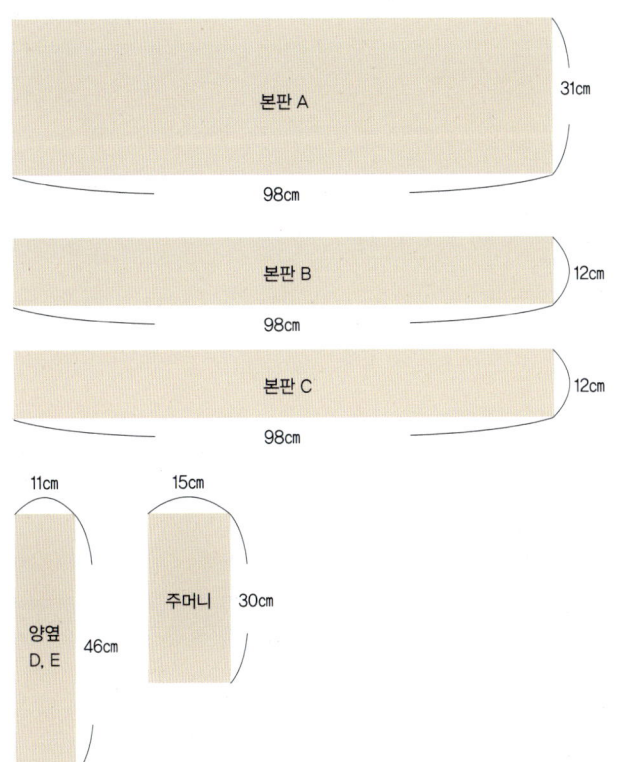

본판 A

31cm

98cm

본판 B

12cm

98cm

본판 C

12cm

98cm

11cm

15cm

양옆
D, E

46cm

주머니

30cm

원피스 앞치마가 거추장스럽게 느껴지는 사람들에게는 편한 허리앞치마가 제격이지요.

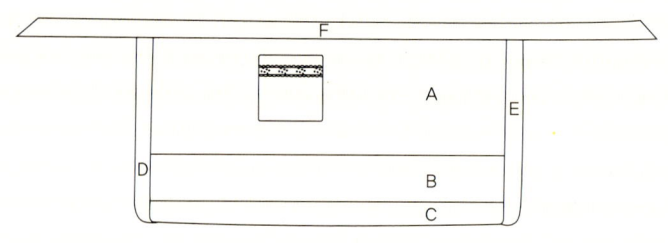

04. 허리앞치마

만드는 방법

❶ 재단한 A와 B를 연결하여 박음질한다.

❷ C는 바이어스 방향으로 재단하여 세로 12cm 를 골선접기하여 6cm로 만든 후 다린다. 다음 ①에 연결하여 박음질한다.

❸ D, E를 재단하여 가로 11cm를 골선을 접어 4.5cm로 만들고 양쪽 1cm씩 접어서 ②양옆에 박음질한다.

❶
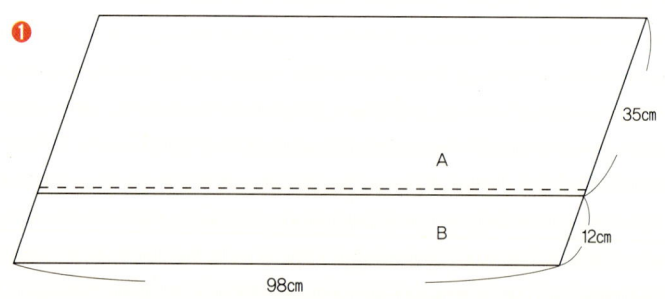

❷
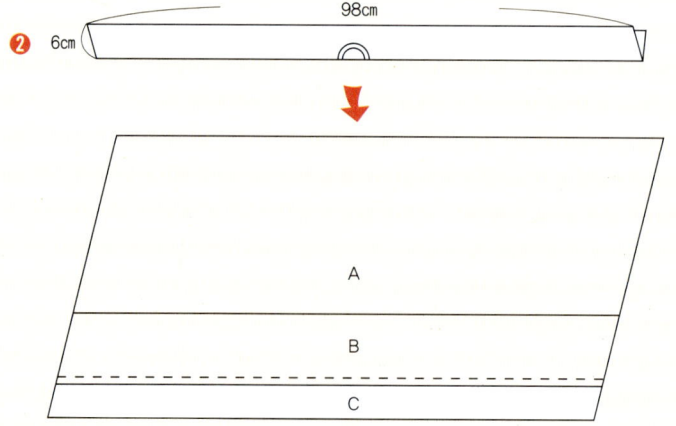

❸
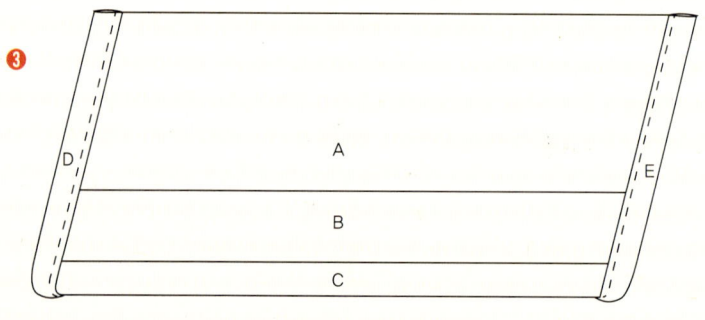

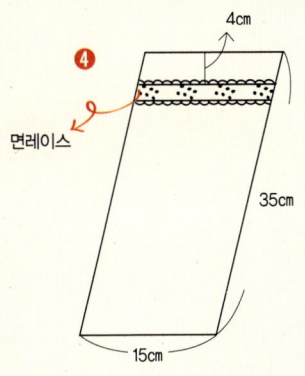

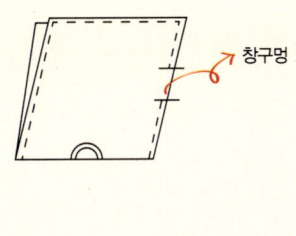

❹ G주머니감을 세로 30cm에서 4cm 떨어진 곳에 면레이스를 박음질하고 세로 30cm를 골 선으로 접어 사방 1cm를 창구멍을 남기고 박음 질한 다음 뒤집어서 다린다.

❺ ③에 옆에서 35cm 위에서 13cm 떨어진 곳에 주머니를 박음질한다.

❻ 허리끈 F(10×285cm)에서 가로 10cm를 골선 으로 접어 허리 쪽에 길게 박음질한다(끝 모양 은 사선으로 접어 박음질한다).

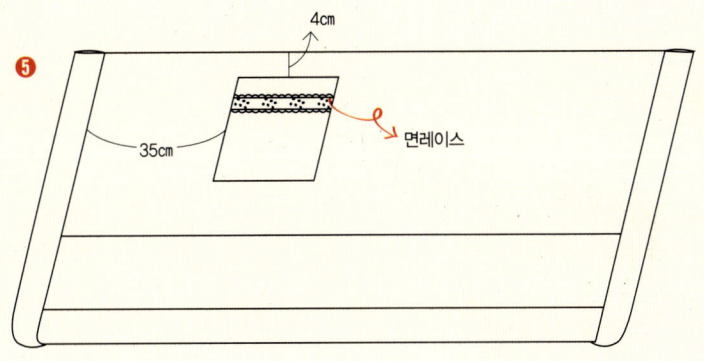

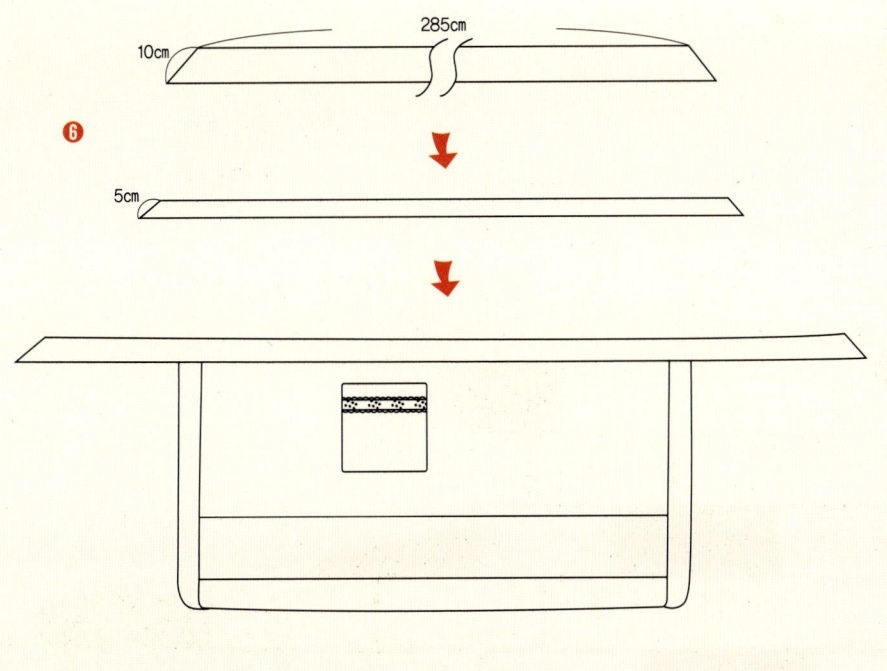

You don't choose your fami...
They are God's gift to you,
as you are to them.

- Desmond Tutu

246p

05. 원피스 앞치마

- **완성크기**
  Free 사이즈

- **재료**
  수입리넨, 리넨도트, 단추 2개

- **재단사이즈**
  수입리넨(앞 위 1장, 주머니 1장)
  리넨도트(앞 하단 중앙 1장) ——— 도안대로 재단
  어깨끈(62×9cm) 2장
  단추 구멍 덧댐 천(6.5×10.5cm) 2장, 옆 2장
  무지린넨(바이어스 150×3.5cm 목둘레, 겨드랑이)

리넨도트 중앙 1장

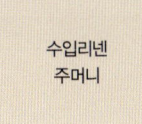

수입리넨
앞 상단

수입리넨
주머니

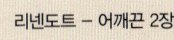

리넨도트 – 어깨끈 2장

9cm

62cm

리넨도트 2장

손수 만들고 싶은 나만의 특별한 원피스 앞치마. 주방의 꽃이라고 할 수 있죠.
신혼부부 집에 선물용으로도 좋아요.

01 앞 위(양옆 7cm를 띄우고) 주름잡기 한다.

02 어깨끈을 반으로 접어 1cm 박음질하고 뒤집어 다린다. 주름잡은 1)번에 1.5cm 양옆으로 띄고 어깨끈을 하단으로 놓고 박음질한다.

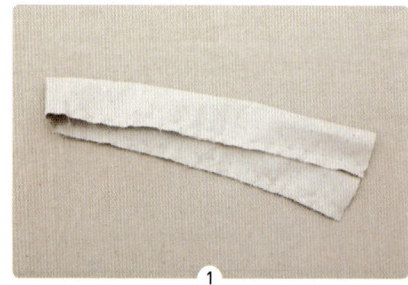

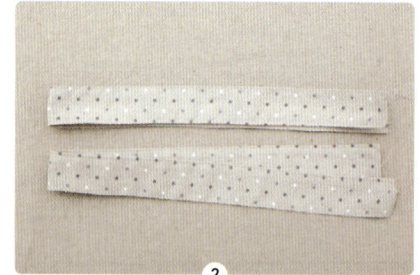

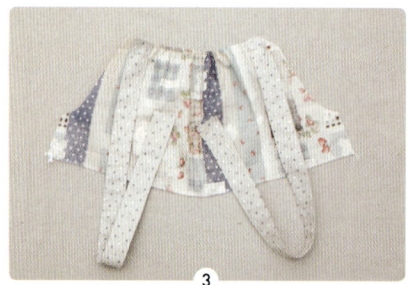

03 2)번에 바이어스를 안쪽에서 박고 겉쪽으로 젖혀서 접어 박은 후 끈을 위로 올려서 끝박음질 한다.

04 앞 하단 중앙에 주머니 달기

❶ 주머니를 먼저 직선부분 3cm 다리고, 1cm 접어 다시 다리고, 라운드 1cm 접어 다린 후 직선부분을 3cm, 1cm로 접어 0.2cm 끝박음질한다.
❷ 중앙 위에서 13cm(⑤) 표시해 부분을 라운드부분을 박음질한다.

＊주머니 박음질 순서

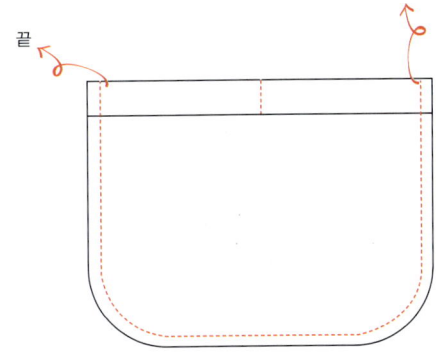

❶

❷

3

4

5

❻~❾ 주머니 가운데 2cm를 세로로 눌러 박음질한다.

❻

7

8

9

05 앞·위와 앞 중앙 하단을 겉과 겉이 마주보게 놓고 양옆 7cm을 띄은 후 0.5cm 외주름을 8군데 표시하고 1cm 간격으로 박음질 하고 앞·위를 젖혀서 겉에서 0.3cm로 눌러 박음질한다.

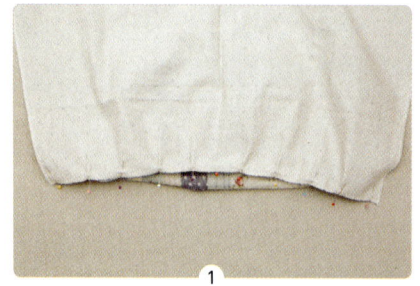

06 옆의 단추 구멍 덧댐 천 2장을 먼저 ㄴ자로 왼쪽에서 오른쪽에 4cm 떨어져서 0.2cm로 박음질하고 옆선을 중앙에 겉과 겉을 마주보게 놓고 1cm로 박음질한다.

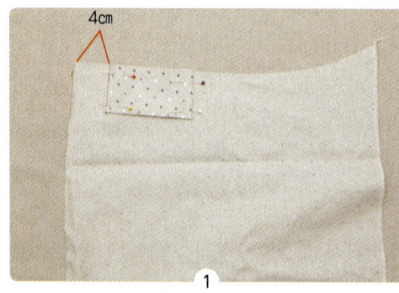

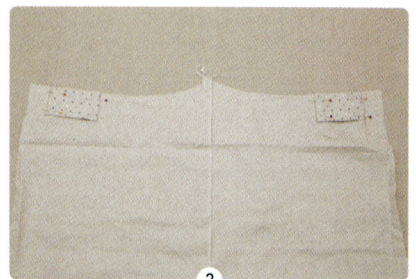

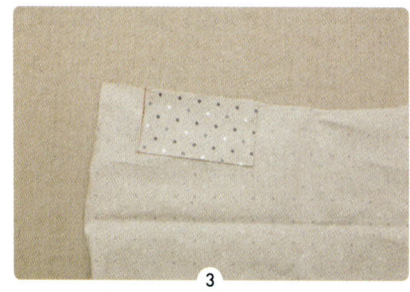

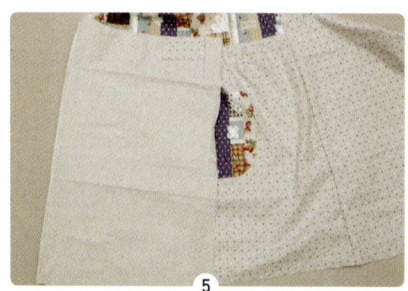

08 어깨끈을 양옆 13.5cm 지점에 하단으로 놓고 박음질한다. 겨드랑이 부분은 바이어스를 싸면서 겉으로 싸줄 때 끝도 젖혀서 박음질하고, 끈 위 한 줄씩 눌러 박음질한다.

주의

끈을 X 자로 꼬이지 않게 한다.

09 옆, 하단 4cm를 다리고 2cm 접어서 박음질한다(코너에서 삼각형을 박음질해서 방향 전환).

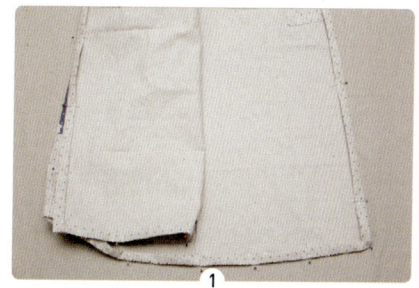

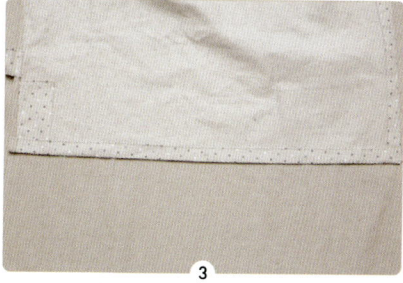

10 단추를 달고 단추 구멍을 만들어주면 예쁜 원피스 앞치마가 완성된다.

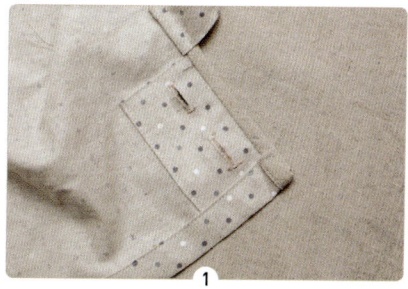

254p

06. 발매트

- **완성크기**
  66×52cm

- **재료**
  스트라이프누빔지, 리넨 3종, 면레이스, 토숀레이스 2종, 패딩지, 미끄럼
  방지원단

- **재단사이즈**
  A(21×19cm)
  B(21×18cm)
  C(21×19cm)
  D(46×52cm)
  E(78×64cm)
  미끄럼방지원단(52×42cm)
  ＊ 전체 시접 포함

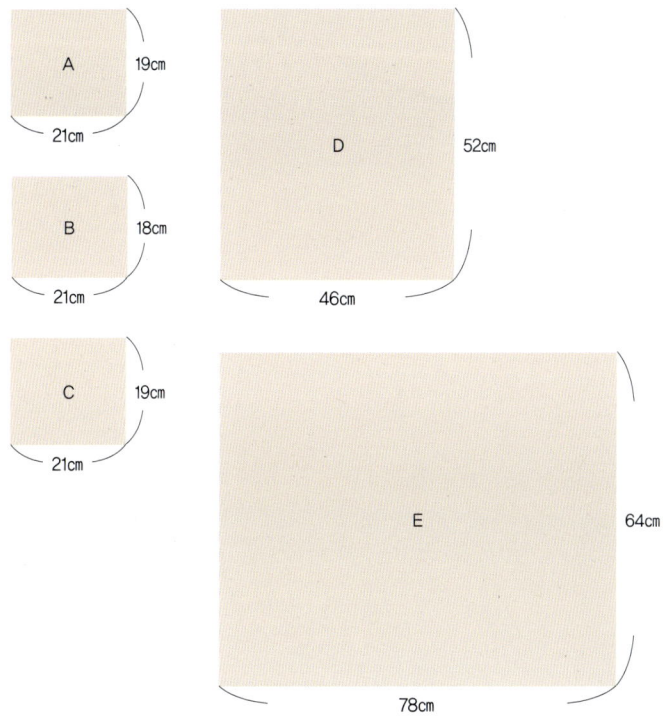

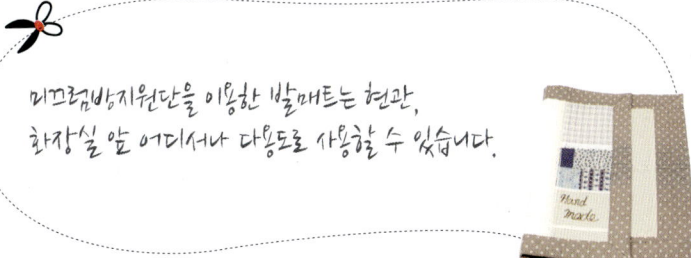

미끄럼방지원단을 이용한 발매트는 현관,
화장실 앞 어디서나 다양도로 사용할 수 있습니다.

255p

07. 싱크대매트

- **완성크기**
  80×45cm

- **재료**
  폭 1.5m 레이스(540cm), 5가지 면리넨원단, 도트 2가지 색(블루, 핑크) 무지선염, 체크선염, 4온스 접착솜, 논슬립원단

- **재단사이즈**
  무지원단(15.7×45cm) 2장, (21.5×45cm) 1장
  체크선염원단(260×10cm) 바이어스감
  블루, 핑크도트원단(6.5×45cm) 2장
  5가지 면리넨원단(11.5×9.7cm) 각 2장씩
  4온스 접착솜(82×47cm)
  * 시접 포함 사이즈(0.7cm)

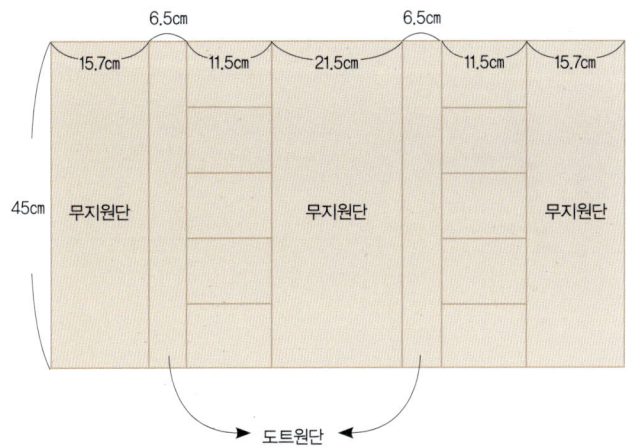

 물방울 모양의 고무재질이 붙은 논슬립원단은 미끄럼 방지 처리가 되어 있어 발매트로 자주 사용하는 원단 중의 하나입니다. 물기나 기름기가 종종 튈 수 있는 싱크대 앞은 미끄러운 경우가 많아요. 논슬립 원단을 이용하여 미끄럽지 않도록 싱크대 매트를 만들어 보세요.

250p

06. 발매트

만드는 방법

❶ 재단한 A, B, C 모두 순서대로 박음질한다.

❷ ①을 D와 박아준 다음 패딩지를 대고 끝박음질한 다음 솜은 깨끗이 잘라낸다.

❸ ②토숀레이스와 면레이스를 이어 박은 선 중앙에 맞추어 포인트로 박음질한다. 무지리넨에는 지그재그바느질을 이용하여 Hand made 글씨를 써준다.

❹ E(78×64cm)로 재단한다.

❺ 미끄럼방지원단(52×42cm)를 재단하여 네 면에 1cm씩 접어서 ④에 중앙에 올려 끝박음질해준다.

❻ ⑤에 안쪽에 중심에 맞춰 ③을 올려놓고 사방에 네 모서리를 시접 1cm로 접고 사선으로 꺾어서 안쪽으로 끝박음질한다.

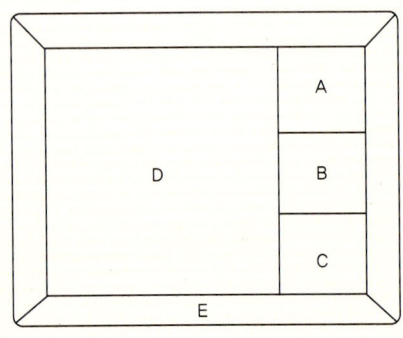

❶ A / B / C

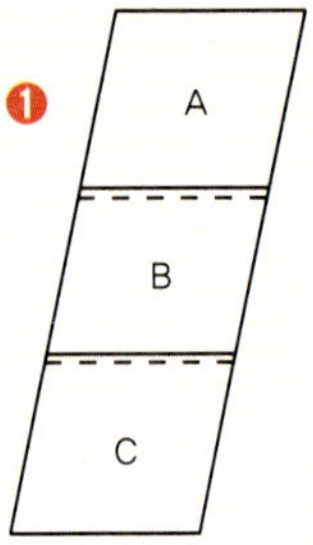

❷

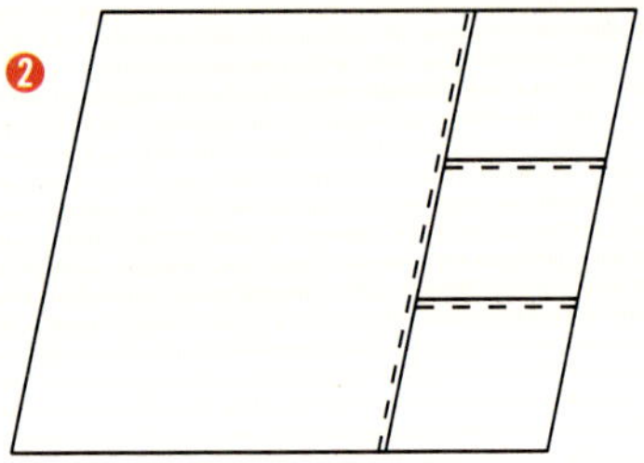

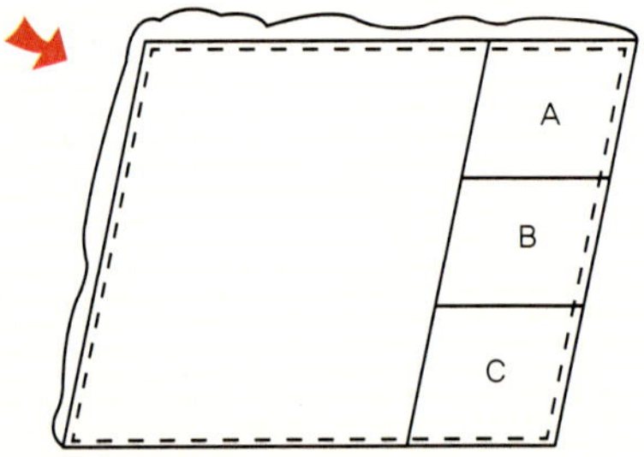

A / B / C

❸ Hand made

❹ 리넨도트
78cm
64cm

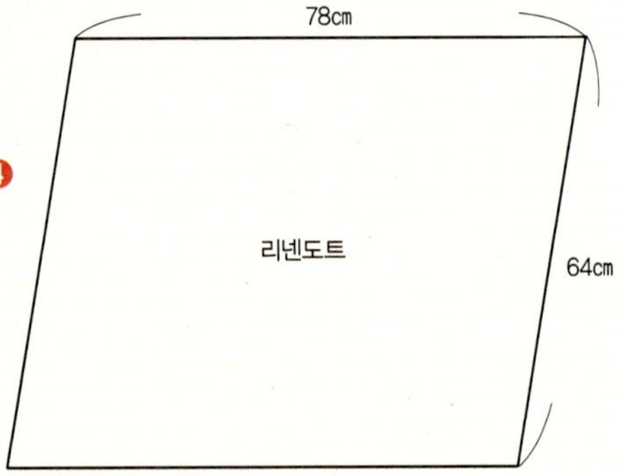

❺ E
미끄럼방지원단
42cm
64cm
52cm
78cm

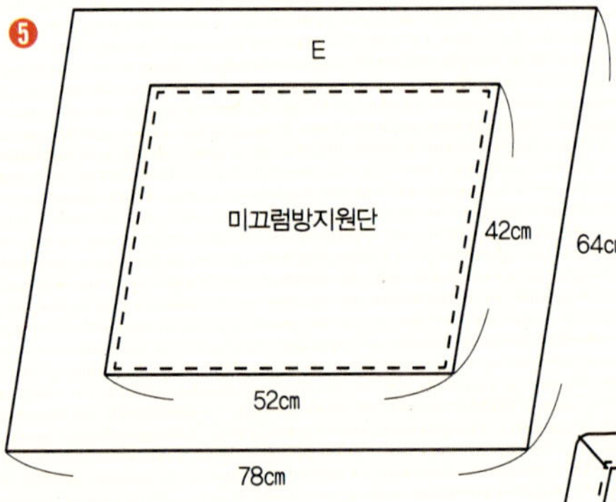

❻ A / B / C
E

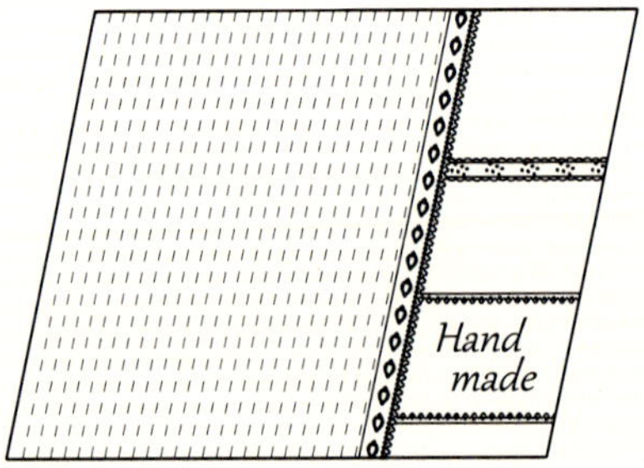

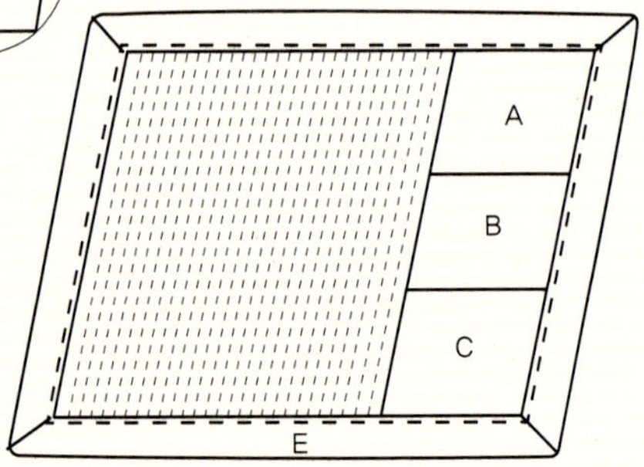

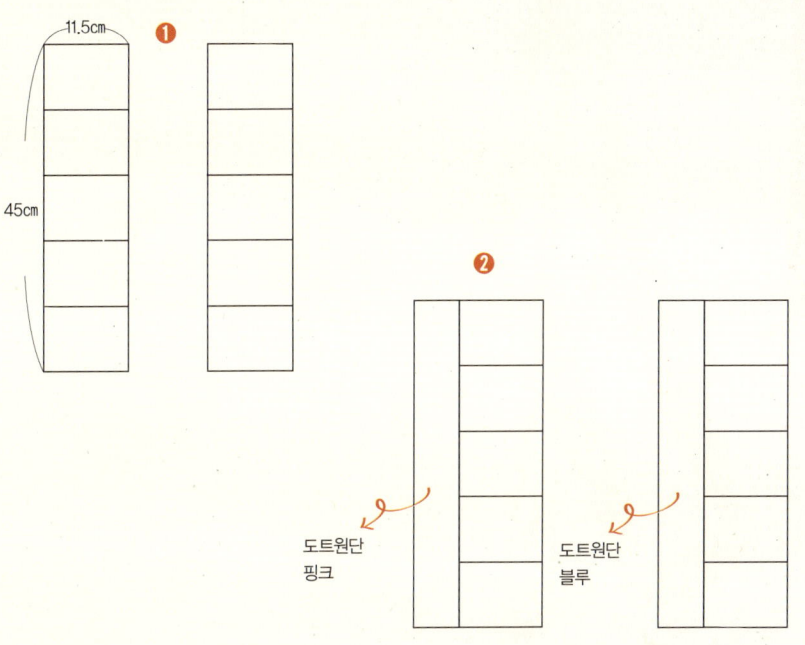

07. 싱크대 매트

만드는 방법

❶ 5가지 면리넨을 0.7cm 시접으로 5장씩 2개
를 연결한다.

❷ 앞에서 연결한 원단을 도트면리넨 왼쪽에
0.7cm 시접으로 연결한다.

❸ 다시 무지선염원단을 그림과 같이 연결한
다(시접 0.7cm).

❹ 4온스 접착솜을 붙이고 2.5cm 폭으로 누비
고 패치부분을 모양에 따라 누빈다.
– 전체 1cm로 박은 후 솜은 잘라내고 뒤에 논
슬립원단을 대고 첫 번째 1cm 박은 선을 따라
박음질한다. 남은 것은 잘라낸다.

❺ 주름노루발로 교체하여 레이스 가운데 주
름을 잡는다.
– 다시 평발로 교체하여 도트, 패치 연결선 6
군데에 레이스를 박음질한다.
– 다음으로 전체 바이어스를 3번 접어 다려주
고 뒤에서부터 다린 선을 따라 박음질한다.
– 코너에서는 ㄱ자 바이어스로 싸주고 앞으로
돌려 접어 넣은 후 0.5cm로 전체를 박음질하
면 완성된다.

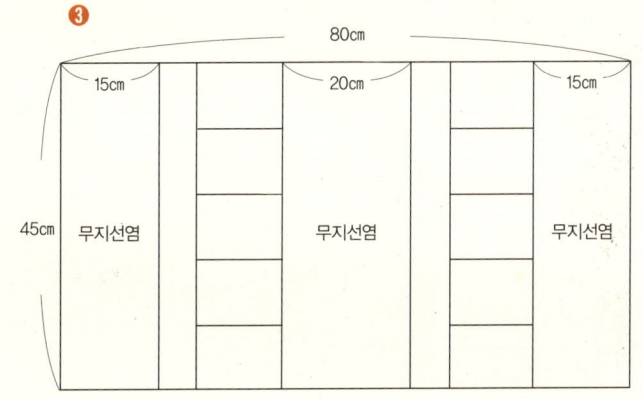

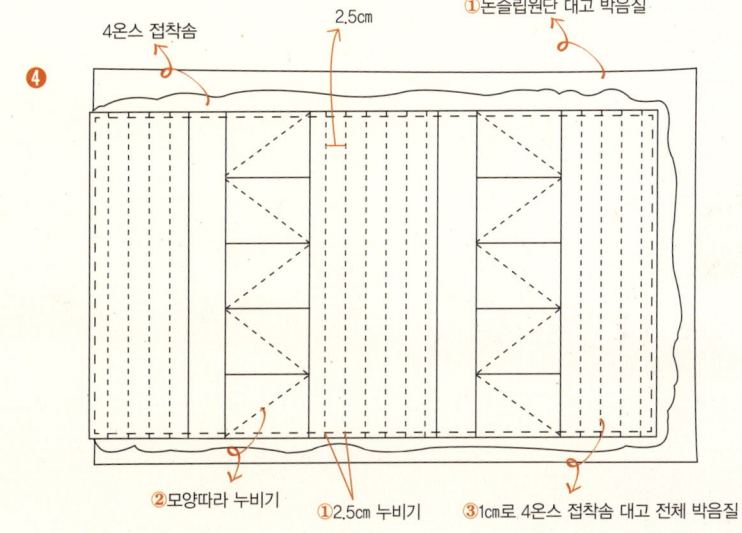

260p

07. 다용도 실내화 걸이

• **완성크기**
39×85cm

• **재료**
광목줄누비, 리넨무지, 리넨원단, 리넨레이스 파이핑, 레이스,
45cm 원목봉

• **재단사이즈**
몸판 리넨무지(39×90cm) 1장
뒷지 광목줄누비(41×92cm) 1장
주머니 리넨원단(41×15cm) 3장 ─┐ 도안대로 재단
뒷지 광목줄누비(39×15cm) 3장 ─┘
레이스 50cm 길이 4장
바이어스 리넨무지(340×3.5cm)
＊ 리넨레이스 80cm 길이 1장

몸판 리넨무지 1장   90cm

39cm

뒷지 광목줄누비 1장   92cm

41cm

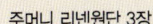

주머니 리넨원단 3장   상단 라운드

거실이나 마루에서 신기 좋은 실내화, 이리저리 널브러져 있으면 보기가 안 좋지요. 또 신발장
안에 넣어 두는 것도 실내화 역할은 아니고요. 실내화를 보관할 수 있는 다용도 실내화 걸이를
만들어 보았어요. 실내화뿐만 아니라 청구서나 각종 영수증 등을 보관하면 좋겠지요.
신발장 근처나 현관 앞에 걸어두면 더욱 실용적으로 사용할 수 있습니다.

261p

08. 단추 실내화

- **완성크기**
  230~260mm

- **재료**
  선염체크원단, 캔버스누비원단, 논슬립원단, 25mm 싸개단추 2개, 옥스퍼
  드원단, 선염무지원단, 4온스 접착솜

- **재단사이즈**
  몸판 : 캔버스누비 2장, 선염무지,
  4온스 접착솜 2장(몸판 속지)
  옥스퍼드원단 몸판 도안대로 2장   도안대로 재단
  뚜껑 : 선염체크 4장, 캔버스누비 4장
  (2장은 도안 뒤집어서 재단하기)
  바이어스 무지선염원단(260×3.5cm 사선 재단)
  리넨(25mm) 싸개단추 4개
  바닥 논슬립원단(13×39cm) 2장

2장은 도안대로,
2장은 뒤집어서 재단

큰 싸개단추를 포인트로 주어 다양한 색상으로 실내화를 만들어 보았어요. 논슬립원단으로 바
닥은 미끄럽지 않게 해주고, 푹신한 느낌이 나도록 캔버스누비원단을 사용했습니다.

256p

08. 다용도 실내화걸이

만드는 방법

❶ 몸판 리넨무지(39×90cm)와 뒷지 광목줄
누비원단을 대고 3cm 간격으로 세로로 누벼
준다. 전체 0.2cm로 둘레 박음질하고 오버로
크 친다.

❷ 주머니 리넨원단(41×15cm) 3장과 뒷지 광
목줄누비(39×15cm) 3장을 겉과 겉을 마주보
게 놓고 상단 라운드 0.5cm로 박음질하고, 앞
으로 젖혀서 삼면 0.2cm로 박음질한다(3장 같
은 방법).

❸ 몸판 상단과 주머니 상단(도안대로 그려서
잘라내기)에 레이스를 박음질한다(외주름잡기).

❹ 주머니 하단에 2장을 바이어스로 감싸준다
(❺번 그림 참고).

❺ 몸판 하단부터 26.5cm 두 군데 표시하고,
주머니 3장을 핀으로 고정한다. 삼면을 0.5cm
로 박음질하는데 바이어스로 감싸준 2장은 바
이어스 박음선을 따라 박음질한다.

❻ 주머니 라운드 부분 꼭지점 두 군데, 상단
레이스 끝나는 지점까지만 박음질한다(주머니
끝에서 25cm 표시해서 위, 아래 두 군데 표시
해서 리넨레이스를 박음질한다).

❼ 몸판 상단 레이스를 단 부분에 바이어스를
감싸고 옆선, 하단에 바이어스를 감싸주고 상
단 뒤쪽 10cm 지점을 표시한다. 그 지점까지
꺾어서 0.5cm로 박고 봉을 끼운 후 파이핑 끈
을 달면 완성된다.

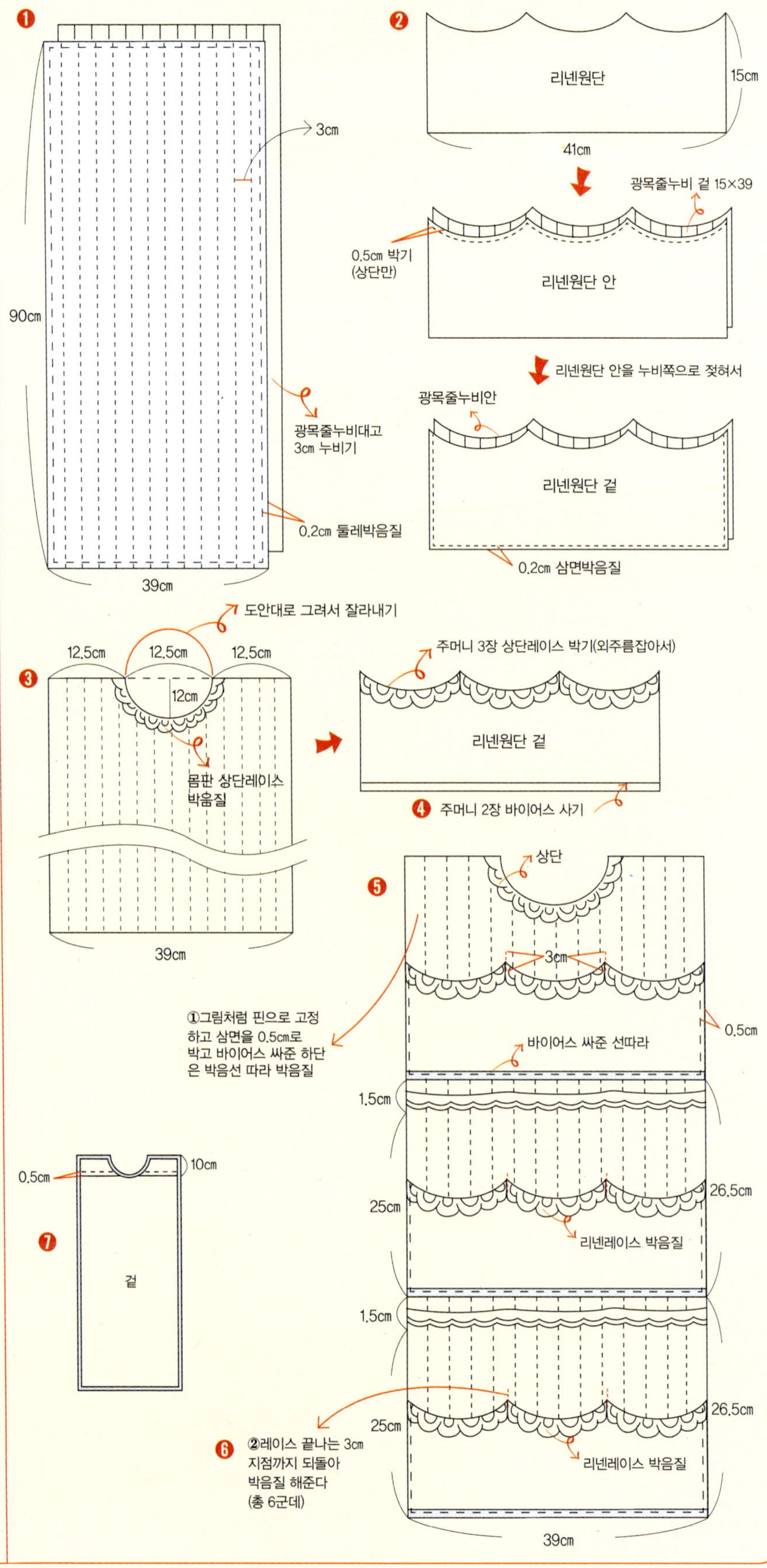

❶ 3cm

90cm

광목줄누비대고
3cm 누비기

0.2cm 둘레박음질

39cm

❷ 리넨원단 15cm

41cm

광목줄비 겉 15×39

0.5cm 박기
(상단만)

리넨원단 안

리넨원단 안을 누비쪽으로 젖혀서

광목줄누비안

리넨원단 겉

0.2cm 삼면박음질

❸ 도안대로 그려서 잘라내기

12.5cm 12.5cm 12.5cm

12cm

몸판 상단레이스
박음질

39cm

주머니 3장 상단레이스 박기(외주름잡아서)

리넨원단 겉

❹ 주머니 2장 바이어스 사기

❺ 상단

3cm

①그림처럼 핀으로 고정
하고 삼면을 0.5cm로
박고 바이어스 싸준 하단
은 박음선 따라 박음질

바이어스 싸준 선따라

0.5cm

1.5cm

25cm

26.5cm

리넨레이스 박음질

1.5cm

25cm

26.5cm

리넨레이스 박음질

39cm

❻ ②레이스 끝나는 3cm
지점까지 되돌아
박음질 해준다
(총 6군데)

❼ 0.5cm 10cm

겉

258p

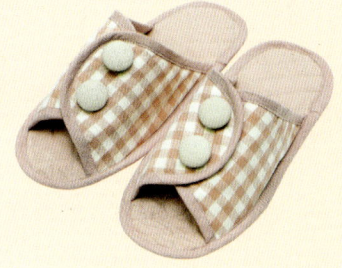

09. 단추 실내화

만드는 방법

❶ 제일 먼저, 바이어스를 연결한다.

❷ 옥스퍼드원단 2장에 4온스 접착솜을 몸판 속지 중앙에 맞추어서 다리미로 접착한다. 후에 0.2cm 간격으로 둘레 박음질한다.

❸ ②번에 바닥 논슬립원단을 대고 0.2cm 둘레 박음질하고 남은 논슬립원단은 잘라낸다

❹ 몸판 무지선염원단이랑 캔버스누비를 대고 0.2cm 둘레 박음질한다(2장 같은 방법).

❺ ④를 뒤쪽(누비쪽)에서 누비 결을 따라 누벼준다(2장 같은 방법). 누비가 완료되면 ③번과 합폭한다.

❻ 뚜껑도 선염체크와 캔버스 누비를 대고 0.2cm 둘레 박음질한다(4장 같은 방법).

❼ 뚜껑 바이어스는 라운드 부분만 감싸준다.

❽ 뚜껑 2장을 4.5cm 겹치게 해서 바이어스 박은 선을 따라 박음질하고, 싸개단추 2개를 달아준다(같은 방법으로 나머지 2장도 완성).

❾ ⑧을 전체 바이어스로 감싸주어 완성한다 (두 개 같은 방법).

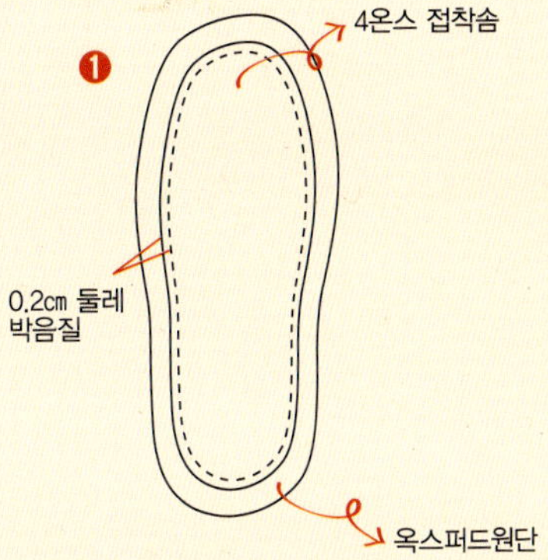

❶ 4온스 접착솜
0.2cm 둘레 박음질
옥스퍼드원단

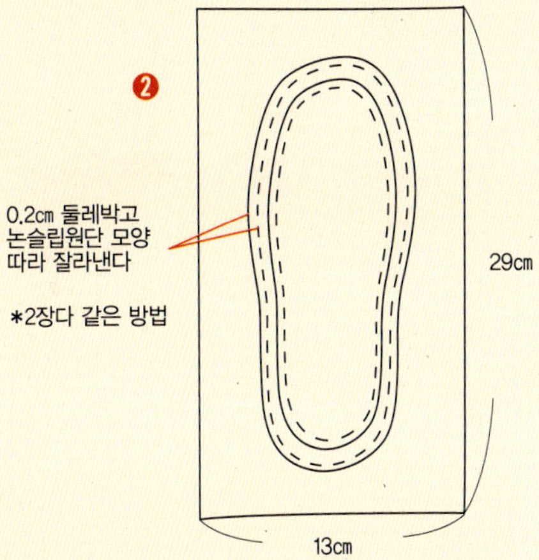

❷ 0.2cm 둘레박고 논슬립원단 모양 따라 잘라낸다
*2장다 같은 방법
29cm
13cm

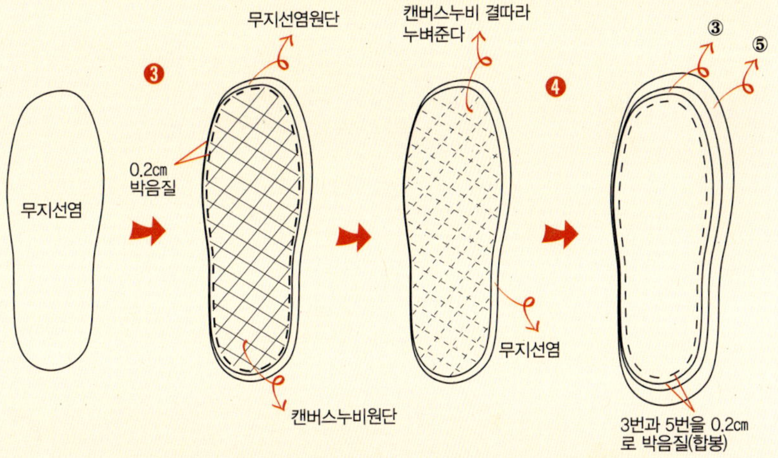

❸ 무지선염
무지선염원단
0.2cm 박음질
캔버스누비원단

❹ 캔버스누비 결따라 누벼준다
무지선염
③ ⑤
3번과 5번을 0.2cm로 박음질(합봉)

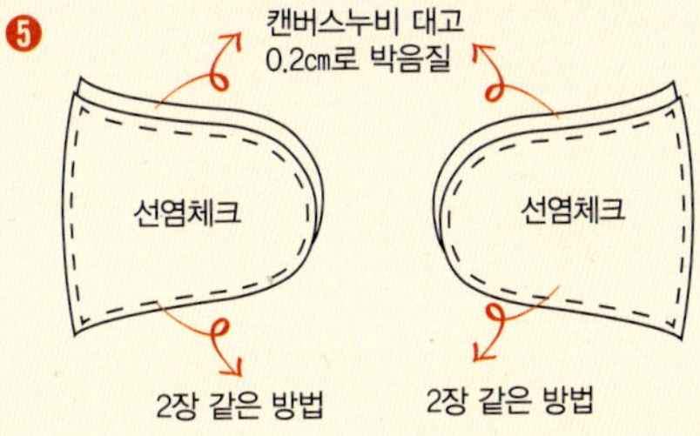

❺ 캔버스누비 대고 0.2cm로 박음질
선염체크   선염체크
2장 같은 방법   2장 같은 방법

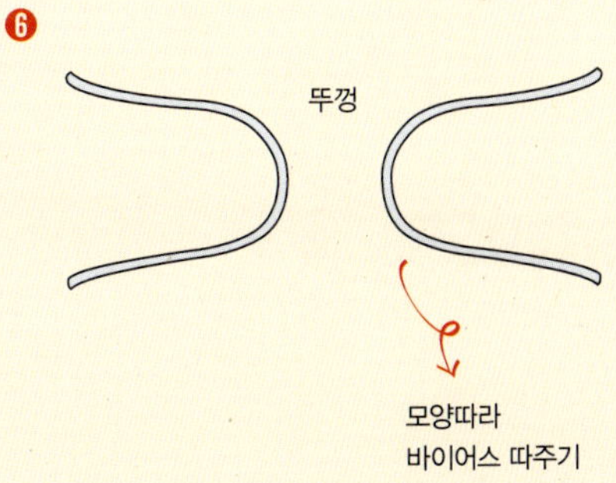

❻ 뚜껑
모양따라 바이어스 따주기

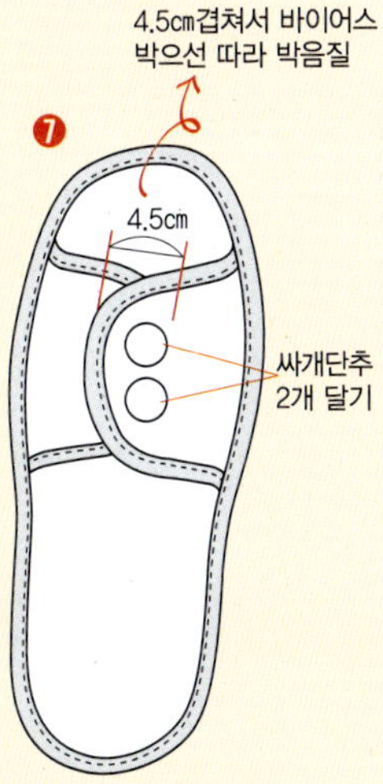

❼ 4.5cm겹쳐서 바이어스 박으선 따라 박음질
4.5cm
싸개단추 2개 달기

264p

10. 원피스 주방타월

- **완성크기**
  39×50cm

- **재료**
  수입리넨, 레이스, 80g 타월(1장, 반만 사용), 단추

- **재단사이즈**
  수입리넨 : 원피스 몸판 2장,
  소매 4장 ──────── 도안대로 재단

  고리(17×3.5cm) 1장(바이어스),
  하단(38×5cm) 1장
  내추럴레이스(15×3cm) 1장, (15×1cm) 1장, (38×3cm) 1장, (7×3cm) 1장

원피스 몸판 2장

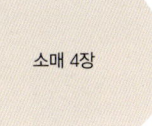

소매 4장

돌잔치를 가면 가끔 받아오는 주방타월은 선물용으로 종종 사용되기도 하는데요. 주방에서 이만한 실용적인 타월이 또 없지요. 예쁜 원피스 모양으로 분위기를 낸 주방타월, 분위기가 한층 돋보인답니다.

❶ ~ ❷ 소매 4장 중 2장에 레이스를 반으로 갈라서 소매 직선 부분 양옆에 1.5cm 표시한다. 레이스 안쪽으로 놓고 1cm 간격으로 박음질한다.

❸ ~ ❻ 레이스를 단 소매 2장과 남아 있는 소매 2장을 겉과 겉으로 겹쳐놓고, 하단 창구멍을 6cm 남기고 전체를 0.7cm 간격으로 박음질한다.

❼ ~ ❽ 위에 것을 창구멍으로 뒤집어서 다리고 하단만 0.2cm 간격으로 시접 안으로 넣고 박음질한다.

❾ ~ ❿ 소매 퍼프 주름을 왼쪽은 위로 가게 외주름을 1cm 접고, 오른쪽은 하단으로 가게 외주름을 접어 2.5cm 표시선을 박음질한다.

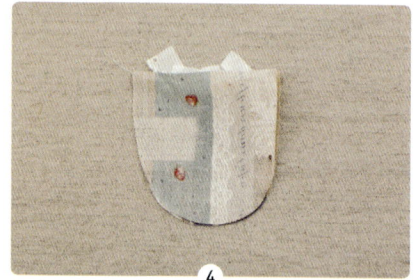

TIP

위는 살짝 접어 사선으로 뒤에서 박음질한다.

02 몸판 2장 중 한 장은 패딩솜을 대고 하단은 오버로크 친다.

② 전체 0.5cm로 박음질하고 패딩솜을 잘라낸다.

03 15cm, 3cm 폭 레이스에 1cm 레이스를 겹쳐놓고, 양옆 끝박음질한다.

② 가운데 송곳을 이용해서 주름을 잡고, 위 2cm 지점에 표시를 한 후 단추를 달아준다.

04 몸판 2장을 겉과 겉이 마주보게 겹쳐 놓고, 하단을 제외한 나머지 0.7cm간격으로 박음질하고 라운드 부분에 가윗밥을 주고 뒤집어서 하단 1cm를 다려준다.

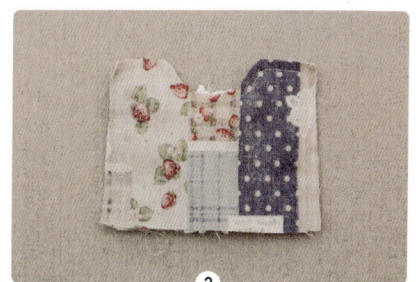

05 퍼프 소매를 상단에 양옆으로 놓고
사선 표시선을 따라 박음질한다.

❸ 고리를 세번 접어 0.2cm로 박음질한다.

06 반으로 자른 타월 하단에 38×5cm
폭 원단을 양옆 1cm로 다린다.

❶ 레이스를 반으로 자르고 원단 1cm 다린 후
0.2cm 아래에 레이스를 박음질한다.
❹ 젖혀서 타월 하단 2cm 선에 전체 박음질한다.

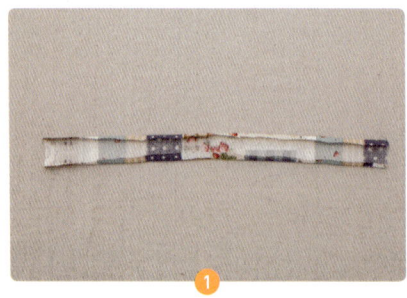 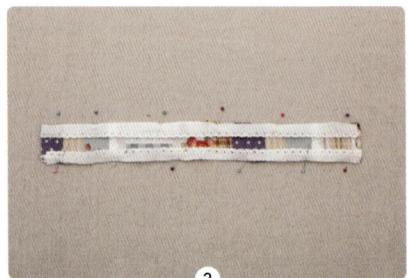

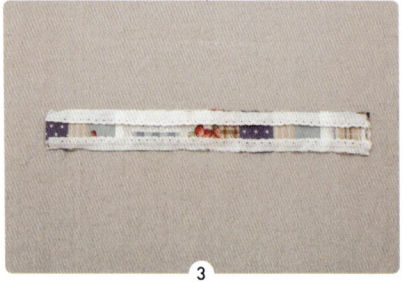 

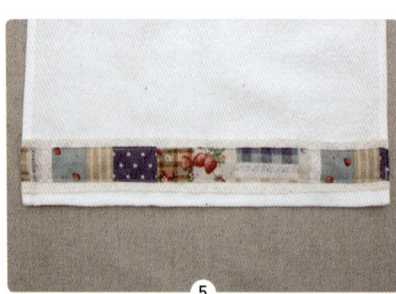

07 타월 상단을 2.5cm 안으로 접어 넣어 4줄 외주름 잡으면서 박음질한다.

08 몸판(패딩솜 없는 쪽) 뒤판에 타월을 껴놓고 1cm로 박음질한다.

2 앞판과 1cm 접어 0.3cm 간격으로 박고 6번에 완성해 놓은 고리를 소매쪽에 1cm안으로 접어 넣고 박음질 하면 완성된다.

 TIP

※ 반으로 자른 타월 하나를 심플형으로 만들어 두 개를 활용하세요.
1) 고리 : 10×3.5cm 1장(중앙에)
2) 바이어스 : 40×3.5cm 1장(타월 하단 바이어스)
3) 레이스 : 3×45cm, 1×45cm(주름발로 주름잡기)
4) 몸판 : 14×11cm 2장(1장에는 패딩솜)

NO.8 선물용품 만들기

아기자기한 선물용품을 만들어 보세요.

다양한 선물을 만들어 선물하세요. 집들이 때 선물하기 좋은 티슈커버, 만들기 쉬우면서 귀여운 작은 인형들,
그리고 쿠션, 수면안대 등 부담 없는 소품을 만들어 선물하세요.

272p

01. 하마쿠션

- **완성크기**
  40×20cm 정도

- **재료**
  리넨원단 2종, 인형 눈 2개, 나무단추(0.7cm), 고무줄, 구름솜

- **재단사이즈**
  실물본 이용(시접 별도)

몸통 겉 1장

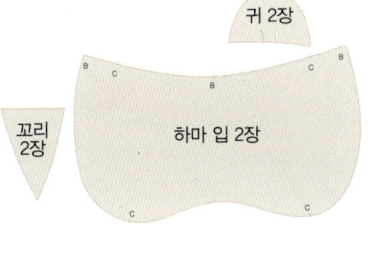

귀 2장

꼬리 2장

하마 입 2장

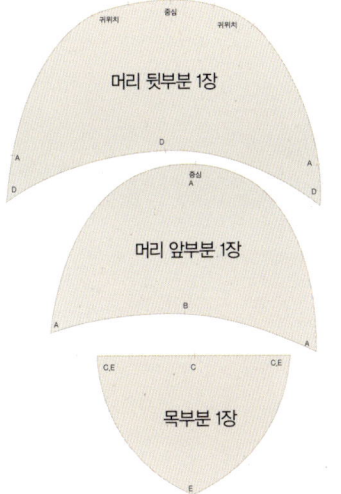

머리 뒷부분 1장

머리 앞부분 1장

목부분 1장

귀엽게 하마인형을 쿠션으로 변형해보았습니다. 자동차나 침대에 놓고 커플로 만들어 사용하면 더욱 예쁜 쿠션이 돼 준답니다.

01 실물본을 이용하여 시접 0.7㎝를 남기고 모두 재단한다.

2 귀 2장을 박음질하여 뒤집은 후 중간을 접어 다시 박음질한다.

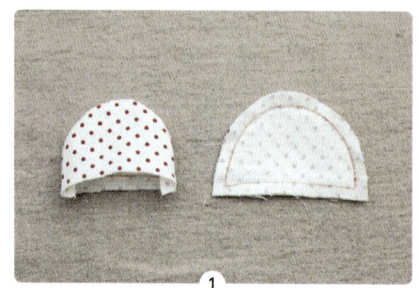

02 머리 뒷부분에 귀 위치를 표시한 곳 양쪽에 달아준다.

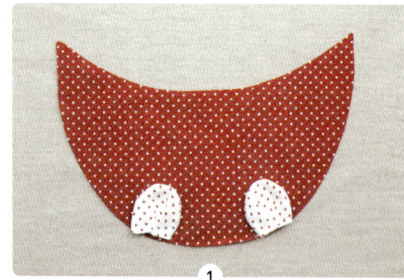

03 ②중심에 맞추어 앞부분 머리를 중앙에 맞추어 박음질한 다음 뒤집는다.

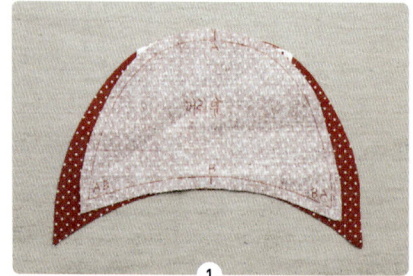

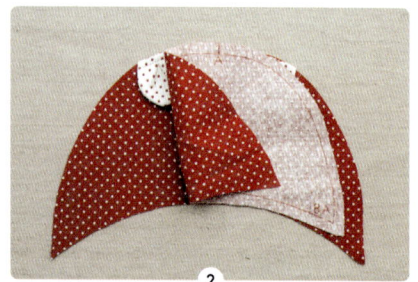

 TIP

뒤집기 전에 항상 곡선은 가위집을 준다.

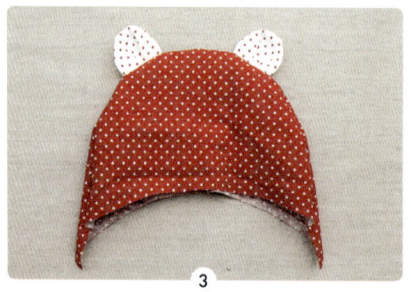

④ ~ ⑤ 하마 입을 위아래 박음질한다.

5

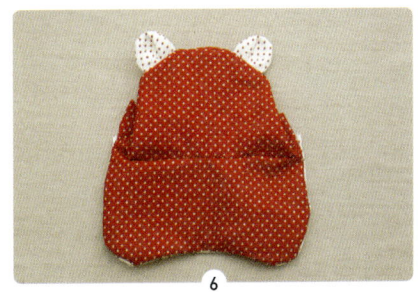
6

04 몸통 앞판(45×35㎝)에 목 패턴을 대고 박음질한다.

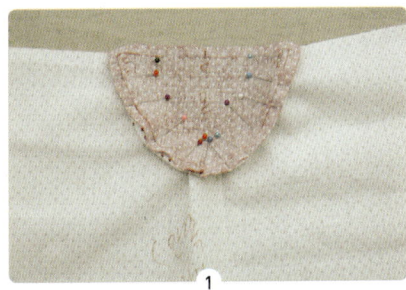
1

2

05 등쪽 가로(45×35㎝)에는 뒷목 패턴을 대고 박아준 다음 꼬리를 박아서 솜을 넣고 하단에 다트를 박을 때 같이 박아준다.

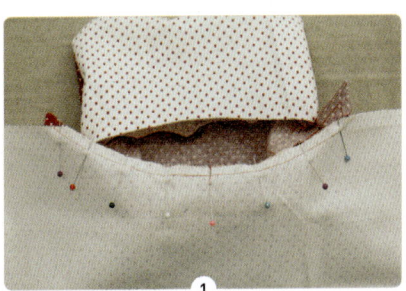
1

2

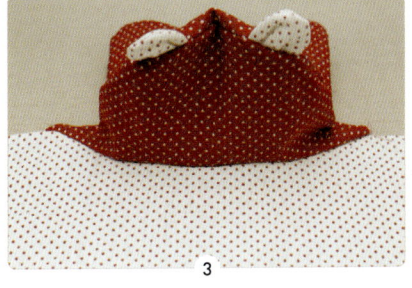
3

06 양옆을 잘 맞추고 안쪽 배 부분 하단에 다트도 등 쪽에 맞추어 박음질한 다음 나머지 3면도 박음질한다(옆구리 중앙에 창구멍을 남긴다).

④ 등쪽 다트는 꼬리를 놓기 위해 12cm 중앙을 자른다.

⑤ ~ ⑦ 꼬리는 삼각 모양으로 박음질한 후 뒤집어서 솜을 넣는다.

⑧ ~ ⑨ 등쪽 다트 12cm 자른 상단에 꼬리를 넣고 박음질한다.

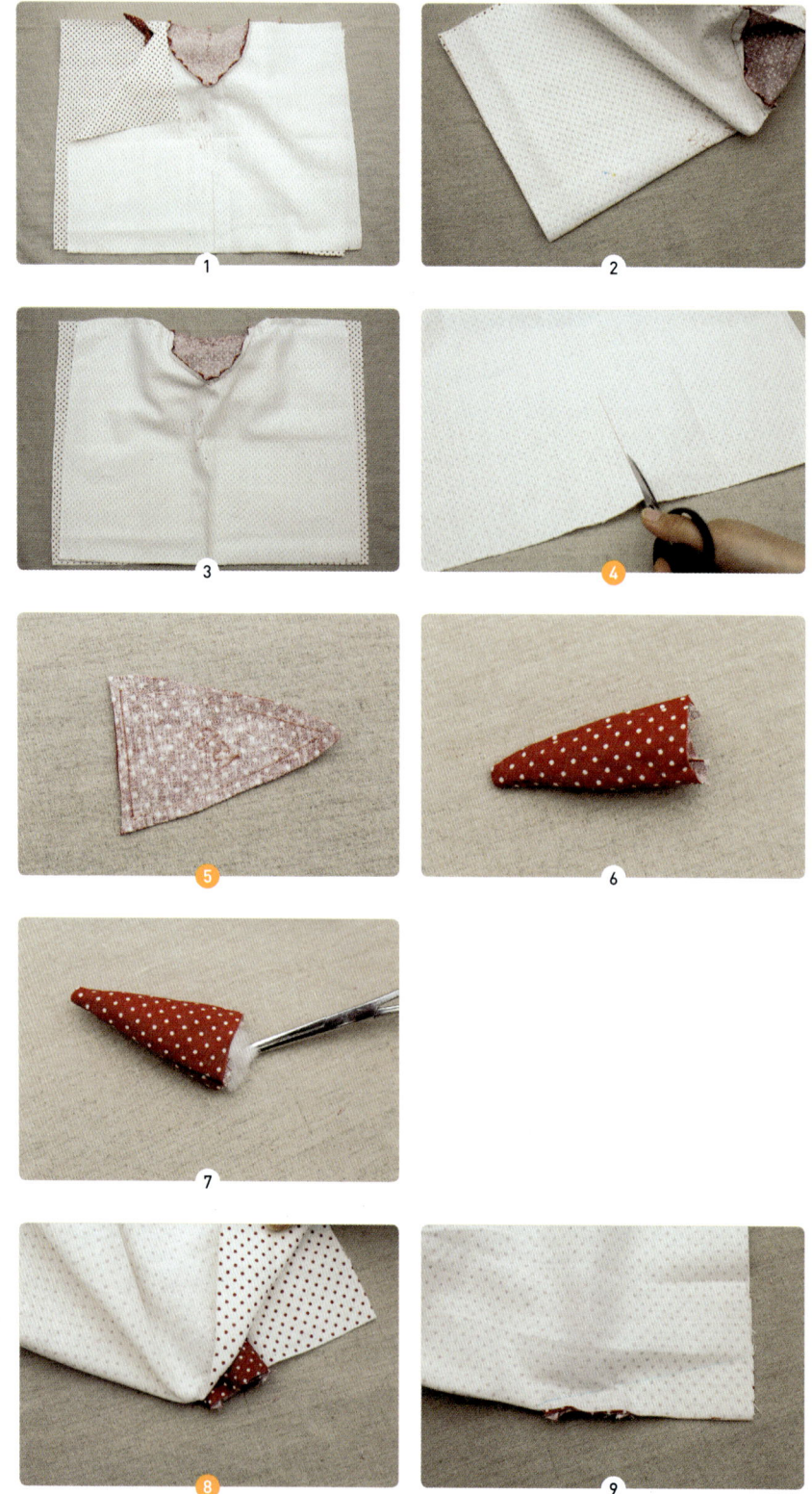

07 0.7cm 고무줄을 이용하여 원단으로 감싸 박음질한 후에 반으로 접어서 창구멍을 낸 중앙에 박아준다.

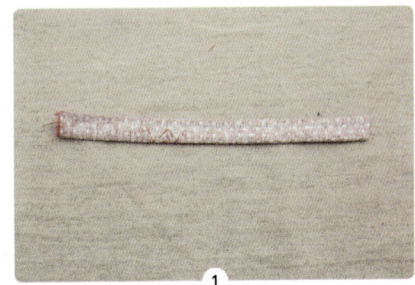

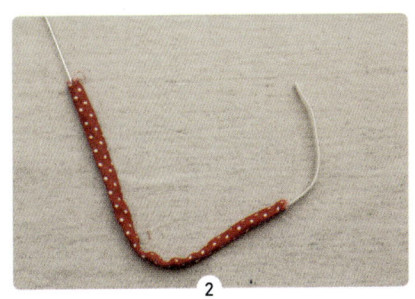

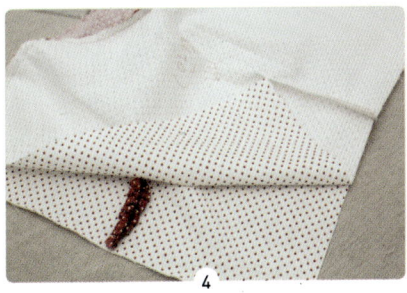

08 솜을 채워 넣은 후에 창구멍을 공그르기로 막고 고무줄 반대 방향에 나무단추를 달아주면 된다.

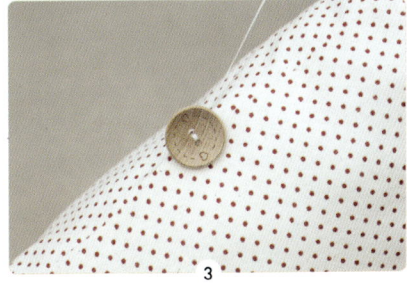

09 하마 얼굴에 눈알을 달아주면 완성된다.

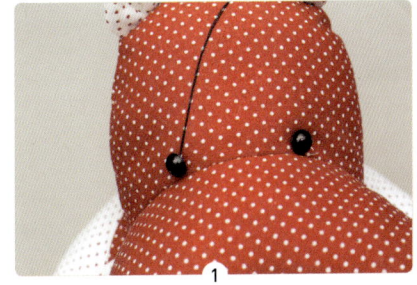

280p

02. 사랑 원형쿠션

- **완성크기**
  지름 40cm

- **재료**
  면리넨원단 3가지 색상, 패딩솜, 파이핑, 20수 워싱광목, 레이스, 지퍼
  27cm, 슬라이더 1개, 40cm 원형솜, 거즈원단

- **재단사이즈**
  면리넨(100×29cm) 2장
  내추럴체크리넨 지름(20cm) 2장
  거즈원단 꽃잎 10장 재단 – 뒤판까지 20장
  20수 워싱광목(150×3.5cm 사선으로 재단)
  레이스(145cm) 2장
  파이핑(140×3.5cm)

  도안대로 재단

면리넨 2장

29cm

100cm

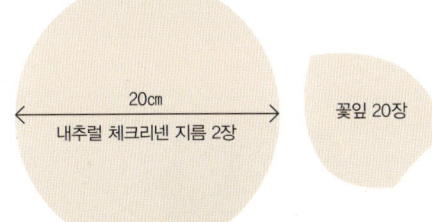

20cm

내추럴 체크리넨 지름 2장

꽃잎 20장

쿠션에 주름 장식을 주어 한결 모양을 낸 서링 원형쿠션, 단순한 모양의 쿠션보다는 한층 고
급스러워 보이는 쿠션이 소파나 의자에서 더욱 빛을 발해요.

281p

03. 수면안대

- **완성크기**
  20×9cm

- **재료**
  보세원단, 0.5cm 고무줄 40cm, 4온스 접착솜

- **재단사이즈**
  보세원단 2장 – 도안대로 재단
  바이어스 110×3.5cm, 7온스 양면 접착솜 2장

보세원단 2장

3.5cm

110cm

쉽게 잠들지 못하는 사람에게 필요한 소품으로 수면안대가 있어요.
부드러운 보세원단으로 감싸 편안한 밤이 될 수 있도록 해준답니다.

276p

02. 셔링 원형쿠션

만드는 방법

❶ 꽃잎 만들기
– 모양대로 재단한 것을 2장씩 겹쳐서 그림대로 0.5cm 박음질한다.
– 하단으로 뒤집어서 다린다(꽃잎 앞뒤 포함 10개 만들기).

❷ 레이스 가운데를 주름잡기한다(주름노루발 교체).

❸ 원형에 패딩솜을 대고 오버로크 친 후 둘레를 파이핑으로 박음질한다.

❹ ③번 원형 둘레에 꽃잎 5장을 0.5cm 접어서 10cm 정도까지 박음질 후 잎맥을 만든다.

❺ 레이스로 수술 만들기
– ④번 중앙에 가운데 주름 잡은 레이스를 지름 8cm까지 달팽이 모양으로 안에서부터 바깥으로 박음질한다.
– 마무리는 안으로 접어 넣고 박는다.

❻ 면 리넨(100×29cm) 2장을 오바로크 치고, 외노루발로 교체 후 지퍼(27cm)를 1장에 겉끼리 마주대고 박음질한다.
시접을 안쪽으로 넣고 지퍼 겉을 눌러 박음질하고, 나머지 1장을 겉끼리 마주 대고 박음질한다.
2cm를 접어서 다리고 지퍼 위, 아래를 1cm로 표시하고, 슬라이더 끼운 후 그림대로 ㄷ자로

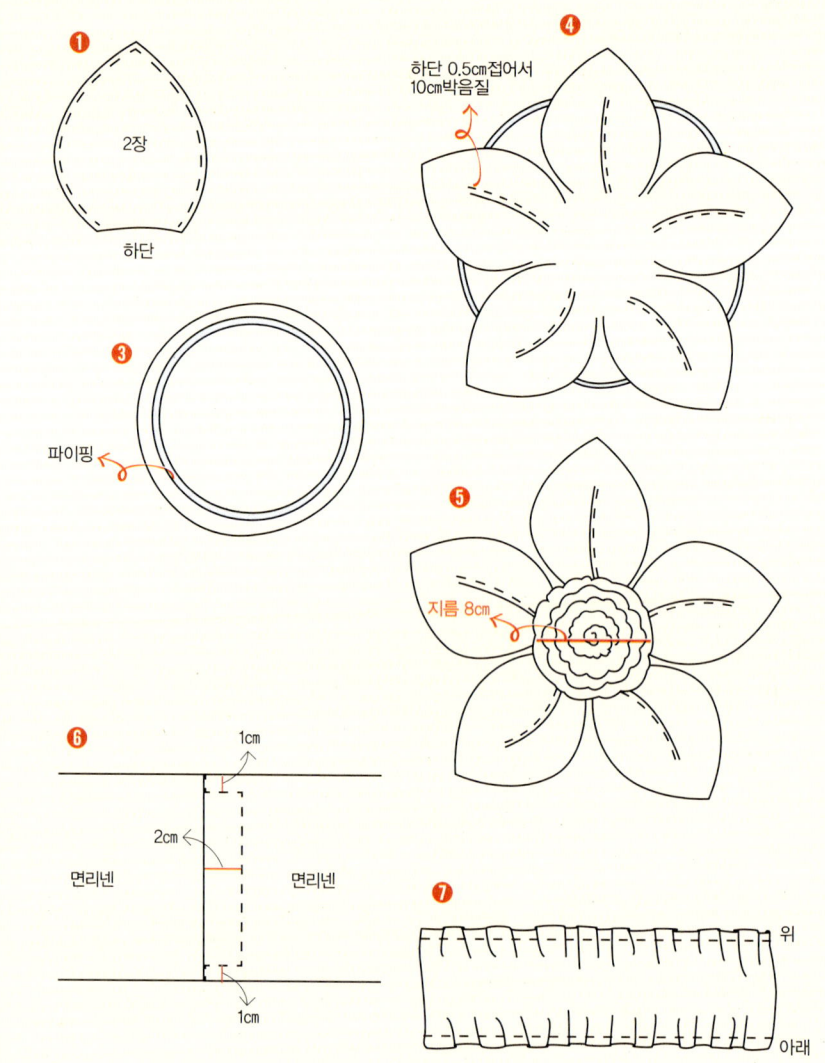

박음질한다.
❼ 주름노루발로 교체하고 지퍼단 면 리넨 원단 위, 아래 주름을 잡아준다.

❽ 평발 교체하고 옆선을 1cm로 박음질한다.

❾ 외노루발 교체한 후, 꽃잎 박은 원형에 4등분 표시한다.
– 주름잡은 면 리넨 원단도 4등분 표시하고 겉끼리 마주 대고 등분 표시한 선에 맞추어 핀으로 고정한다.
– 여유 있는 주름을 송곳을 이용해 안으로 촘촘하게 밀어 주면서 원형에 맞게 파이핑을 바짝당겨 위, 아래를 박음질한다.
– 40cm 원형솜을 넣어주면 완성된다.

03. 수면안대

만드는 방법

❶ 재단한 보세원단 2장에 7온스 양면접착솜 2장을 다려서 붙인다. 둘레를 0.5cm로 박음질한다.

❷ 바이어스(110×3.5cm)를 길게 연결하고 30cm씩 2장을 자른다.
– 반으로 접어 0.5cm로 다린다.
– 박음질한 후 뒤집어서 20cm 고무줄 옷핀을 이용해서 고무줄을 넣고 양끝을 박는다.

❸ 그림처럼 안으로 고무줄을 넣고 박음질 후 전체 바이어스로 마무리 해준다.

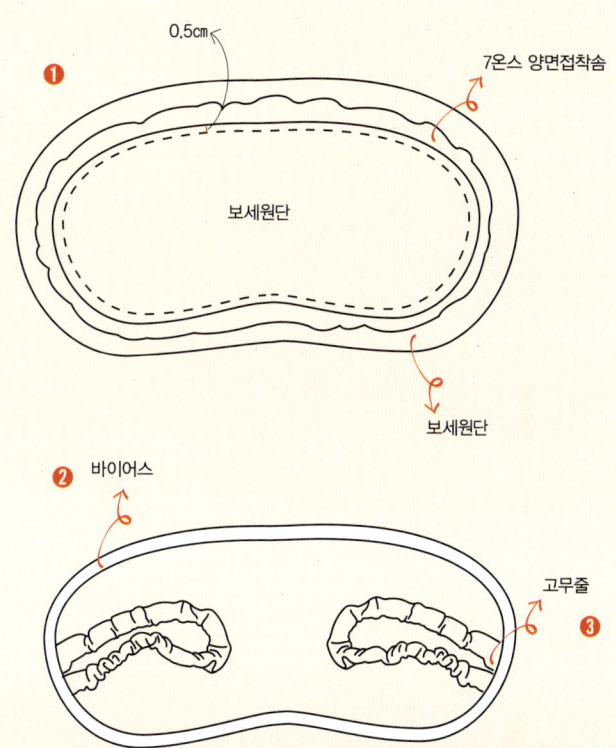

284p

04. 사각티슈 커버

- **완성크기**
  25×11×11.5cm(너비)

- **재료**
  리넨 2종, 패딩, 면레이스

- **재단사이즈**
  꽃원단(27×20㎝) 1장
  도트원단(27×9㎝) 2장, (13×12㎝) 2장
  바이어스감(3.5×80㎝정도)
  면레이스(100㎝정도)
  리본감(4×20㎝정도)
  * 전체 시접 포함

꽃원단 1장
20cm
27cm

도트원단 2장
9cm
27cm

도트원단 2장
12cm
13cm

침실이나 거실에 두고 사용하는 사각티슈는 박스로 되어 있는데요. 티슈커버를 만들어 분위기를 바꾸어 주세요. 리넨원단과 레이스만 있으면 깔끔하고 차분한 느낌의 티슈커버를 만들 수 있어요.

04. 사각티슈 커버

만드는 방법

❶ 꽃원단(27×20㎝) 1장을 재단해 원단 위아래에 면레이스를 주름잡아서 박음질한다.

❷ ①에 27×9㎝ 2장을 위아래로 박아준 다음 레이스가 아래로 향하게 누름 상침해준다.

❸ ②에 겉과 패딩의 겉을 마주보게 하여 ②번 중심에 10×1㎝를 그린 다음 네 곳의 끝을 약간씩 굴려가며 돌려가며 박음질한다.

❹ ③번에 가위집을 내고 패딩과 겉지가 안과 안을 마주보게 뒤집은 다음 구멍 뚫린 부분에 상침하고, 패딩과 겉지가 잘 맞도록 하여 상침한다.

❺ 양쪽(13×12㎝) 2장을 패딩대고 끝박음질 한 다음 솜은 깔끔히 잘라준다.

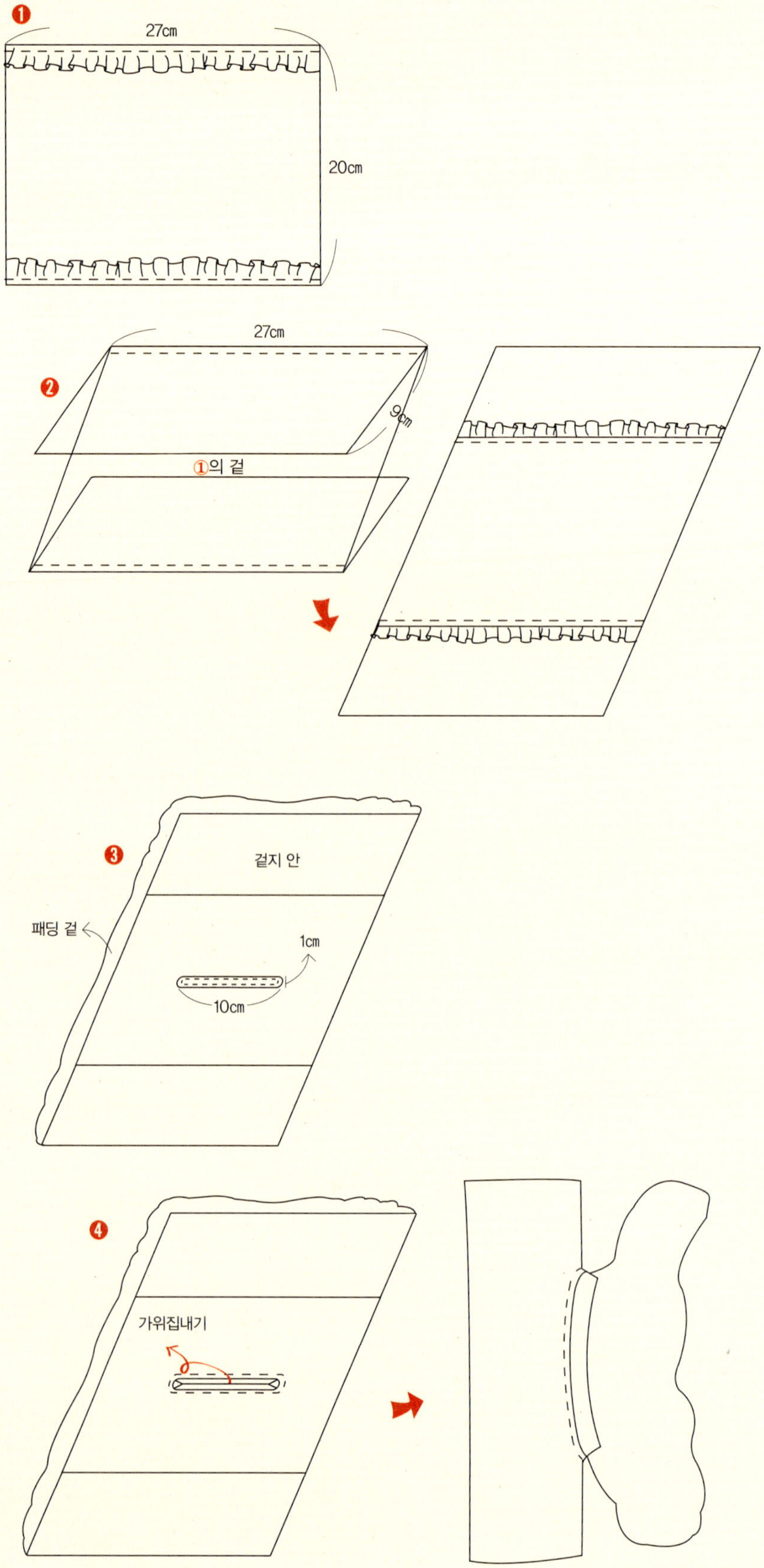

❶

27cm

20cm

❷

27cm

9cm

①의 겉

❸

겉지 안

패딩 겉

1cm

10cm

❹

가위집내기

❻ ④에 ⑤를 양옆에 중심을 맞추어 ㄷ자로 박음질한다.

❼ 아랫단은 바이어스로 처리한다. 리본감을 접어 박고 앞쪽에 박음질한다

❺
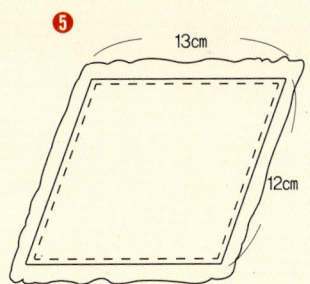
13cm

12cm

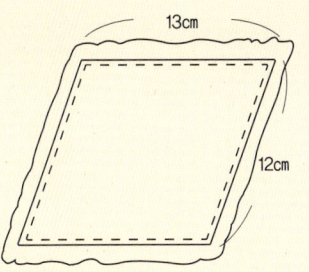
13cm

12cm

❻
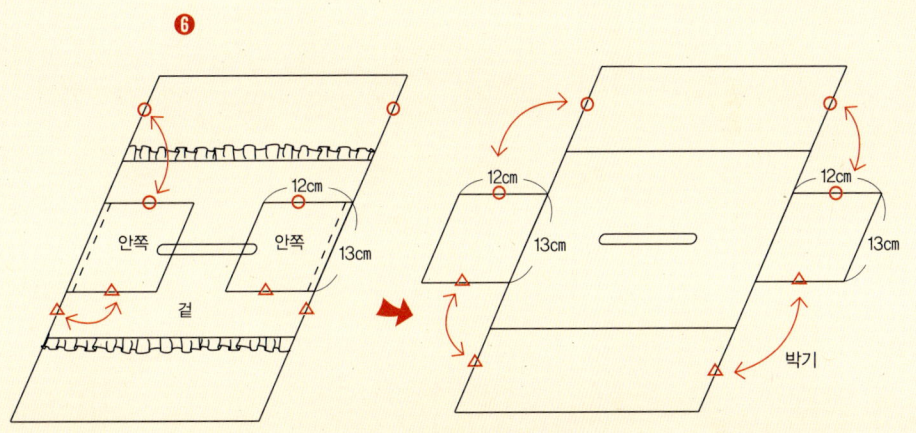

❼
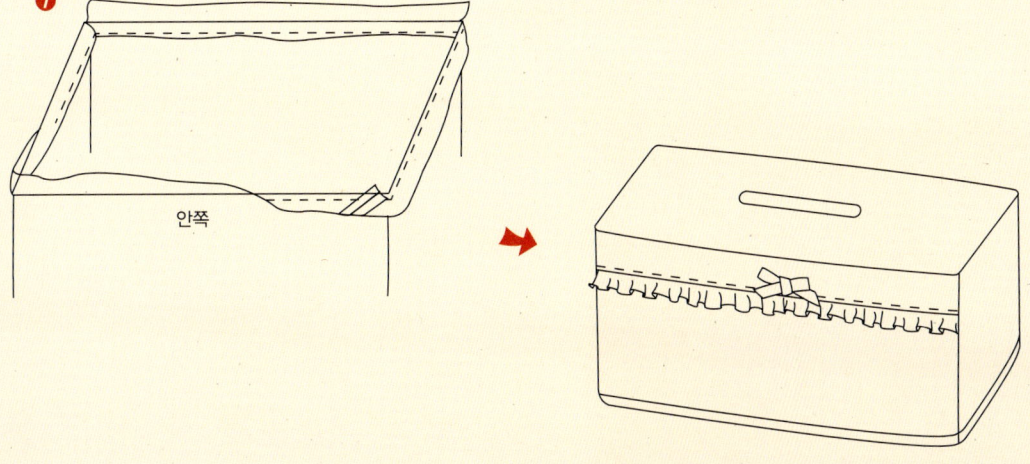

290p

05. 꽃잎 원티슈 커버

- **완성크기**
  13×45cm

- **재료**
  리넨 3종(체크, 잔꽃, 도트), 수입 보세원단, 광목줄누비원단, 레이스(47cm 3
  장), 사다리테이프(47cm), 공단테이프(0.5×60cm), 나무부자재 4개

- **재단사이즈**
  누비(47×13cm) 1장
  도안 바닥(지름 15cm) 1장
  리넨체크 도안대로 꽃잎 모양보다 하단 4cm 더 재단 1장
  리넨잔꽃(47×5cm) 1장
  리넨도트(47×7cm) 1장, 도안 바닥(지름 15cm) 1장
  보세원단(안감) 도안대로 꽃잎 모양 1장 재단
  겉 리넨체크 실물본 반대로 재단

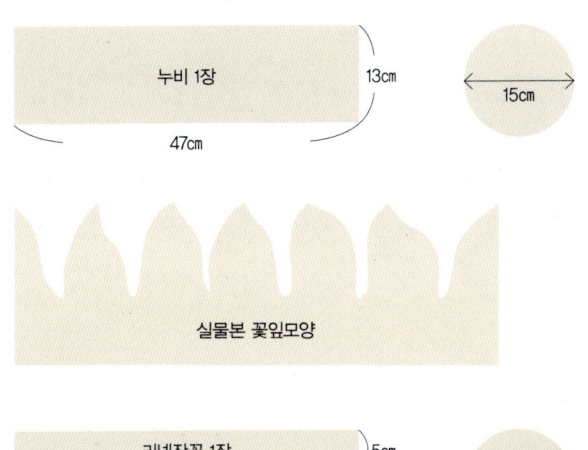

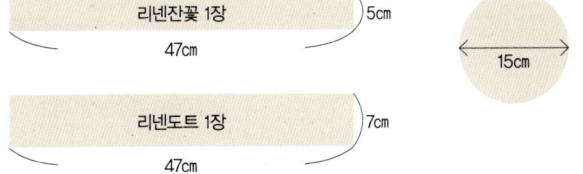

선물 용품으로 꽃잎 모양의 은은한 멋이나는 원티슈 커버를 만들어 보세요.
집안 어디에 두어도 잘 어울리는 깜찍한 디자인 입니다.

291p

06. 휴대용 티슈 케버

- **완성크기**
  19×14cm

- **재료**
  30수 면원단, 면리넨 2종, 면레이스, 2온스 접착솜, 지퍼

- **재단사이즈**
  앞판 : 실물본 이용하여 2장 재단
  뒤판(20×18cm)
  바이어스(3.5×20cm) 2장
  * 전체 시접 포함

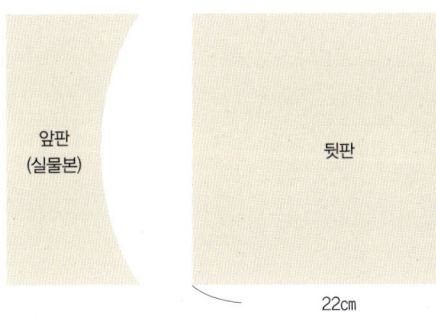

앞판
(실물본)

뒷판

30cm

22cm

가방 속에 담아 가지고 다닐 수 있는 깔끔한 휴대용 티슈커버, 티슈가 언제나 가방 안에
있어야 하는 여성들에게는 필수품입니다. 간단한 만들기 과정으로 이제 티슈커버 하나쯤은
자신이 만들어 가지고 다니세요.

05. 꽃잎 원티슈 커버

만드는 방법

❶ 겉감 리넨도트원단과 잔꽃원단, 체크원단을 연결한다.

❷ 바닥부비와 리넨도트원단을 0.5cm 박음질 하고 오버로크 친다.

❸ 보세원단 겉을 놓고, 꽃잎 모양만 0.5cm로 박음질한 후 뒤집어서 꽃잎 모양을 다려준다.

❹ ③에 겉누비(47×13cm) 겉을 놓고 하단만 1cm로 박음질한다.
– 겉감부터 겉과 겉을 놓고 박음질하면서 안 감 쪽도 1cm로 연결해서 박음질한다.
– 다음, 뒤집어서 겉감, 안감 사이즈에 맞추어 하단 0.5cm 박음질하고 오버로크 친다.

❺ 겉감 리넨 연결선에 토숀레이스를 박음질한 다(체크부분은 뒤 잔꽃 끝나는 부분에서 위로 0.2cm 박음질하고 겉에서 토숀레이스 박음질).

 TIP

이때 재봉틀 프레임 빼내고 박음질하면 편리 하다.

❻ 안감 보세, 잔꽃 꽃잎 끝나는 부분 1cm는 사 다리테이프로 박음질하고 바닥을 박음질한다.

❼ 공단테이프를 끼우고 잡아당긴다. 꽃잎 모 양을 잡아서 묶은 다음 예쁜 나무 부자재를 끼 워주면 완성된다.

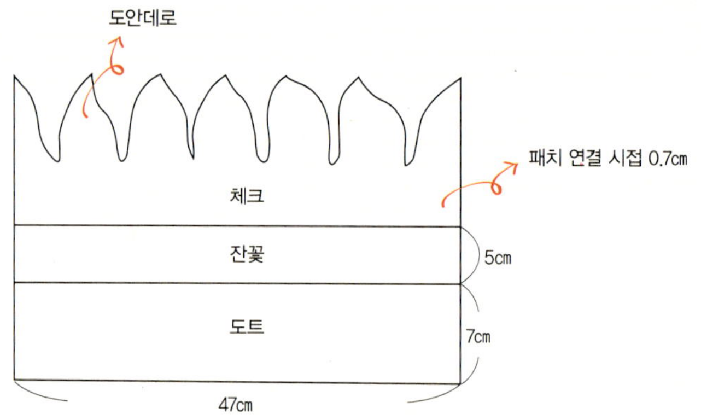

도안데로

패치 연결 시접 0.7cm

체크

잔꽃 5cm

도트 7cm

47cm

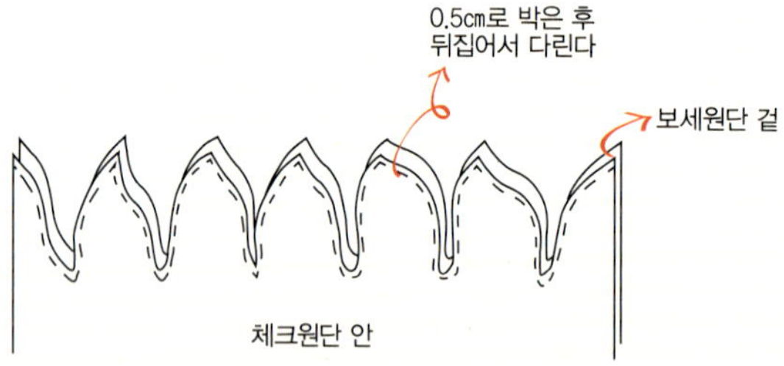

0.5cm로 박은 후 뒤집어서 다린다

보세원단 겉

체크원단 안

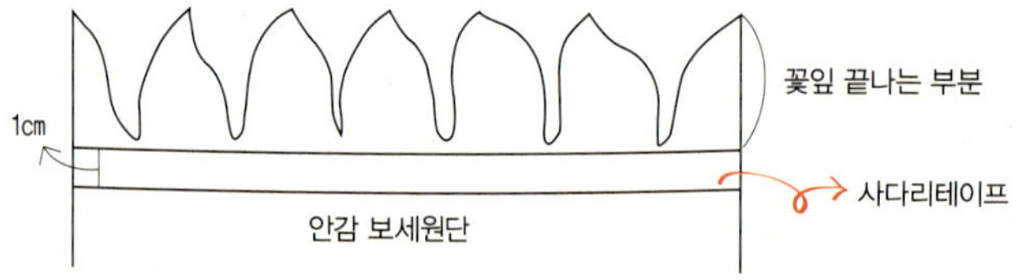

1cm

꽃잎 끝나는 부분

사다리테이프

안감 보세원단

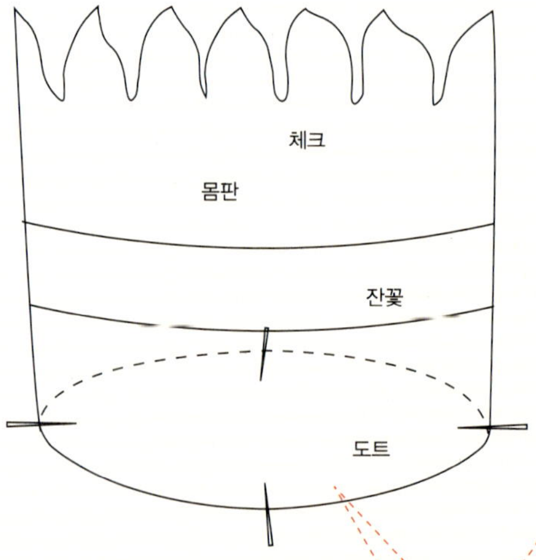

체크
몸판

잔꽃

도트

몸판 겉과 바닥 겉을 대고 4등분한 표시 선을 핀으로 고정하고 1cm로 박음질

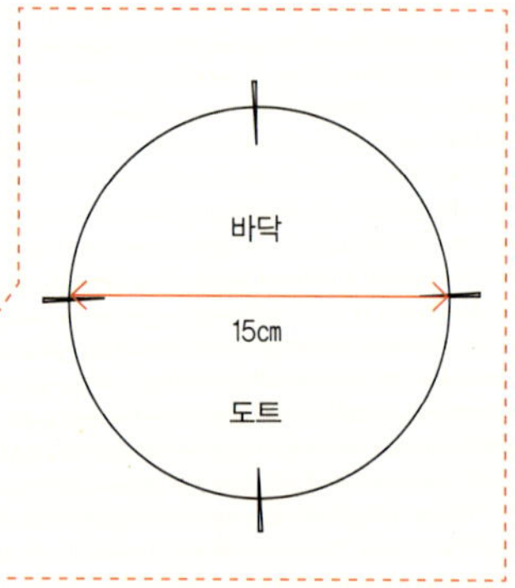

바닥
15cm
도트

TIP

원형 휴지 끼울 때 가운데 말대를 빼내고 꼭 사용한다.

288p

06. 휴대용 티슈 커버

만드는 방법

❶ 실물본을 이용하여 앞판 2장을 재단한다.

❷ ①에 2온스 접착솜을 대고 다림질한 후 안지를 대고 끝박음질한다(솜은 깔끔히 정리한다).

❸ ②에 면레이스를 주름잡아 곡선 부분에 선박음질하여 고정시켜놓은 다음, 바이어스를 감싸 준다.

❹ 뒤판은 반으로 잘라 지퍼를 박음질한다.

❺ ③을 2장이 엇갈리게 한쪽 끝을 다른 한쪽에 집어넣고 세로가 15㎝가 되도록 맞추어 선박음질하여 준다.

❻ ④와 ⑤를 겉과 겉끼리 마주보게 하여 노루발 간격으로 사방을 박아주고 오버로크 처리하여 준다.

❶ 2장

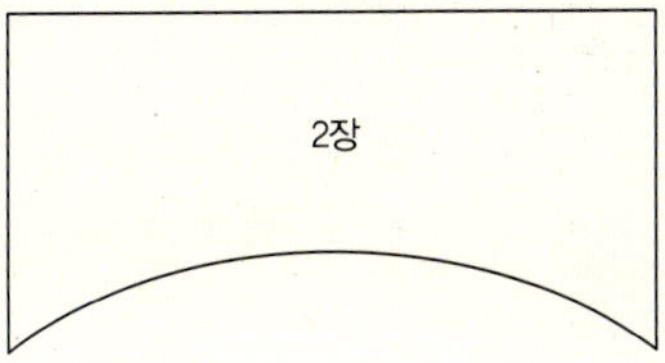

❷ 2장

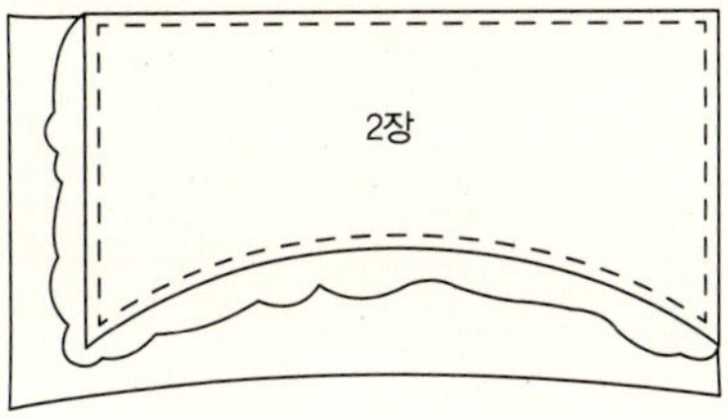

❸ 2장

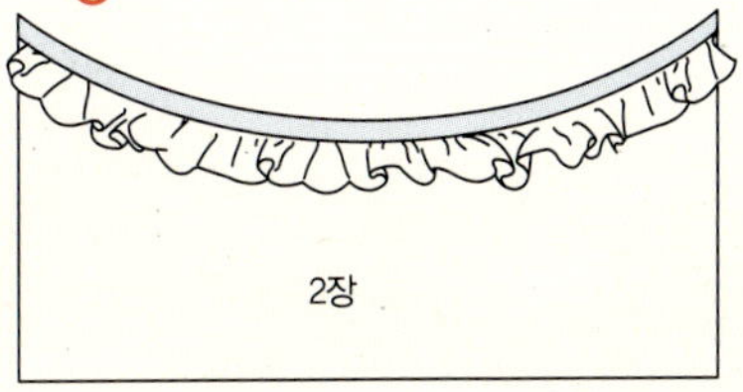

❹ 18cm / 20cm

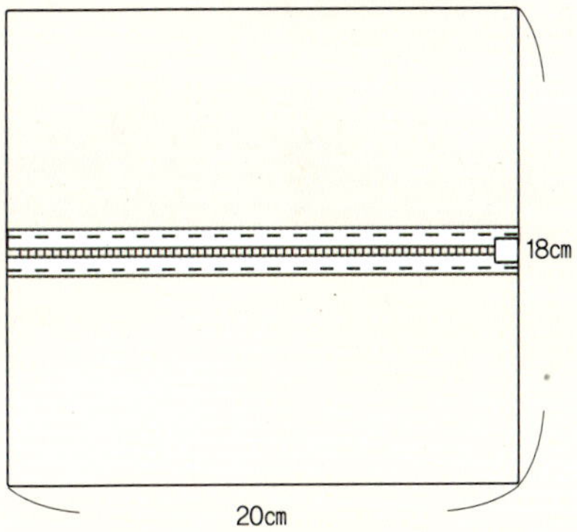

❺ 15cm

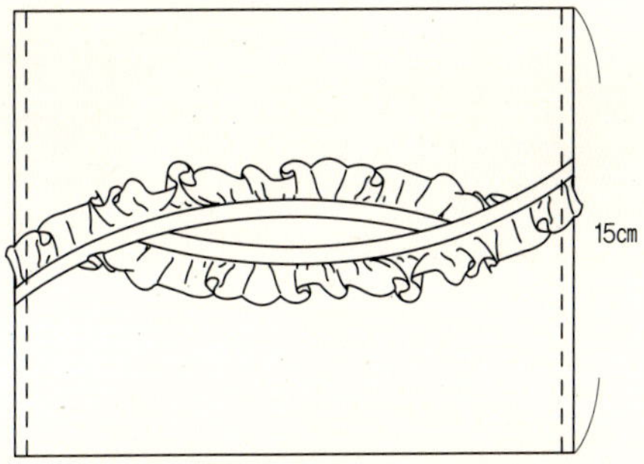

❻ 앞판겉 / 뒤판안

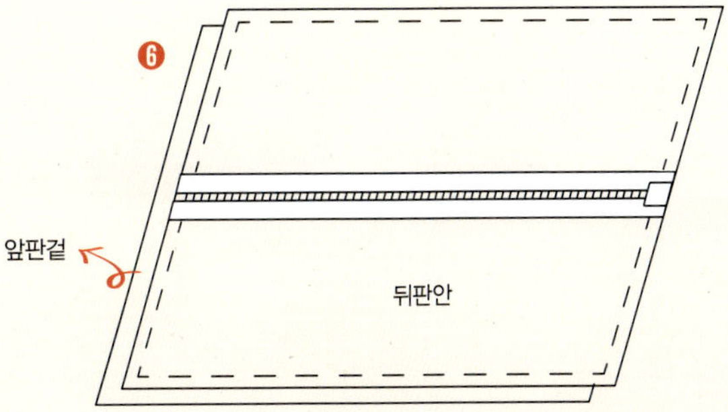

294p

07. 생쥐 친구들

- **완성크기**
  10×10cm 정도

- **재료**
  선염원단(2종), 펠트, 수실 인형 눈, 구름솜, 펠렛

- **재단사이즈**
  (실물본 이용)
  * 전체 시접 별도

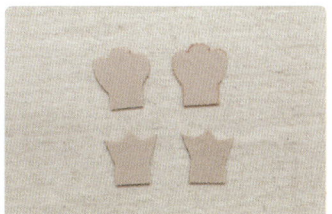

실제로 쥐가 귀엽다거나 예쁜 동물은 아니지만 이렇게 인형으로 만들면 나름 귀엽게 보이지
요. 만들기도 쉽기 때문에 자투리 천들을 이용하여 인형을 만들어 장식할 수 있습니다.

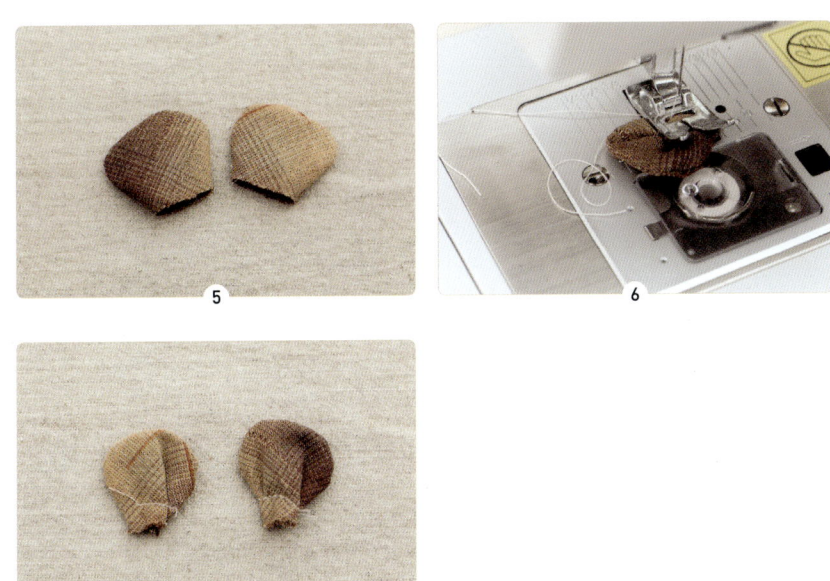

03 머리 2장을 A쪽으로 박음질하고 1장이 되게 하여 귀를 박음질한다.

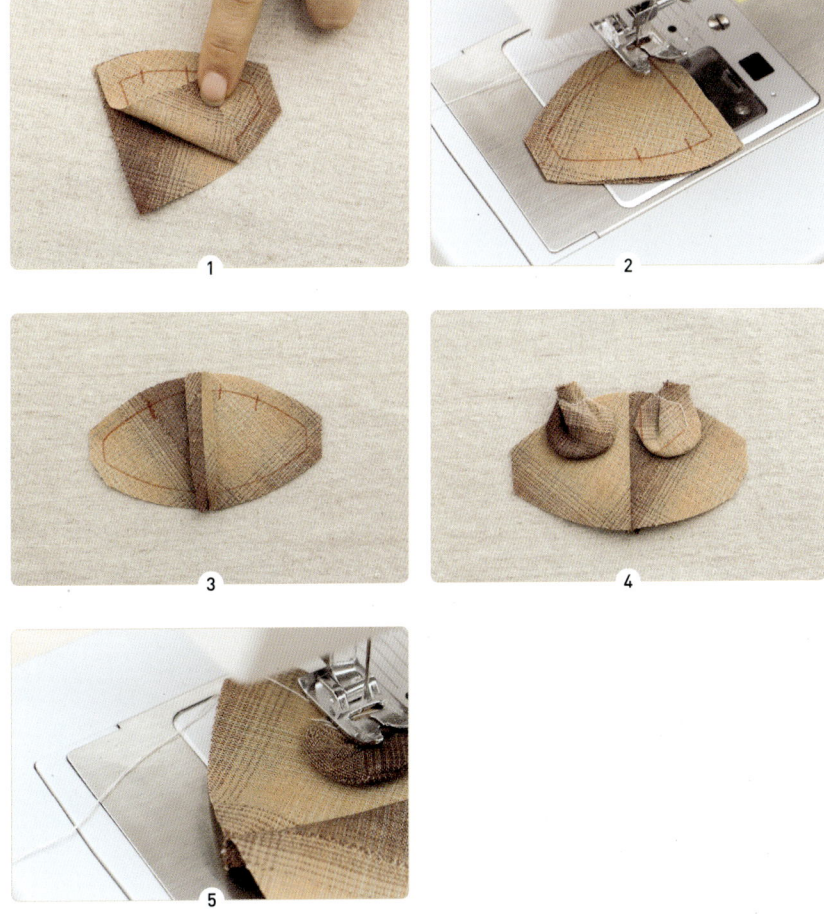

04 턱을 머리 중앙에 맞추어 박음질한다.

1

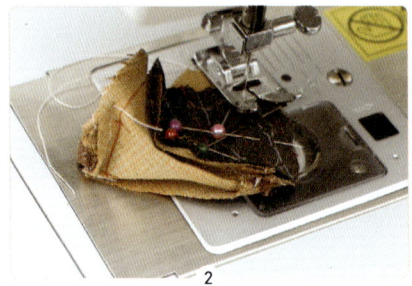

2

3

05 몸 뒤판과 머리 중앙을 맞대어 박음질한다.

06 펠트로 손과 발을 재단하여 놓는다.

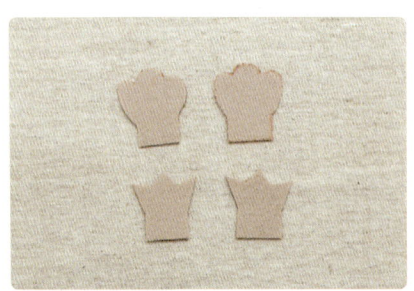

07 앞판 몸통에 손과 발을 먼저 박고 뒤판과 연결하여 박음질한다.

1

2

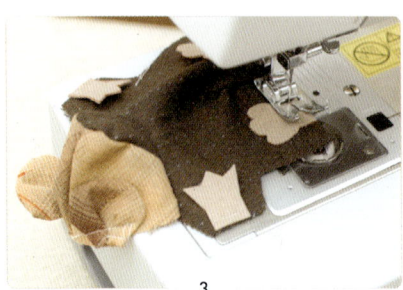

3

08 몸통 밑에 바닥을 뒤 부분에 창구멍을 남기고 박음질한 다음 창구멍으로 뒤집어 솜과 펠렛으로 채워 공그르기로 막아준다(이때 꼬리는 수실로 꼬아서 엉덩이에 넣고 창구멍을 공그르기로 막아준다).

09 눈을 달고 수실로 코와 수염을 만든다.

302p

08. 멧돼지 인형

- **완성크기**
  12cm×9cm 정도

- **재료**
  선염원단 6종, 인형 눈알, 단추(코), 구름솜

- **재단사이즈**
  실물본 이용
  ＊ 전체 시접 별도

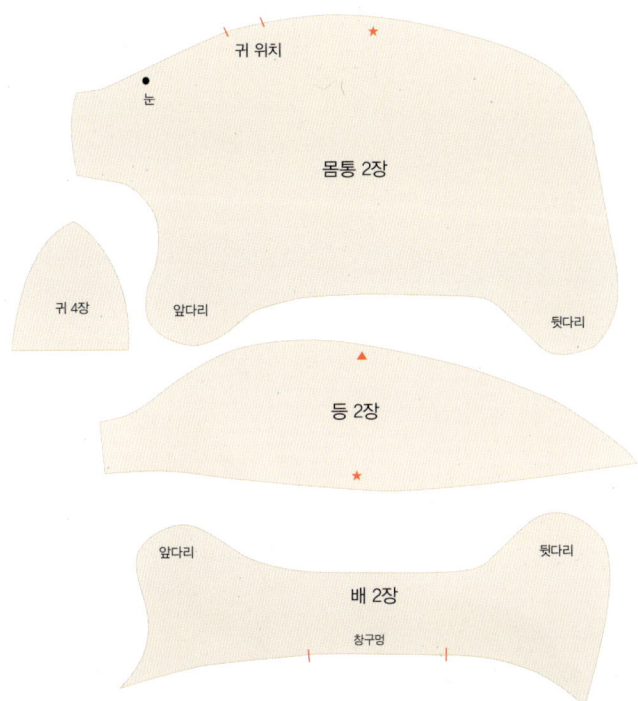

귀 위치
눈
몸통 2장
귀 4장   앞다리   뒷다리

등 2장

앞다리   뒷다리
배 2장
창구멍

멧돼지 인형의 포인트는 코에 있어요. 단추를 코에 달아 멧돼지 느낌이 나도록 해보세요.

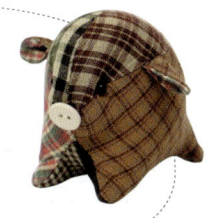

303p

09. 닭 인형

- **완성크기**
  10×8cm 정도

- **재료**
  선염원단 2종, 인형 눈알, 구름솜, 4온스 솜, 2온스 솜, 빨강원단, 노랑원단

- **재단사이즈**
  실물본 이용(시접 별도)

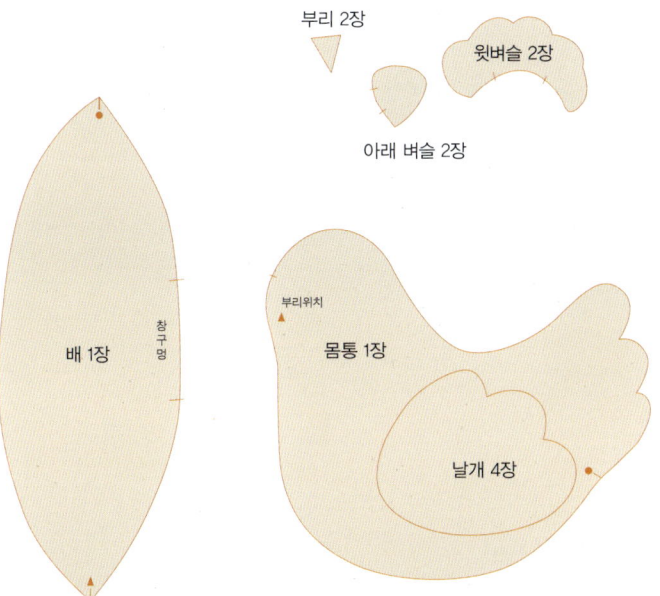

부리 2장

윗벼슬 2장

아래 벼슬 2장

배 1장

창구멍

부리위치

몸통 1장

날개 4장

닭 인형은 눈과 벼슬이 포인트인데요. 깜찍한 부리와 날개가 더욱 귀여운 닭 인형으로 보이지요. 크게 만들면 쿠션 대용으로도 가능할거예요.

08. 멧돼지 인형

만드는 방법

❶ 귀 모양을 박음질해서 뒤집어 놓는다.

❷ 몸 실물본에 귀를 박음질한 다음 등을 박음질한다(2장).

❸ 배 실물본 2장을 창구멍을 내고 이어 박음질한 다음 ②의 위 몸통 아래쪽 중심을 맞춰서 박음질한다.

❹ 솜을 채워 넣고 창구멍을 공그르기로 박음질한 후 눈을 달고 단추가 코가 되게 달아준다.

❶

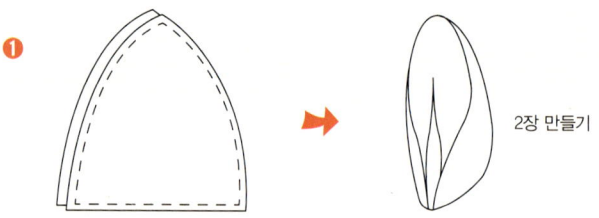

2장 만들기

❷

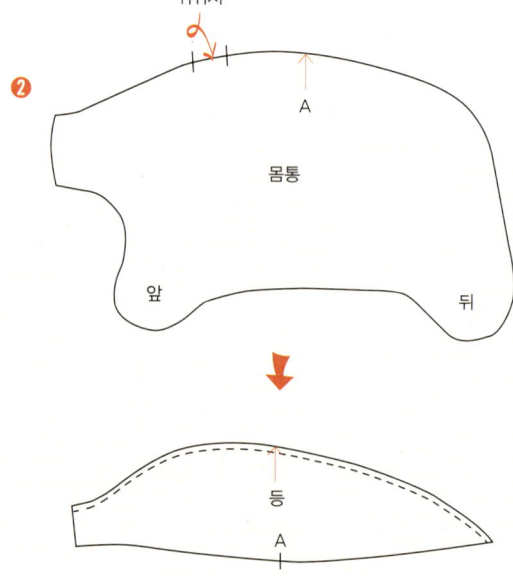

❸

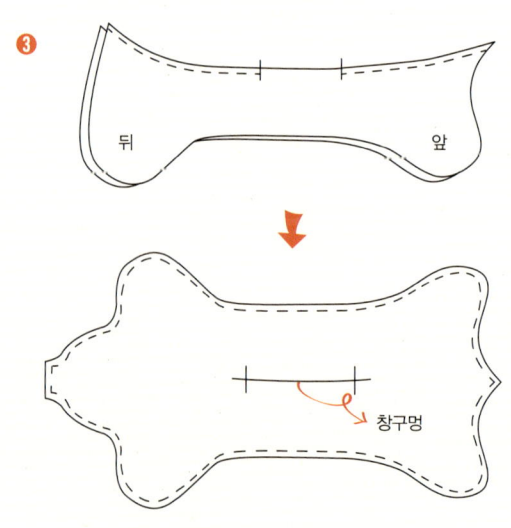

09. 닭 인형

만드는 방법

❶ 실물본을 이용하여 몸 2장, 배 1장, 날개 4장을 시접을 두고 재단한다.

❷ 노랑원단으로 부리를 실물본을 이용하여 시접을 두고 박음질해 뒤집어 놓는다.
– 빨강원단으로는 벼슬을 4온스 솜을 대고 박음질해 뒤집은 다음, 공그르기로 창구멍을 막아 놓는다.

 TIP

윗벼슬은 공그르기로 막을 때 맨 나중에 잡아당겨 매듭을 짓는다.

❸ 몸통 윗부분은 겉과 겉끼리 대고 부리 위치에 부리를 만들어 놓은 것을 몸통 안쪽으로 넣고 같이 박음질한다.

❹ ③에 배를 맞추어 창구멍을 남기고 박음질한다. 가위집을 내어서 뒤집는다.

❺ ④에 솜을 채워 넣고 창구멍을 공그르기 한다.

❻ 날개는 겉과 겉이 마주보게 하여 2온스 솜을 대고 박음질해 창구멍으로 뒤집는다.

❼ 윗벼슬을 머리 위에 공그르기하여 붙여준다.

❽ 날개와 아랫벼슬도 위치에 맞게 공그르기하여 붙여준 다음 눈을 양쪽으로 달아준다.

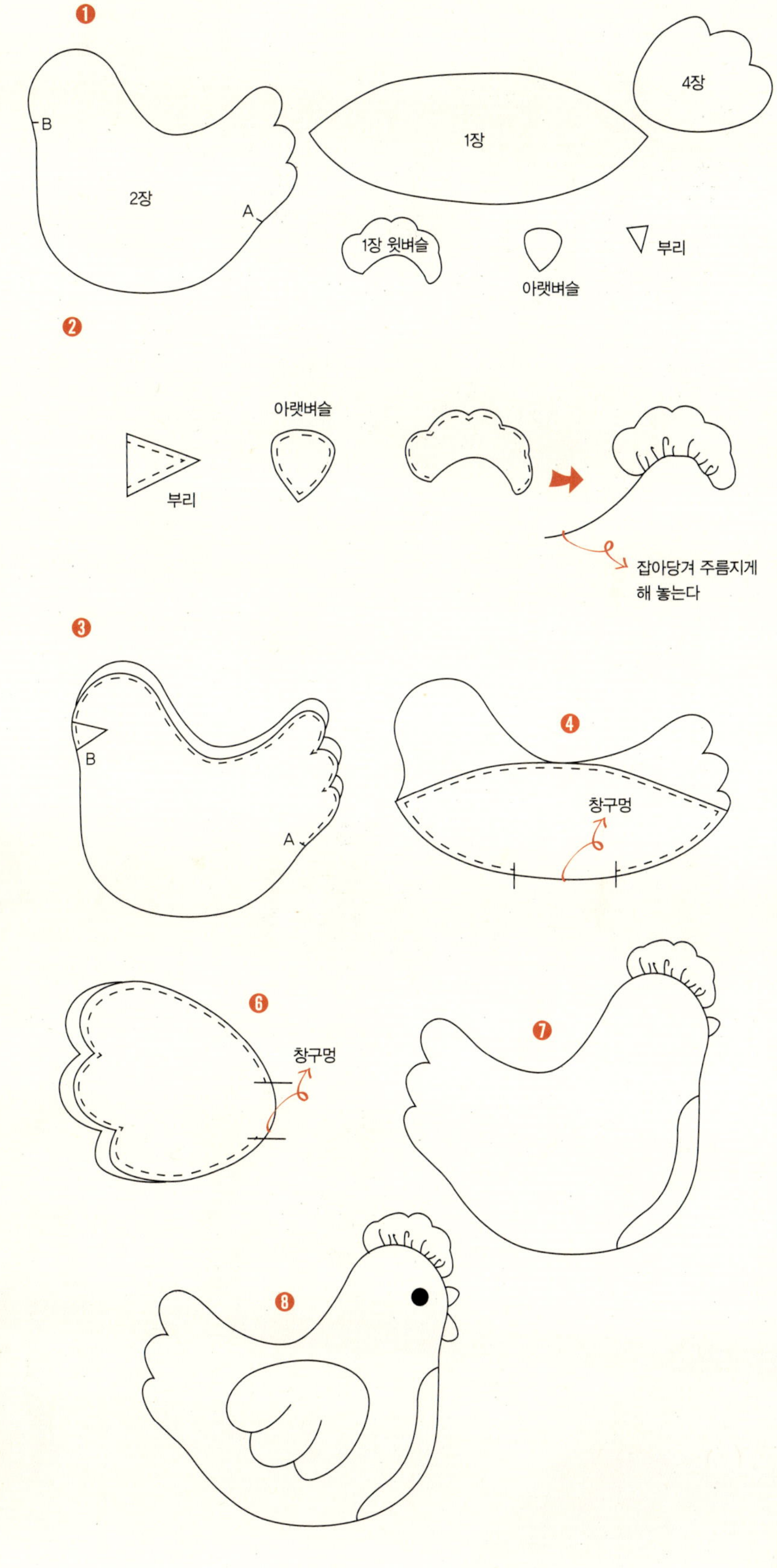

❶

B · 2장 · A

1장

4장

1장 윗벼슬

아랫벼슬

부리

❷

부리

아랫벼슬

잡아당겨 주름지게 해 놓는다

❸

B

A

❹

창구멍

❺

❻

창구멍

❼

❽

306p

10. 얼룩말 인형

- **완성크기**
  9×15cm정도

- **재료**
  지브라무늬원단, 40수면 무늬원단, 십자수 실(검정), 구름솜, 인형 눈알,
  2온스 솜

- **재단사이즈**
  실물본 이용

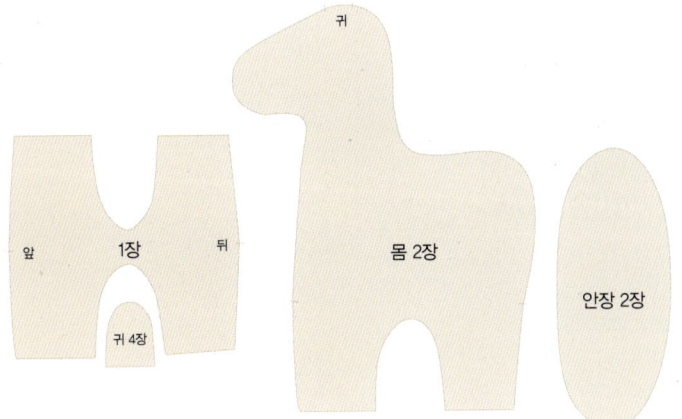

얼룩말은 몸에 아름다운 가로 줄무늬가 있는데 모두 4종이 있다고 하네요. 얼룩말 무늬가 비슷한
지브라무늬원단을 이용하여 얼룩말을 만들어 보세요.

01 몸통 머리 부분 표시선에 수실을 지그재그로 접어 박음질한다(1.5×7cm 길이의 종이에 수실을 말아서 1/3을 박음질 후 종이는 뜯어내고 박음질).

02 몸통 다리 부분 A에서 B까지 박음질한 다음 배 부분 A, B와 맞추어 박음질한다(창구멍은 3cm정도 남겨준다).

03 몸통을 박은 안쪽에 가위집을 내어 창구멍으로 뒤집는다.

04 솜을 채워 넣고 수실로 꼬아서 꼬리를 만들어 창구멍 위쪽에 넣고 창구멍은 공그르기로 막아준다.

05 안장은 솜 안지, 겉지 순서로 박고 창구멍으로 뒤집어 말 등에 공그르기로 붙여준다.

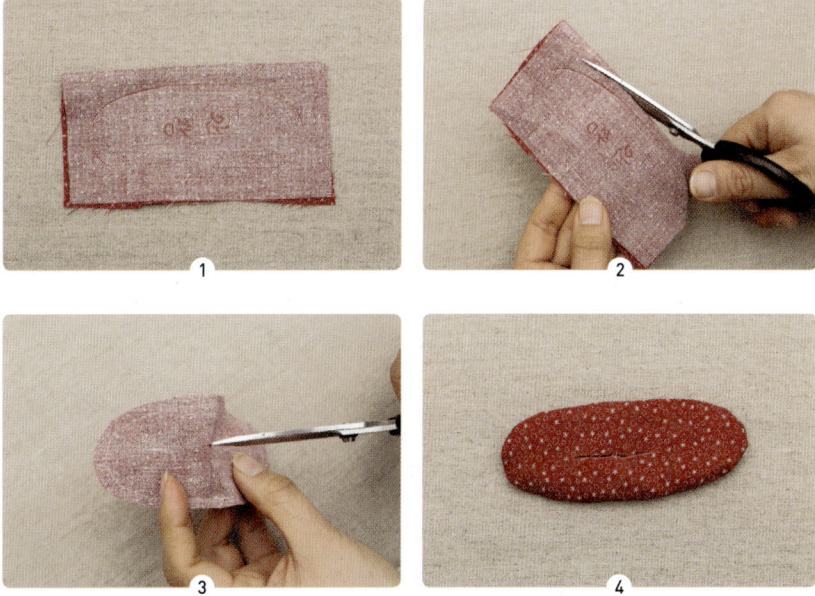

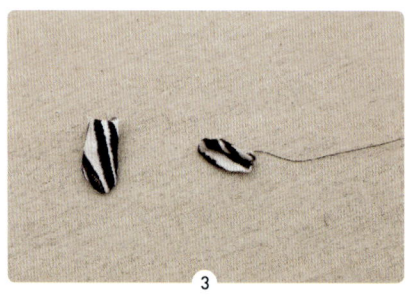

06 귀를 박아서 뒤집은 후 밑단을 공그르기로 막고 말머리 쪽에 귀를 공그르기로 붙여준다.

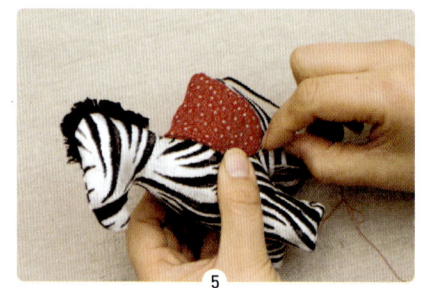

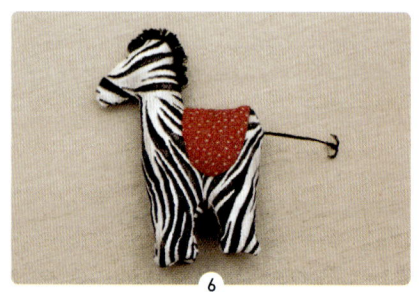

SINGER
HEAVY DUTY 4411
A POWERFUL MACHINE

공업용 재봉기의 **힘** 을 가정용 재봉기에서
1,100 RPM의 보다 더 강력한 모터 장착으로
이제 청바지, 겨울옷도 거뜬하게 재봉하세요!

 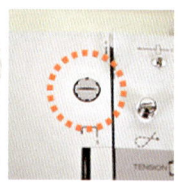 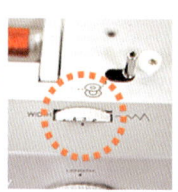    

노루발압력조절, 지그재그폭조절, 땀수조절, 7포인트와이드톱니, 톱니업다운기능, 최고급수평가마의
없어선 안 될 꼭 필요한 필수기능들이 내장된 힘세고 빠른 준공업용 재봉기!

SINGER
CONFIDENCE 7463
싱거만의 자신감!

최상의 **컴퓨터** 디지털 미싱!

디지털 방식으로 더욱 편리한 원터치 설정
초보부터 고급 사용자까지 두루 쓸 수 있는
다재다능 기능 내장형 똑똑한 첨단 재봉기

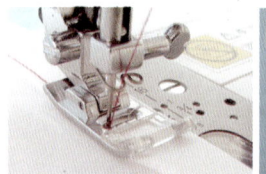    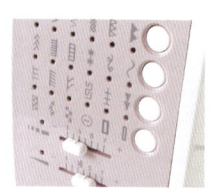

끝선재봉기능, 자동장력, 6포인트톱니, 패턴자동세팅, 자동단추구멍, 자동실끼우기, LED조명, 최고급수평가마의
쉽고 편리한 다재다능 고급기능과 30가지 기본/응용 80가지의 다양한 패턴, 심플한 디자인이 어우러진 첨단디지털미싱

" 안녕하세요
주식회사 미싱이야기입니다."

저희 미싱이야기는 지난 수 십 년간
한국 미싱업계에서 촉망 받는 기업
으로 인정 받아온 '대양미싱총판'의
기술개발팀의 분사로 2010년 설립
되었습니다.

미싱이야기는 고객서비스에 중점을 두어 기본 상품소개와 판매뿐 아니라 재봉에 관심이 있는 고객에게 필요한 기초지식과 사용법에
관한 방대한 자료를 제공하고 있으며 정기교육을 통해 고객과의 친밀도를 높이고 있습니다. 또한 고객이 최고의 서비스를 빠른 시간
내에 받을 수 있도록 전국적인 서비스 네트워크를 구축하고 있습니다.

단순 판매를 위한 컨텐츠가 아니라 실제로 봉재와 자수에 관심있는 이들이 미싱을 사용하기 위해서 필요한 기초 지식과 기기
사용법에 관한 방대한 자료를 제공하고 장소 협찬 및 전시회등 많은 활동을 하고 있습니다.

특 허 있 는

공업용 무소음 오버룩 **MS 744ADD**

오버로크 재봉기 특허획득! (특허번호 : 10-1107725)
초고속 오버룩 직결형 모터 내장!!

세계
최초

Super High-Speed Direct-Drive Overlock Sewing Machine

다이렉트 직결형 **무소음 모터** 개발로 MS744ADD는
가정용과 같이 소음과 진동이 전혀 없습니다.

모터내장   절전형   편의성

**타 브랜드 오버룩과 비교불가!
특허있는 명품 오버룩!**

완/제/품/자/수/기   **로봇 프레임**   국내특허 (10-0958157)
국제특허 (PCT/KR2010/001383)

[**로봇 프레임의 실용성**]

완성된 스포츠화 뿐만 아니라
가방, 포켓, 의류등 기존의
재단물에만 가능했던 자수가
이제는 완성된 제품에도
가능합니다.

경산이마트 빅텐샵, 울산나이키샵 그밖에도 유수
의 업체에서 미싱스토리 자수기를 도입하여 자수
서비스를 선보이며 로봇프레임의 우수성을 입증
하였습니다.

대한민국대표미싱브랜드
m *Mising Story*

(주) **미싱이야기**   www.misingstory.com   E-mail : misingstory@misingstory.co.kr

서울특별시 관악구 남부순환로 1413 | 고/객/센/터 [전국] 1588-8879   FAX [02] 830-6284